温州市文史研究馆　出品

夏鼐

考古泰斗

王世民 编

温州学人印象丛书

文匯出版社

出版说明

在温州五千年多年的文明史进程中，涌现了一批载入史册的文化名人，正所谓“人物满东瓯”“永嘉前辈读书多”。这些人物在各自的领域推动了社会的发展、历史的进步。尤其晚清民国以来，温州人积极融入改革开放的历史变局，出现了多个知识群体，促进了中国现代化进程。

“一方水土养一方人。”这些人物成长，离不开温州这片土地的滋养。“东瓯人物”“永嘉前辈”烙着深深的温州文化印记。

为了加强温州历史文化名人研究，温州市文史研究馆特策划出版“温州学人印象丛书”。这套丛书的研究对象以近现代学人为主，一人一册，收集回忆纪念该人物的“三亲”文章，原则上不收论文式的研究文章，突出史料性、系统性、可读性，以合乎“印象”之义，乃别样的人物传记。

名人是一座城市重要的软实力，希望通过这套“温州学人印象丛书”的出版，能为助力温州文化建设、传播温州良好城市形象贡献力量。让我们一起努力。

温州市文史研究馆

二〇二一年十月

目　录

〔前言〕

为中国考古学发展引航掌舵
——考古学家夏鼐的学术人生

王世民

夏鼐先生作为中国考古学界的一代大师、新中国考古工作的主要指导者和组织者，主持国家考古研究机构的工作三十余年，为推进中国考古学的全面发展做出了卓越贡献，被誉为中国考古学界的引路人和掌舵者。他学识渊博，视野广阔，治学谨严，对学术研究的许多领域都有开拓性的杰出成就，在国内外学术界享有崇高的声誉。

一、自幼养成读书成瘾的性格

夏鼐先生于一九一〇年诞生在浙江温州一个经营丝绸业的富商家庭。先生的祖父在清咸丰初年十八岁时，由瑞安县白岩桥，只身来到温州府城，学习丝线技艺，后创设“夏日盛”丝号，由于经营有方，终成巨富。当时温州富商有所谓“二盛三顺”，“夏日盛”是其中之一。

一九一四年，先生的父亲把几房的适龄堂兄弟聚在一起，聘请塾师，开设家塾。由于他年方四周岁，过于幼小，塾师常抱在膝上教读。一九一九年，他进入温州瓦市殿巷小学（今名瓦市小学）。由于没有学过算术，所以插班到二年级。这时正值五四运动的浪潮传到温州，有中学生结队游行、散发传单，焚毁查获的日货，但幼小的他还不理解“抵制日货”的意义。

一九二〇年初，先生考入浙江省立第十师范学校附属小学的春季班三年级，并开始在课外阅读小说。当时放学回家的路上有一处说书场，正在讲述《三国演义》，他经常在说书场听上一段，回到家里再阅读这一段。后来不去听讲，他也能自己阅读。由此养成课外阅读小说和其他书籍的习惯。先生在春季班四年级时，还因学习成绩名列前茅，被推选为班长。又曾任附小的儿童自治会图书馆主任。他起初喜欢阅读上海商务印书馆出版的各种童话书，以及郑振铎主编的《儿童世界》杂志；后来兴趣转移到新文学作品，阅读过《小说月报》和文学研究会丛书。一九二四年夏，夏先生小学尚未毕业，提前半年报考浙江省立第十中学（现名为温州中学）初中部，以八九百考生中名列第二的优异成绩被该校录取。温籍教育家金嵘轩长期任该校校长。一九二五年“五卅惨案”发生后，先生曾以班级代表身份去街头讲演，后被推选为省立十中初中部学生会会长。

一九二七年夏，先生由温州的省立十中初中部毕业，因成绩优良被保送升入高中部。但他为追求更高的教学质量，远道前往上海，考取光华大学附属中学（华东师范大学第一附中学前身）的高中部。当年的光华附中，教学质量上乘，是与南洋中学并驾齐驱的上海名校。课程上国文、英文、数理化并重，数理化和外国历史都用英文教材，授课老师多为高水平的名师。由于光华大学的附中与大学部同在一个大院之内，同学们不仅有机会领略胡适、徐志摩、钱基博、吕思勉等著名学者的风采，而且还能偷偷地旁听各位名师授课。一九二七年十一月十六日，他们还在光华校园聆听鲁迅的讲演。先生的眼界自此大为开阔，他立志追求远大的学术目标。

夏先生当年读书用功是很突出的，每个学期开学前已将主要课程的教材从头至尾自学一遍，事先打好一定的基础，在课堂上再认真地听讲，收获也就更大。他不但对文史方面的课程兴趣很浓，而且对数理化课程也肯钻研，所以各门功课的成绩都很出众。其间，有两个学期的考试成绩均为全年级第一名，他还曾在全校国文作文竞赛和英文翻译竞赛中分别获得银质奖章。先生对课外学习也抓得很紧。当时一间宿舍住八个同学，课余别人往往吹拉弹唱，吵闹不停，而他身处其间完全不受干扰，仍能全神贯注地静心读书。他课外阅读的特点是广泛涉猎，他经常在图书馆翻阅各种书报杂志，《东方杂志》那种大型综合性刊物几乎每期都整本阅读。他曾要求自己每天读课外书刊一百页，无论在校期间还是假期回家都是如此。每有心得，随手摘抄在纸条上，反复默读以巩固记忆，记住以后就将纸条付之一炬。先生这样强化记忆，取得了很好的效果，例如一些外国名人如爱迪生、拿破仑等的生卒年份，都能准确无误地脱口而出。

光华附中为培养学生的进取精神，开展多种课外研究、比赛活动，并且编辑出版学生刊物，由校方给予支持和指导。先生担任过学生会周刊的编辑部主任和文艺组负责人。行将由光华附中高中部毕业时，他曾在《光华大学附中周刊》上发表题为《吕思勉〈饮食进化之序〉的商榷》的学术论文，指名道姓地与时任光华大学历史系主任的吕思勉教授商榷，突出地表现了勤于思考、善于钻研、敢于挑战的可贵精神。

二、史学领域崭露头角的清华才子

一九三〇年暑假夏鼐先生由上海光华大学附属中学高中部毕业时，本来可以因成绩优异免试升入光华大学的。但他不以此为满足，另行报考南京的中央大学和北平的燕京大学，被同时录取。先生决定前往古都北平就读燕京大学。

夏先生于一九三〇年八月由上海乘海轮北上，先到天津，再转火车赴北平，进入燕京大学社会学系学习。同窗好友有日后成为著名学者的瞿同祖、蒋旨昂等。中国国民党荣誉主席连战的母亲赵兰坤，也是他们的同窗。当年燕京大学社会学系属法学院，主要课程多由名师执教。基础课中的国文课，由顾颉刚推荐下以中学教师身份从苏州刚到北平的钱穆讲授。几门专业课的老师都是留美的“海归”，如政治学教授萧公权，后曾在十多所大学主讲中外政治思想史，一九四八年当选为中研院首届院士；生物学教授李汝琪，是美国遗传学家摩尔根的弟子，后曾任中国动物学会和中国遗传学会理事长。他还选修了张尔田的中国史学概论、俞平伯的小说研究等课程。先生在光华附中读书时已经打下良好的英文基础，这时要求自己每天阅读原文书一百页，做到“与其快读而不入脑筋，宁可慢读而领会每句话、每个字的意义”，坚信“读书没有一蹴便到的捷径”“不能太取巧以贻后悔”。他在课外，认真阅读了英国诗人丁尼生的《亚瑟王之死》、英国作家狄更斯的《双城记》等名著。政治学和经济学两门课程指定的课外参考书很多，夏先生在一年级阅读的就有许多马克思主义经典著作，其中有马克思的《资本论》《哲学的贫困》《费尔巴哈论纲》，恩格斯的《反杜林论》《家庭私有制和国家的起源》，马克思和恩格斯的《共产党宣言》，列宁的《唯物论与经验批判论》，斯大林的《列宁主义问题》，以及普列汉诺夫的《一元论历史观的发展》等书，打下坚实的社会科学理论基础。关于社会学方面，他又详细阅读了英文本索罗金的《当代社会学学说》。该书上下两册合计一千四百多页，详细地评述当代社会学各个学派的主要观点，他边读边做札记，从而对当代社会学的流派了如指掌。

先生一度对生物学发生兴趣，感到既不像数学、物理那样枯燥，又不像文哲科那样虚浮，于是认真阅读英文本伍德罗夫的《生物学基础》，并将书末的索引译成中文；又曾阅读克罗伯的《人类学》，其中讲到人类化石、先史时代与考古学；还注意到杨钟健、裴文中关于周口店遗址和北京猿人化石的论文。这对于后来先生以考古学为自己的专业不无关系。

先生在课余时间，最喜欢到图书馆的书库去信手翻阅书刊，往往一翻就是整个半天，他深感广泛涉猎是增长知识的有效途径，可以取得意想不到的收获。每天午休以后，他照例将北平、天津和上海出版的十几种报纸逐一翻阅，经常阅读综合性刊物《东方杂志》、英文刊物《美洲评论周报》，密切关注各方面的社会新闻，并与同学进行坦诚的讨论。他还收集资料，准备编撰同乡先辈、南宋思想家叶适（水心）的年谱，对这位反对空谈性命的永嘉学派代表人物深为服膺。

经过一段时间的亲身体验，先生对燕京大学社会学系越来越不适应，于是决心离开环境优美的燕园，另行报考清华大学插班生。

夏鼐先生于一九三一年九月考取清华大学二年级插班生，并转入历史学系以后，在遵循“厚德载物，自强不息”校训和奉行通识教育的情况下，师从陈寅恪、钱穆、蒋廷黻、雷海宗几位大师，又听过刘崇鋐、张星烺、陶希圣、史禄国、吴其昌、钱稻孙等讲授的课程，打下深厚的史学研究基础。他曾要求自己，一年之内读五十部以上一百部以下的书籍；新学习的法文至少认识两千以上的生字，能够借助字典阅读浅近的法文书籍。

不到一年的时间，先生写作了两篇中国上古史方面的论文，《魏文侯一朝的政治与学术》和《秦代官制考》，内容都颇有分量；并且由于将这两篇稿子投给学生会所办刊物《清华周刊》的机缘，与时任该刊文史栏主任的历史系同年级的吴晗订交，后来更一度接替吴晗担任文史栏主任。通过《清华周刊》文史栏的编辑工作，他在清华园声名大振，被誉为清华大学文学院的几大才子之一。据当年就读于燕京大学历史系的谭其骧回忆，“清华历史系中有吴晗、夏鼐两个最出色的学生，那是传遍了燕京历史系的。”夏鼐和吴晗在四年级时，还与本校经济研究所研究生梁方仲，以及谷霁光、孙毓棠、朱庆永、罗尔纲等共同组成清华大学史学研究会。这在当时有相当的影响，后来研究会成员大都成为史学界的名家。

一九三二年的“淞沪抗战”，极大地振奋了全国军民的爱国热情。先生暑假返乡途经上海时，特地前往江湾、吴淞战场凭吊。暑假以后，他对蒋廷黻讲授的中国近代外交史情有独钟，曾一度致力于研钻中国近代外交史，课外除阅读蒋廷黻的力作《近代中国外交史资料辑要》外，以大量的时间阅读王芸生的《六十年来中国与日本》、美国学者马士的《中华帝国对外关系史》、萧一山的《清代通史》、夏燮的《中西纪事》，以及《筹办夷务始末》等书；陆续发表对蒋廷黻《近代中国外交史资料辑要》、萧一山《清代通史》外交史部分等书的评论，《百年前的一幕中英冲突》《鸦片战争中的天津谈判》等论文。先生的这些文章，突出地表现其占有史料和分析问题的才能，因而在史学领域崭露头角。这种表现，受到一代大师陈寅恪的青睐。那是一九三四年初，在陈寅恪讲授晋南北朝隋史课程的期末，先生写了一篇代替考试的论文《读史札记：论北魏兵士除六夷及胡化之汉人外，似亦有中原汉人在内》，对陈师的"一般汉人皆从事耕织而无服兵役义务"说提出商榷，陈寅恪对他的意见虽有所保留，但称赞"所论甚是，足徵读书细心，敬佩！敬佩！"

后来，夏先生的业务方向又由中国近代外交史转至中国近代经济史方面，在系主任蒋廷黻指导下撰写毕业论文，题为《太平天国前后之长江流域田赋问题》。这一命题需要广泛收集资料，进行大量田赋数字的梳理、统计与分析。先生花费半年的时间，查阅卷帙浩繁的有关文献，其中有江苏、浙江两省的减赋全案及若干府志，安徽、江西、湖北、湖南四省的通志，长江各省咸同间督抚骆秉章、胡林翼、曾国藩、左宗棠、马新贻、李鸿章、沈葆桢的全集（政书，奏稿）和年谱，以及道光间督抚林则徐、裕谦的著作，又查阅过《清史稿》，咸同光三朝《东华续录》《皇朝续文献通考》《皇朝掌故汇编》《皇朝经济文编》等书，总计多达五十余种。为使资料更加完备，他还曾查阅大部头的《钦定赋役全书》，分藏几处的清宫档案，但都徒劳往返，并无所获。最后他集中两个月的时间，将洋洋四万余言的论文写成，其中包含大量的统计数字，写成不久即在《清华学报》发表。先生行将由清华大学毕业的时候，和其他同学一样，面临着毕业后的出路问题，他们曾不止一次地相互讨论。当时不外四种情况：(一)出国留学，但费用较多；(二)进本校研究院，将来仍有谋事问题；(三)即在外省或原籍谋事，但希望很少；(四)万不得已，在家中待业。一九三四年清华大学招收的留美公费生历史方面仅美国史和考古学两门各有一个名额，研究院则有中国近代经济史专业，他感到为稳妥起见，还是两个方面都报考为宜，结果两边都以本届考试成绩之冠被录取。其中留美考古学的考试成绩为七十八点五分，超过另两名考生三四十分，顾颉刚出题的中国上古史考分高达九十五分。

夏先生由热衷于中国近代史转而考取公费留美的考古学，这种出人意料的突然变化，考究起来却又并不偶然。因为他的考古情结由来已久，早在童年时代即收集过古钱；就读于燕京和清华时期，先后参观过北京故宫、历史博物馆和地质调查所；对瑞典学者安特生在周口店发掘所获人类化石及石器、骨器等文化遗物，在河南、甘肃采集的新石器时代彩陶等物，曾经发生极大的兴趣；还曾仔细考察圆明园遗址，前往云冈石窟参观，聆听法国东方学家伯希和关于西域考古的讲演。尽管如此，是否就此选定考古研究为终生事业，先生仍然有所犹豫。

一九三四年十月二日，清华大学第二届留美公费生录取名单在报纸上正式公布。第二天，夏先生即由清华图书馆借阅李济的《西阴村史前的遗存》，随后便在清华聘请的两位辅导老师傅斯年和李济的指导下，进行出国前的业务准备。他先是就近在清华大学图书馆，然后去南京的中央研究院历史语言研究所，集中四个多月时间奋力阅读了数十种中文、日文和英文的考古学论著。一九三五年三月他又前往河南安阳，参加梁思永领导的殷墟第十一次发掘，进行田野考古实习。不过这时，先生对近代经济史尚未忘怀，思想上仍有反复。特别是他刚到安阳时看报纸获知，一九三五年招考的清华留美公费生有经济史一门，随即写信恳请校方“通融”，将自己的专业改变为经济史，校方未予同意。既然夏先生一心出国留学，又不能改变专业，只好下定决心，“咬牙硬干”这门考古学。他在安阳停留两个多月，清理了侯家庄西北冈殷代王陵东区的一些小墓（祭祀坑和车马坑），虽是初次参加考古发掘，但他工作细致和善于绘图，给大家留下很深的印象。至于夏鼐出国留学的去向，经过傅、李、梁三位先生反复斟酌，权衡利弊，确定以留美公费前往英国，先入历史较久、设备较好的伦敦大学，然后再做进一步考虑。

三、成长为中国第一位埃及学专家

夏鼐先生留学英国期间，伦敦大学有三处可供选择的考古学方面院系：一为大学学院，分埃及考古学系和考古学系（后者包括希腊罗马考古学）；一为艺术研究所，注重中国考古学；一为新设立的考古学院，注重近东考古学。夏先生于一九三五年九月刚到英国时，先在艺术研究所仓促注册，与先期到达的吴金鼎、曾昭燏一道，跟随叶慈教授学习中国艺术史和考古学，同时选修大学学院的一些考古课程。经过一段时间的体验，先生考虑出国前傅、李二位先生嘱咐他注重历史考古学，而埃及考古学的发掘技术及研究方法多可借鉴，但攻读埃及考古学的难度较大，必须以相当时间学习埃及象形文字。于是先生在一九三六年四月写了一封五千字的长信，寄给清华大学梅贻琦校长，并且致书傅斯年、李济二位先生，详细说明恳请延长留学期限一年，转往伦敦大学大学学院攻读埃及考古学的理由。经过傅、李二先生与梅校长洽商，清华校方同意夏鼐延长留学期限一年。这样，夏先生便于一九三六年九月转入伦敦大学大学学院的埃及考古学系，迈出治学道路上关键性的一步。

夏先生在艺术研究所期间，已选修大学学院考古学系的田野考古的目的与方法、考古遗存的田野发掘和室内整理、普通测量学、考古绘图、博物馆考古学、矿物与岩石学、体质人类学、青铜铸造等课程。当时田野考古和埃及考古学权威皮特里爵士已经退休，田野考古课程由其弟子惠勒教授继任。惠勒的名言是“考古学家要发掘出古代的人民，而不仅是发掘出古代的文物”，以工作严谨、方法细致而著称于国际考古学界。先生深受惠勒考古思想的影响，曾于一九三六年七月下旬到九月初在其亲自指导下，参加多切斯特附近梅登堡山城遗址的发掘，进行田野考古实习，随后又于一九三七年十二月底至一九三八年四月初，随英国考察团参加埃及阿尔曼特遗址和巴勒斯坦杜韦尔遗址的发掘。他还专门学习过古物保管技能，从开箱、洗刷、编号，一直到复原陈列品。由于可见，先生在留学期间对田野发掘与室内整理的各方面技能，学习和掌握得相当全面。这在我国老一辈考古学家中，是无人能够同他匹敌的。

为了攻读埃及考古学，夏鼐先生刻苦学习古埃及象形文字。他师从古埃及文权威伽丁纳尔教授，从一九三六年九月二十一日开始到一九三七年三月十七日，认真学习了六百页左右的中埃及语语法，做完全部练习，并得到伽丁纳尔的订正。到一九三七年底，不到一年半的时间，他又学习了僧侣体象形文字、新埃及语等课程，译完几篇重要的古埃及文作品。而这是埃及学专业一般学生，至少要用两年才能完成的功课。这些古埃及文作品中有一篇提到，埃及人看不惯喝牛奶的外族人。先生阅读时用汉语中“乳臭小儿”成语来解释，得到伽丁纳尔击节赞叹，让他写成一篇短文《一个古埃及短语在汉语中的对应例子》，发表于《埃及考古杂志》第二十四期（1938）。后来发表的《关于贝克汉姆岩的几点评述》一文，更对埃及象形文字中的若干问题提出独到的见解。

由于先生时刻考虑将来怎样更好地“为祖国服务”，所以课外异常勤奋地博览群书。他曾在一九三八年末的日记中写道：“今年第一季以参加发掘，漫游近东，无暇阅书，四月底返英时，一共只阅过十来本书。以后又以在校中整理古物，从事于串珠之编目，偷闲读书，一年仅阅过八十部书，页数达一万九千五百三十四页（小说及杂志中论文不算在内）。”“无暇阅书”尚且读过那么多书，其他年份读的书总要达到一百多种。先生当年大量阅读的主要是三类书：埃及学及古代近东方面的专业书籍，考古学理论和技术方面的最新著作，以及人类学名著。夏鼐的治学之路，从一开始就站在人类学、考古学和埃及学的学术前沿，并且始终一贯地坚持如此，因而他的识见也就远远超过其他同辈学者。

一九三八年五月，夏先生在伦敦大学大学学院埃及考古学系主任格兰维尔教授的指导下，选定“古代埃及的串珠”这个从来没有人进行过系统研究、被皮特里称作埃及考古学发展中的关键性课题之一，作为自己的研究方向。这又是一次知难而进。他以伦敦大学皮特里博物馆收藏的一千七百六十件古埃及串珠为基础，兼及埃及开罗博物馆等处的藏品，按照它们的形制、颜色、质料、纹饰、出土地、时代、用途，逐一进行登记，并手绘线图，制成两套各两千多张资料卡片，充分表现出他的扎实功力。现在这两套卡片，一套完整地保存在伦敦大学皮特里博物馆，一套保存在先生自己家中。当时他采取皮特里的方法，先依串珠的质料分类，再进行类型学和统计学的分析。而从一九四〇年五月开始，他更与年近九旬的皮特里直接通信，寄上写好的前几章文稿求教，并询问某些细节问题，得到皮特里的肯定和称赞。他于一九四〇年末取道巴勒斯坦回国时，曾特地前往耶路撒冷，晋见定居那里、正在病院疗养的这位埃及学大师，当面聆听他的指教。先生的串珠研究，也得到其他埃及学家的青睐。

夏先生的博士论文，是一九四〇年末回国以后，于一九四三年七月最后完成的，十月寄往英国。全文打印稿四百三十三页，分为四编二十三章，第一编五章是导论，介绍了古埃及串珠的考古价值、研究范围、登记方法、处理模式，以及定名和材料鉴定。第二编五章是不同材料（玻璃、石、烘烤材料、金属、其他）串珠制作工艺的研究。第三编四章将各类串珠进行分类，并提出新的排谱。第四编是年代考察，将古埃及串珠按时代分为九段，从史前到希腊罗马时期。战后，伦敦大学于一九四六年复课，按照规定博士论文原本应由本人到场答辩，先生无法专程前往，经其申请，校方特许免予答辩，缺席通过。一九四六年七月三十一日，伦敦大学颁发给夏先生埃及学专业的哲学博士证书，使他成为中国第一位埃及学专家，日后被誉为中国的“埃及学之父”。

据了解，伦敦大学的埃及学家认为，时间虽然过去了七十年，由于再也没有其他学者进行过工程浩瀚的古埃及串珠系统研究，夏鼐先生的博士论文至今仍然具有重要的学术价值。中国社会科学院考古研究所与伦敦大学方面反复洽商，共同努力，这部埃及学上的巨著终于在二〇一四年六月由中国社会科学院所属社会科学文献出版社，与国际著名的Springer出版社合作出版。后又在埃及出版过阿拉伯文译本。二〇二〇年中文译本也已问世。夏鼐当年手写的串珠资料卡片和相关数据照片，则全部可在伦敦大学皮特里博物馆的网站上查阅。

四、初步确立其在中国学术界的地位

一九四一年初，夏鼐先生回到抗日战争中的祖国后方，暂时被安排在李济兼职主任的中央博物院筹备处任专门设计委员。当年七月至十一月，先生参与史语所、中博院等单位合作，由吴金鼎主持进行的彭山汉代崖墓发掘，在这项四川地区首次考古发掘中发挥了重要作用。一九四二年全年和一九四三年第一季度，他都在故乡与阔别六年多的家人团聚，时值温州一度沦陷，曾两次与日本侵略军遭遇，险遭不测。战乱中，夏先生不仅镇定自若，巧于应对，使之化险为夷，而且仍然坚持治学。他逐篇阅读了《史记》《三国志》和《尚书》，还将学位论文的英文稿全部手写出来，再用打字机打出清稿。

一九四三年五月，夏鼐先生被中央研究院聘任为历史语言研究所副研究员，随即奉派与北京大学文科研究所的向达合作，共同率领西北科学考察团历史考古组，于一九四四年三月启程前往甘青地区，进行将近两年的考古调查与发掘（其间，向达的弟子阎文儒曾参与其事）。在经费严重不足、气候非常恶劣、交通十分不便、生活极其困难的情况下，先生与其他成员开拓了中国西北地区科学的田野考古工作，取得令人刮目相看的丰硕收获。一九四四年春季，他们先在敦煌附近的佛爷庙、老爷庙两地，分别发掘魏晋和盛唐时期的墓葬。夏日，趁在敦煌千佛洞避暑之便，先生曾逐个洞窟做详细的考察，第一次从考古学的角度提出“以洞窟题记之有年号者为标准，抽绎各时代之特点”的研究课题。秋季和初冬，他们勘察了敦煌附近的汉代烽燧遗址，其中通过小方盘城的发掘，获得载有“酒泉玉门都尉”等字样的汉代木简，使久讼难决的汉代玉门关位置，从考古学上找到确实证据。一九四五年，他们主要在洮河流域调查发掘史前遗址，特别是宁定县阳洼湾齐家墓葬和临洮县寺洼山墓葬的发掘，对中国史前考古学做出划时代的贡献。另外，他们还在武威县喇嘛湾，发掘唐代吐谷浑贵族慕容氏的墓葬。

抗日战争胜利后，中研院史语所于一九四六年五月迁回南京鸡鸣寺。傅斯年为考古组确定的工作方针是：两年内不做田野工作，先把旧账还清，出版报告。于是夏先生除几度回温州探亲外，集中大部分精力，抓紧进行西北考察所获资料的整理研究，撰写了一系列重要的论文。他首先用英文写出《齐家期墓葬的新发现》一文，在英国《皇家人类学会杂志》发表；继而用中文写出《齐家期墓葬的新发现及其年代的改订》和《临洮寺洼山发掘记》，在《中国考古学报》发表，郑重地向国内外学术界公布：宁定县阳洼湾两座齐家墓葬的发掘中，在一座墓的填土中发现两块彩陶鉢残片，第一次从地层学上确认甘肃远古文化的相对年代应为甘肃仰韶文化（现称马家窑文化）早于齐家文化。临洮县寺洼山六座墓葬的发掘，则揭示了寺洼文化的内涵，并且推测寺洼文化可能与文献记载中的氐羌民族有关；进而提出中国史前时期的文化系统问题，认为晚于马家窑文化的寺洼文化和辛店文化是同一时代的两种文化，沙井文化也属于不同的文化系统，相互之间并没有因袭变迁关系。这便宣告，曾有相当影响的安特生中国史前文化分期体系已彻底破产，中国史前时期考古研究从此进入了新的发展阶段。

夏先生又在《中央研究院历史语言研究所集刊》发表两篇蜚声史坛的考据性文章，充分显示其深厚的文献学功底。《新获之敦煌汉简》一文，对一九四四年敦煌两关遗址和烽燧遗迹发掘出土的三十余支汉简进行考释，为判定敦煌小方盘即为汉代玉门关故址提供确切的物证，又对太初二年以前的玉门关位置提出新的看法；《武威唐代吐谷浑慕容氏墓志》一文，则在考释当地发掘所获金城县主、慕容曦光两方墓志的基础上，结合早年出土的四方慕容氏墓志，参考《新唐书》《旧唐书》《册府元龟》《通典》《资治通鉴》等文献资料，用年表的形式对吐谷浑晚期历史做了前所未有的详细阐述。

夏先生这些突出的研究成果，受到国际考古学界和国内史学界的关注，由此奠定了他的学术地位。所长傅斯年明确地说“夏君乃本所少年有为之一人”，“将来于考古界之贡献必大”，对他寄予了很大的期望。一九四六年十一月下旬的一天，傅斯年突然向尚为副研究员的夏先生提出，自己将于翌年赴美国医治高血压，有意要他在此期间代理史语所所长职务。这使先生吓了一跳，当即以自己“资望过浅，成绩未显”为由推辞。傅斯年却说，现下所中的几位研究员，“不是书呆子、老学究，便是糊涂虫”，后经傅斯年三番五次动员，直到一九四七年二月夏先生才勉力接受这一重托。

一九四七年六月下旬到一九四八年八月中旬，夏先生代理史语所所长职务一年零两个月时间，既锻炼又展示了他的组织领导能力。其间最值得称道的是，一九四七年十月十七日先生代表傅斯年，列席中研院评议会讨论决定首届院士候选人的会议上，讨论郭沫若提名问题时仗义执言的情况。据先生当天的日记记载，会议由曾任国民党中央组织部部长的中央研究院代理院长朱家骅主持，开始时胡适要求他离开主持人立场对此表示意见，朱家骅说郭沫若“参加内乱与汉奸罪等，似不宜列入”。时任中研院总干事（即秘书长）的物理学家萨本栋，担心“刺激政府，对将来经费有影响”。经济学家巫宝三当即反对，认为“不应以政党关系，影响及其学术贡献”。社会学家陶孟和先生则强烈地表示，“倘以政府意志为标准，不如请政府指派”。胡适也主张“应以学术立场为主”。两种意见针锋相对。即将交付无记名投票的时刻，身为年轻后辈的夏先生作为列席人员不能参加投票，面对咄咄逼人的“党国要人”，毅然站起来申辩。他无所畏惧地说：“会中有人以异党与汉奸等齐而论，但中央研究院为 Academia Sinica，除学术贡献外，唯一条件为中国人，若汉奸则根本不能算中国人，若反对政府则与汉奸有异，不能相提并论。对汉奸不妨从严，对政党不同者不妨从宽。”先生内心以为“在未有国民政府以前即有中国，国民政府倾覆以后亦仍有中国”。但这一句话，他是想到而中途打住，没敢说出口来。最后的表决结果，以十四票对七票通过将郭沫若列入中研院首届院士候选人的名单。不过一九四八年三月中央研究院正式选出首届院士和九月举行院士大会的时候，郭沫若已经转移到香港，并没有接受这项荣誉称号。

夏先生代理历史语言研究所所长期间，与历史学界顶尖的前辈学者，例如胡适、陈垣、杨树达、余嘉锡、顾颉刚、汤用彤，都有近距离的接触，曾约请他们与史语所同仁座谈，讲述自己的治学经验。其中尤其与胡适、陈垣二位接触最多。胡适每到南京，必定下榻于史语所所长室，晚间常约先生一道聊天，听他畅谈自己的学术经历、研究展望，以及对时局的看法。陈垣也曾在史语所下榻，将其新著《通鉴胡注表微》《南宋初河北新道教考》二书赠给先生，先生则将自己的新作《汉武征和年号考》《武威唐代吐谷浑慕容氏墓志》两篇文稿送请审阅，这两篇文稿都曾得到陈援老的首肯。与此同时，先生因不时参加中央研究院召开的会议及社交活动的关系，与自然科学方面的著名专家也有广泛交往。其间，夏先生又于一九四七年十月收到伦敦大学授予的博士证书，一九四八年八月晋升历史语言研究所研究员。这样，他就成为学术界具有相当知名度的新秀。

尽管傅斯年对夏先生有知遇之恩，寄予很大的希望，但先生在大是大非面前并没有含糊。傅斯年于一九四八年八月中旬返所复职之后三个月，面对国民党军队在战场上节节败退、人心惶惶的形势，决定将他领导的历史语言研究所迁往台湾。为此，一九四八年十一月二十九日傅斯年询问先生的个人计划，先生表示“决定返家”，傅斯年劝他早走。两天以后，傅斯年又问先生“能否押运古物赴台”，先生断然拒绝受命。一九四八年十二月九日先生脱离国民党政府官方机构中央研究院，十三日回到故乡温州闲居，静待政局的巨变。

五、推进全国考古工作全面健康发展

中华人民共和国成立后，夏鼐先生一度应聘至浙江大学人类学系任教。直到一九五〇年五月，中国科学院筹备成立考古研究所，政务院总理周恩来根据中国科学院院长郭沫若的提名，任命时任文化部文物局局长的郑振铎兼任考古所所长，梁思永、夏鼐为考古所副所长。郑振铎所长是著名的爱国民主人士，是熟悉文物方面情况并有重大贡献的文化界前辈。梁思永、夏鼐副所长是当时大陆仅有的两位既在国外受过正规科班训练，又有丰富实践经验、贡献卓著的田野考古学家。当年，郑振铎所长的工作重点在文化部文物局，不时来考古所视事；梁思永则卧病已久，只能在病榻上运筹帷幄，无法亲临田野考古的第一线，早在一九五四年春即与世长辞。随后又有尹达兼任副所长、郑振铎一九五八年遇难后兼任所长，直到一九六二年先生才被任命为考古所的所长。虽然如此，考古所的各项业务工作始终由夏鼐先生进行全面而具体的领导，并于一九五五年起任中国科学院哲学社会科学部学部委员（一九五七年任常务委员）。夏鼐先生不遗余力地为我国考古学界引航掌舵。他在三十多年的历程中，致力于考古工作队伍的建设和实事求是优良学风的形成，考古研究规划的制定和田野考古水平的提高，自然科学方法的应用和多种学科研究的协调，以及与外国考古学界的学术交流，从而为推进我国考古工作的全面发展做出了卓越的贡献。

关于考古工作队伍的建设，夏先生在一九五〇年十月一日正式到科学院考古所履任后一个星期，便率领本所全体十二名考古业务人员，前往河南辉县进行较大规模的示范性发掘，通过实践培养干部。他全面掌握发掘的进度，经常是白天在相距十多里的两个发掘点之间来回奔波，身先士卒，亲自操作，手把手地将发掘技术传授给初次参加考古工作的年轻同志；晚间则检视他们的发掘记录，由此确立考古所严格的田野工作规程。特别是发掘琉璃阁战国车马坑时，他在连降大雪的冬日，每天冒着滴水成冰的严寒，先用火盆烤化坚硬的冻土，然后以冻裂的双手紧握手铲等工具，一点一点地仔细剔剥，经过半个多月的紧张工作，终于第一次完整地揭露出十九辆腐朽成灰的古代木车痕迹，显示了新中国田野考古的技术水平，被国际考古学界誉为战后田野考古方法的一项新的进步。一九五一年，夏鼐又带领几位青年同志，前往河南中西部地区，调查发掘渑池县仰韶村等史前遗址；前往长沙近郊发掘战国两汉时期墓葬，使他们进一步掌握田野考古技能，成为新中国考古工作第一批得力的业务骨干。

为了应对国家即将到来的基本建设高潮，迅速培养田野考古的专门人才，从一九五二年起由中央文化部、中国科学院和北京大学共同举办四届全国考古工作人员训练班，并在北京大学创办中国第一个大学本科考古专业。四届训练班均由时任文化部文物局博物馆处处长的裴文中教授出任班主任。北大的考古专业则由考古所派遣的苏秉琦副研究员兼任教研室主任。夏先生直接参与训练班和考古专业的组织领导、主要课程的具体策划，连年亲自讲授最重要的基础课考古学通论和田野考古方法，教导大家深刻领会考古学的基本理念，并曾进行实地操作的辅导。可以毫不夸张地说，二十世纪五十年代参加工作的田野考古人员，都是直接领受先生教诲的弟子。这样，便为全国各地培养了考古工作骨干，使科学的考古发掘普及全国，成为中国考古学的主流。先生一贯认为，考古研究的基础在于田野工作，强调提高考古发掘的科学水平，要求大家在考古调查发掘中认真辨别复杂的地层情况，弄清楚遗迹、遗物的各种关系，并且要把观察到的一切有关现象详细、正确地记录下来。他以自己的实践告诉大家：考古工作的成绩如何，主要不是看你发掘出什么东西，而是看你采用什么方法发掘出这些东西，切忌有“挖宝”思想。

一九五五年秋，为配合国家治理黄河水患、开发黄河水利的规划，文化部和中国科学院联合组成黄河水库考古工作队，由夏先生兼任队长，调集各省文物单位和科学院考古所的数十名田野考古人员，分为十组前往三门峡库区的豫、晋、陕三省十县，进行深入的考古文物调查。当时，先生坐镇洛阳指挥一个多月，出发前为队员做了题为《考古调查的目标和方法》的指导性报告，将其亲自设计的缜密调查记录表格发给大家使用；调查期间，他不断披阅各组的工作汇报，随时针对发现的问题发出具体指示，并编发考古队的工作通讯。这次前所未有的大规模考古文物调查，共计发现各类古代遗迹二百七十八处，其中包括随后于一九五六年至一九五七年进行重点发掘和勘察的庙底沟、三里桥史前遗址，上村岭虢国墓地、三门峡漕运遗迹，以及内含大幅彩色壁画的元代古建筑永乐宫等。这实际是对各地考古人员的进一步培训，大大提高了他们的业务水平。

一九五六年至一九五八年夏先生为北京明定陵的发掘，贡献了莫大的精力。清华时期的同窗吴晗开始倡议主动发掘十三陵中明成祖的长陵，夏先生和全国文物工作方面的负责人郑振铎对此都不赞同，主要是文物考古人员忙于配合基建工程的情况下发掘长陵并非当务之急，而当时考古发掘和文物保护的技术条件都不成熟，贸然进行发掘势必造成无法弥补的损失。后来吴晗联络郭沫若、范文澜等六位知名人士报请国务院批准，夏先生被名列“长陵发掘委员会”的委员，负责进行具体的业务指导，他才勉为其难地挑起这副重担。夏先生提出，长陵规模宏大、情况复杂，应先在其他诸陵中选点试掘，以便取得经验，然后再考虑长陵的发掘方案。先生亲自选定在定陵试掘以后，每逢发掘的关键时刻，他都在第一时间赶往现场进行指导和实际操作，为力争发掘工作的成功而呕心沥血。特别是在进入阴暗潮湿的墓室，清理万历帝后棺内文物时，先生趴在棺椁上方搭起的木架上，探身向下，匍匐操作，整整花费四天四夜的时间，艰难地清理棺内各种腐朽散乱的随葬物品。他不顾自己严重的身体不适，以超人的毅力，对冠冕的形状、结构、色泽、尺寸，以及串珠的数量和系结方式，耐心细致地观察和记录，绘制出草图。正是由于先生做了如此详尽的完整记录，才使清理皇后凤冠等做工精美衣物的工作得以完成，为日后的修复提供了充分的依据，使之得以重现昔日辉煌。先生原本患有严重的胃溃疡，当时定陵发掘工地的食宿条件很差，往往前去几天便因呕吐不止返回，稍事休息再去，最后竟在地宫连续操劳半个多月，以致清理工作基本结束时完全病倒，住进医院疗养了五个多月。而通过定陵的发掘，也使先生更加深切地感到发掘古代帝陵的条件很不成熟，出土的大量珍贵文物（特别是丝绸品等有机物）难以妥善保存，于是向有关方面积极反映在现有条件下不宜发掘帝陵的意见。一九六〇年六月，国务院发出关于暂缓主动发掘古代帝王陵墓的通知，原拟发掘的明成祖长陵也就从此作罢。

一九五八年以后，先生不再承担具体的田野考古项目，但仍不时亲临重点发掘工地，例如二十世纪七十年代的长沙马王堆汉墓、北京大葆台汉墓，八十年代的大冶铜绿山矿冶遗址、北京琉璃河西周墓地、广州汉代南越王墓，先生都曾前往进行具体的现场指导。直到他突然与世长辞的前几天，还在骄阳似火的初夏时日，不顾年迈前往中原大地的洛阳附近，视察偃师商城遗址的大规模发掘。长期以来，在夏先生的关怀和指导下，一系列重点发掘取得了累累硕果，充分显示了我国考古工作的巨大成就，因而赢得了国内外学术界的广泛称赞。

夏鼐先生不仅注意普及田野考古技术，更在关键时刻紧紧地把握航向，使考古工作得以排除干扰，健康地向前推进。在极左思潮肆虐的年代，特别是一九五八年的“学术批判”和“大跃进”中，作为考古学界最高学术领导的夏先生首当其冲，也曾遭受点名或不点名的批判；考古学的基本概念和基本方法被否定，田野考古操作规程遭到破坏。有的单位搞起边发掘、边整理、边写报告的所谓“流水作业”，在发掘工地挑灯夜战，并且得到主管机关个别官员的支持，被大张旗鼓地进行推广。先生顶住歪风邪气的压力，坚决不让错误的做法波及考古所的发掘工地，对于受过这种“洗礼”的高校毕业生，分配来所后先集中整训，然后再安排具体工作，使他们得以沿着正确的轨道，成长为考古所的又一批业务骨干。

为了根据中国考古学的学科发展需要，更有计划地开展考古研究，不断提高田野工作的学术水平，夏鼐先生曾于一九五六年参与、一九六三年和一九七八年主持制订考古研究的长期规划工作。一九六二年他在《红旗》杂志发表《新中国的考古学》一文，通过对已有的考古研究成果的总结和归纳，提出六个方面的基本课题，即：人类起源和人类在我国境内开始居住时间问题、生产技术发展和人类经济生活问题、古代社会结构和社会关系问题、国家起源和夏文化问题及城市发展问题、精神文化（艺术、宗教、文字等）方面问题、汉民族和中华民族共同体的形成过程问题。这集中体现了夏先生对于建立和完善中国考古学学科体系的思想。多少年来，先生正是基于这种学术思想，部署国家考古研究中心机构（考古研究所）的田野考古和室内研究工作，重点进行黄河流域和邻近地区的史前考古研究，探索夏文化和商周早期文化，商、周、汉、唐等历代都城遗址的勘察发掘，以及新疆、内蒙古等边疆地区的考古研究，并且注意开展甲骨文、金文、简牍、碑刻等出土文献资料的整理研究，取得了一系列重要的学术成果。夏先生还在考古研究所每年年终的田野工作汇报会议上、中国考古学会的历次年会和考古学界的其他会议上，谆谆嘱咐大家增强考古工作的课题意识，努力提高田野发掘的学术水平。

夏鼐先生对考古研究成果的公布，一贯要求得极为严格。从二十世纪五十年代到七十年代，考古所编辑出版的重要考古报告和专著，在发稿前大都经过先生的审阅;《考古学报》和《考古》杂志的重点文稿、外文目录和提要，也都在出版前经先生审定。先生审稿非常仔细，大到学术观点的审订，小到文字、标点和图表的校正，引用文献的核对，无不认真对待，花费了大量的精力，绝非敷衍了事、大而化之者可以伦比。这样严格的把关，既保证了我国考古学书刊的质量，又在考古学界形成谨严治学的风尚。

夏鼐先生重视在考古研究中应用现代自然科学方法，突出地表现在及时将碳-14断代法引进我国。早在一九五五年，美国科学家开始发表有关著作之后不久，他便敏感地意识到这种断代方法的重要意义，撰文呼吁早日建立中国自己的实验室以适应考古工作的需要。随后，从科学院原子能所调来被错划为右派分子的一对青年夫妇，承担创建工作的重任，多方予以呵护与支持。正是由于他的远见卓识和积极筹措，考古所采取自力更生的办法，于一九六五年建成中国第一座碳-14断代实验室，历年来在同类实验室中公布的数据最多、长期居于领先地位，为中国史前考古学研究发挥了非常显著的作用。在先生的领导下，考古所又较早地调进专门人才，开展考古学中化学、人类学和动物学的研究。他还积极倡导考古学界与有关科技单位之间的协作，进行出土文物中金属、陶瓷和其他制品的分析鉴定，在判别一些器物的原料成分及其产地、究明制作方法等方面，取得了很大的成绩。

夏鼐先生在相当长的时间内，是我国与世界各国在考古学领域进行学术交流的总代表。他曾多次出席国际上的学术会议，出访欧洲、美洲和亚洲的十多个国家，接待来自五大洲的知名学者，使中国考古学研究保持与国际接轨，也使外国同行更好地了解我国考古工作的成就。

六、致力于建立中国考古学的学科体系

夏鼐先生本人的学术研究，具有学识渊博、视野广阔和治学严谨的特点。他不仅熟练地掌握现代考古学的理论、方法和技术，丰富的自然科学知识，而且对中国传统的文献学、金石学也有很深的造诣，把多方面学问紧密地结合起来。他还具备优越的外国语文条件，密切关注国际学术界成果和各种动态。这样，他的研究工作便有非常深厚的基础，善于从世界范围和多学科角度考虑中国考古学问题，既能追求现代的国际水平，又能发扬中国固有的学术传统。笔者长期在先生身边工作，深知他在行政事务十分繁忙的情况下，忙里偷闲，闹中取静，抓住零碎时间撰写学术论文，从收集资料、查对文献到成文清稿，都是亲自动手，从不假手于人，直到晚年仍然如此，为考古界树立了严肃认真、一丝不苟的良师风范。

夏先生在新中国成立后，特别是一九五九年加入中国共产党以后，努力用马克思主义指导自己的研究工作。他坚持认为考古学作为历史科学的重要组成部分，所做研究不应局限于鉴别遗迹、遗物的年代和判明它们的用途及制作方法，而是应该将研究的最终目标指向阐明存在于历史发展过程中的客观规律。这便要以科学的调查发掘为基础，通过对大量实物资料的整理、分析和多学科研究，经过归纳，加以提高，进而从理论上探讨古代社会历史的发展。他坚信实事求是这一基本原则，反对以空论代替具体的研究，甚至歪曲事实真相，也反对忽视理论，脱离历史，重蹈为考古而考古的覆辙。

第一，夏鼐先生对史前时期考古学，进行了长时间的创造性研究。

前已述及早在二十世纪四十年代，夏鼐先生根据甘肃齐家墓葬和洮河流域其他地点的可靠资料，改订黄河上游新石器文化编年体系，提出不同的文化系统问题；五十年代及其以后，他又规范考古学上的文化命名，进一步提出中国新石器文化发展多元说；八十年代他还最早从考古学上探讨中国文明起源问题。这些在中国考古学的发展史上都有划时代的意义。

（一）规范考古学上的文化命名。一九五〇年代，随着田野考古工作在全国范围的逐步展开，许多地方发现前所未知的新石器时代文化遗存，过去习用的仰韶、龙山等有限几种文化名称已经无法概括。个别同志在极左思想的影响下，企图完全取消考古学上的文化名称，代之以笼统的某某地区原始文化进行命名。面对这种日趋复杂的情况，如何正确进行新的文化区分和命名，便成为考古研究发展的关键环节。一九五九年初，夏鼐先生应各地同志的要求，及时发表《关于考古学上的文化命名问题》一文，从正面阐述考古学研究的基本概念和基本方法，对什么是考古学文化，什么要划分考古学文化，做了详细的说明。他指出：考古学上的“文化”是指某一社会（尤其是原始社会）的文化在物质方面遗留下来可供观察的一群东西的总称，用以表示考古遗迹中（尤其是原始社会的遗迹中）所反映的共同体，通常以第一次发现典型遗迹的小地名来命名。他的基本态度是：从实际出发，慎重处理，既不要迟疑不决，以致不同类型的文化遗存长时间混淆在一起，延缓研究工作的进度；又不要轻率浮夸，看到某些片面的个别现象，就匆忙地给它一个新的名称。他特别不赞成直接用历史上的族名作为考古学文化的名称，认为那只适用于年代较晚的一些文化，并且必须是考据无疑的，否则最好仍以小地名命名，而另行交代可能属历史上的某个民族，以免引起历史研究的混乱。他还预见到，区分考古学文化时，对“哪些可以算是两个不同的文化，哪些只是由于地区或时代关系而形成的一个文化的两个分支”，即在考古研究中如何界定文化、类型和分期的问题，学者之间会有不同看法，需要留待将来再做详细讨论。夏先生的这篇文章，统一了我国考古学界对文化命名问题的认识，从而极大地推进考古研究的健康发展，尤其是对中国新石器时代研究起了重要的指导作用，使之出现新的局面。

（二）探讨中国新石器文化发展的多元谱系。夏鼐先生早在一九六二年发表的《新中国的考古学》一文，即曾提到："根据考古资料，现今汉族居住的地区，在新石器时代存在着不同的文化类型。连黄河流域的中游和下游，也有很大的差异。古史传说中也有这种反映。"他一九七七年发表的《碳-14测定年代和中国史前考古学》一文，重提并发挥这一论断。该文根据当时公布的各种史前文化的年代数据，结合文化内涵和地层证据，全面讨论它们之间的年代序列和相互关系，即中国新石器文化发展的谱系问题，更加明确地提出中国新石器文化的发展并非黄河流域一个中心的多元说。先生指出，各地文化类型的不同"表明它们有不同的来源和发展过程，是与当地的地理环境适应而产生和发展的一种或一些文化"。中国远古文化的发展由传统的黄河流域一元说转变为并非一个中心的多元说，是中国史前时期考古研究的重大突破。最近二十多年的考古发现与研究，使多元说进一步确立，成为中国考古学界的共识。

（三）将中国文明的起源问题提到当代考古学研究的议事日程。随着有关考古资料的日益丰富，夏鼐先生又于一九八三年提出从考古学上探讨中国文明起源，这一中国史前考古学和世界文化史上至关重要的课题，强调其理论意义在于"传播论派和独立演化派的争论的交锋点"。他从明确基本概念入手，强调“文明”一词是“指一个社会已由氏族制度解体而进入有了国家组织的阶级社会的阶段”。同时，他进一步指出：“这种社会中除了政治组织的国家以外，已有城市作为政治（宫殿和衙署）、经济（手工业以外，又有商业）、文化（包括宗教）各方面活动的中心。它们一般都已经发明文字和能够利用文字作记载（秘鲁似为例外，仅有结绳记事），并且都已知道冶炼金属。文明的这些标志中以文字最为重要。”先生认为：根据现有考古资料，不仅深刻地认识到殷墟文化是高度发达的文明，更重要的是从殷墟文化向上追溯到二里岗文化和更古老的二里头文化，三者互相联系、一脉相承；而二里头文化，至少它的晚期既够得上文明，又有中国文明的一些特征，如果不是中国文明的开始，也是接近于开始点了；至于比二里头文化更早的各种文化，都属于中国的史前时期。他还特地讨论中国文明是否独立发展的问题，着重分析那些与中国文明起源问题关系最密切的史前文化，主要是中原地区、黄河下游和长江下游的晚期新石器文化，断定“中国文明的产生，主要是由于本身的发展”。他说：“中国虽然并不是完全同外界隔离，但是中国文明还是在中国土地上土生土长的。中国文明有它的个性，它的特殊风格和特征。”夏先生还曾讲到，进行中国文明起源的探索，“主要对象是新石器时代末期和铜石并用时代的各种文明要素的起源和发展，例如青铜冶铸技术、文字的发明和改进、城市和国家的起源等等”，同时又强调“文明的诞生是一种质变，一种飞跃”。这便为中国文明起源问题的探索指明方向，从而导致此后有关研究和讨论长盛不衰，不断深入，取得了很大的进展。

第二，夏鼐先生对历史时期考古研究的指导作用。

夏鼐先生说过，考古研究进入“历史时期”，便要掌握狭义历史学中的大量文献和运用文献考据功夫。先生在历史考古学方面的一系列论著，包括一九四〇年代关于敦煌汉简和吐谷浑墓志的论文，突出地反映他本人熟知文献资料，擅长历史考据，善于从丰富的考古资料出发，结合可靠的文献记载，不断进行新的探讨。

新中国成立后夏先生亲自主持和具体指导的田野考古工作，绝大部分属于历史考古学的范畴，其中尤以二十世纪五十年代初期的几项意义最大。例如，辉县琉璃阁的发掘，第一次在安阳以外发现早于殷墟的商代遗址；郑州附近的调查，确认二里岗是早于殷墟的又一处重要商代遗址；长沙附近的发掘，初步判明当地战国两汉时代墓葬的演变情况，为楚文化的考古研究打下基础。这便使我国田野考古工作的重点，在地域上从北方的黄河流域扩大到南方的长江流域，在年代上从石器时代、商周时代推延到汉代以至更晚，过去那种“古不考三代以下”的不合理状况，从此发生了彻底的改变。

夏先生关于历史时期考古研究的论著，往往是在对具体学术问题做独到论断的同时，从方法论上给人以深刻的启示，引导大家正确对待文献资料，深入细致地研究各种问题。例如夏文化问题，二十世纪五十年代末期，当这项探索性考古工作在前辈专家徐旭生的倡议下着手前后，先生曾在考古所的会议上再三申明，对于所谓“古史传说”资料需要审慎地对待，这类资料中既有古老民族口耳相传的真正传说，又有先秦诸子编造的历史哲学。一九七七年有关单位发掘登封王城岗遗址，认为这处遗址可能就是“禹都阳城”，引起有关学者的热烈讨论。夏先生针对众说纷纭的情况，着重从基本概念上进行澄清。他说，“夏文化”应该是指夏王朝时期夏民族的文化。不仅内蒙古、新疆等边区的少数民族文化不能称为夏文化，如果商、周民族与夏民族不是同一个民族，那也只能称为“先商文化”“先周文化”，而不能称为“夏文化”。他又指出：夏文化问题在年代学上很麻烦，商年和夏年都有悬殊较大的不同说法，目前并没有弄清楚；夏都的地理位置也很麻烦，“禹都阳城”说出自距夏禹两千年的《孟子》，另外还有“禹都安邑”的说法，纵使“禹都阳城”可信，它和东周阳城是否一地仍需证实。这种周密思考、认真分析的科学态度，推进了夏文化探索工作的发展，使有关研究不断深入，现已取得较多的共识。

夏先生关于商代和汉代玉器的几篇文章，在古器物研究的方法上有所突破。首先，他注意探讨中国古玉的质料和原料产地，提倡对各地出土的玉器多做科学鉴定，以便与地质矿产资料比较分析。其次，他强调正确判定玉器的类别、名称和用途，不能继续采取吴大澂那样的“诂经”方法，而应根据考古发掘所见各种玉器的出土情况，以及它们的形状，结合传世品和文献资料考证其古名，用途不明的暂时存疑。他曾着重论述礼学家所谓“六瑞”以礼天地四方的传统说法，显然是战国和汉初儒生杜撰的理想化礼器系统，并不符合历史实际。这样，便使古玉研究从礼学家烦琐考证的窠臼中解放出来，对历史考古学其他方面的研究也有指导作用。

夏先生对古代葬制方面的问题，更是从考古发掘所见实际情况出发，对照历史文献的有关记载进行考证。长沙马王堆一号汉墓发掘以前，在许多论述中对如何区分棺椁存在混乱。先生于一九七三年发表《长沙马王堆一号汉墓的棺椁制度》一文进行辨析，弄清楚棺椁界限这个葬制上的基本问题，就避免继续在礼书记载的个别文字上打圈子，使棺椁制度的研究前进一步。

夏先生对历史考古学的重要分支铭刻学也很重视，在他的亲自筹划和具体指导下，考古所集体编纂了《殷周金文集成》。他为该书撰写的长篇前言中，对考古学（包括它的组成部分古器物学）和铭刻学的含义，以及中国铭刻学的特点做了详细的阐述。该文指出，铭刻学研究除将铭文中的古文字经过考释改写为今日的楷书以外，“它的考证方法，和利用传世的一般古代文献记载一样，完全是属于狭义的历史学范围”。夏先生还严肃地批评，“现下仍有个别搞铭刻学的人，过分强调铭文的解读，有时完全不顾古文字的原则或通例，将一些不易考释的铭文中每字都加考释，每句都加解说，实际上不过是‘穿凿附会’而已。”

第三，夏鼐先生对中国科技史和中西交通史考古研究的开拓作用。

关于中国科技史领域，夏鼐先生在一九五〇年代初期，即已根据自己亲手发掘的辉县战国车马坑和长沙汉代车船模型，进行古代交通工具的复原研究。一九六〇年代起，先生创造性地利用考古学的资料，运用考古学的方法，对我国古代科学技术领域中天文、纺织、冶金和其他方面的光辉成就，分别进行过深入的探讨。

夏先生在中国天文学史方面，对几幅有代表性的古代星图进行详细的考察。这主要是古代墓葬壁画中仅有个别星座的象征性星图，包括我国已发现年代最早的洛阳西汉壁画墓星图，最早表现黄道十二宫的宣化辽墓星图。关于洛阳西汉壁画墓星图，开始时曾有学者对比现代星图进行解说，由于不了解中国和西洋古代天文学的差异，所做解说多有不当。先生从辨明正确的研究方法入手进行讨论，提出：(一) 这星图的内容，并非比较全面地表现北天的星象，仅是选取少数星座作为象征，因而只能用中国古代星座对照，不能用现代星座对照；(二) 这星图是西汉末年的，对比材料应以年代接近的《史记·天官书》为主，而以《晋书·天文志》作为补充；(三) 比较不能漫无边际，应注意北天亮星的几个星座和天球赤道附近的二十八宿，它们可能是古人绘制星图时用以选择的主要对象。这样便弄清楚，这星图实际是从汉代天官家所区分的“五宫”中每“宫”选取几个星座用以代表天体而已。关于宣化辽墓星图，夏先生根据其中的二十八宿和黄道十二宫图像，结合大量文献资料，进一步论证中国古代天文学体系的特点，指出以赤道为准的二十八宿显然是起源于中国，后来由中国传入印度的，而黄道二十宫则至迟至隋代，随着佛经的翻译由印度传入中国。至于中国二十八宿创立的年代，他认为“由可靠的文献上所载的天文现象来推算，我国二十八宿成为体系，可以上推到公元前七世纪左右。真正的起源可能稍早，但现下没有可靠的证据。至于文献学方面的考据结果，也和它大致相符而稍为晚近，现下只能上溯到战国中期（公元前四世纪）而已”。这被公认为中国天文学史研究中对于二十八宿创立年代这个聚讼纷纭问题的较为稳妥的看法。

夏鼐先生是我国学术界根据考古资料进行纺织史研究的先驱。西方学者早在二十世纪二十年代,即已进行新疆出土汉代丝织品的研究，我国学者则开始于一九六〇年代初期。一九六一年至一九六二年，先生通过新疆民丰、吐鲁番两地新发现的汉唐丝织品的若干残片和放大照片，参考过去其他地方出土的有关资料，考察汉唐时代绮、锦和刺绣的纺织工艺与图案纹样，附带讨论中西交通史上的问题。一九七二年，他又发表《我国古代蚕、桑、丝、绸的历史》一文，系统地论述我国汉代和汉代以前养蚕、植桑、缫丝和织绸方面的发展情况，并对汉代织机进行新的复原研究，以进一步阐明我国古代劳动人民对人类文明的伟大贡献。

夏先生指出，发明蚕丝生产技术的确切年代，目前虽然还无法确定，但我国在上古时期是世界上唯一掌握这种技术的国家，至迟在殷商时代已经充分利用蚕丝的优点，改进了织机，发明了提花装置，能够织成精美的丝绸，遗存实物有普通平纹、畦纹和文绮三种织法。他说，我国当时除使用竖机之外，可能也使用平放或斜卧的织机，这便和古代希腊、罗马等国家专门使用竖机不同，大概东周时期已有使用吊综提花和脚踏的织锦机。先生又指出，我国的丝织生产发展到汉代至少已有一千多年历史，达到了一个高峰，五彩缤纷的汉锦代表汉代织物的最高水平，一般是使用二色或三色的组织法，如果需要四色或四色以上，便需要采用分区的方法，在同一区内一般都在四色以下。

我们知道，夏先生的故乡温州是丝织业发达的地区之一，温州生产的瓯绸闻名海内外。他自幼耳濡目染，对丝织工艺早有相当的了解，精心从事古代丝织品研究，绝不是偶然的。据先生的子女回忆，他进行新疆出土丝织品研究时，曾连日在灯下用几色丝线试作编织，以揣摩汉锦的织造方法，然后用铅笔绘出织物结构的草图。他是通过自己的实践，摸索进行古代丝织品工艺考察的途径。一九七二年长沙马王堆一号汉墓发掘出土大量保存完好的丝织衣物以后，委托上海纺织科学研究院等单位进行工艺考察，参与工作的科研人员不曾接触过古代丝织品，就是先认真阅读夏先生的论著启蒙，然后着手进行马王堆丝织品织造工艺的研究。

夏鼐先生在中国冶金史研究方面，也有相当重要的贡献。一九七二年河北藁城台西村商代遗址出土一件铁刃铜钺，初步的技术鉴定以为铁刃属古代熟铁。这项发现如果属实，将是中国古代科技史上的重大发现，表明我国先民早在公元前十四世纪已经开始人工冶炼熟铁，因而迅速得到先生的高度重视。先生考虑到人类在发明炼铁以前往往利用陨铁制器，而鉴定结果中铁刃的含镍量高于一般冶炼的熟铁，当即表示鉴定并未排除这具铁刃实有陨铁制品的可能，不能遽尔断定其为人工冶炼的熟铁制品，因而尚需做更加缜密的科学鉴定，进行更加深入的分析研究，方能进一步获得符合客观实际的结论。后经先生约请钢铁专家柯俊教授重新组织鉴定，多种现代化手段的分析结果确认，藁城铜钺的铁刃不是人工冶炼的熟铁，而是用陨铁锻成的，从而避免不慎误判在国际学术界造成恶劣的影响。夏先生还纠正了我国早在公元三世纪的西晋便能提炼铝的错误结论。一九五三年江苏宜兴周处墓发现十七件金属带饰，发掘者将其中一块碎片请人鉴定，分析结果为铝。由于炼铝是十九世纪发明电解法后才被人们掌握的一种新技术，这项发现迅速引起国内外的广泛注意。但是，后来有学者分析另一块碎片，得到的结果却是银。为了澄清事实的真相，先生再请学者采取几种不同的方法，对现存的全部带饰重新鉴定，检验结果都是银而不是铝。他注意到周处墓曾被盗扰，小块铝片有系后世混入物的重大嫌疑，因而建议大家不再引用它作为晋代已知冶炼金属铝的证据。夏先生还对湖北大冶铜绿山古铜矿遗址的发掘与保护，给予极大的重视。他曾亲自前往发掘现场视察，与有关人员共同讨论复原这处古代铜矿由竖井 → 横巷 →盲井的采掘过程，提升、排水、通风等方面采取的相应措施，以及各种采矿工具的应用，并且亲自设计了提升用木辘轳的复原方案。他还高兴地指出，由于这次古代采矿遗址的发掘，使中国青铜器的研究提高到一个新的水平，我们不仅研究青铜器本身的来源（出土地点），还要研究它们的原料来源。对古铜矿的生产情况进行调查、发掘和研究，这是中国青铜器研究的一个新领域，也是中国考古学新开辟的一个重要领域。

马王堆一号汉墓出土女尸古病理学研究中一段感人的往事，突出地反映了夏先生的博学多识和人格魅力。为进行马王堆女尸的研究，曾于一九七二年十二月上旬在长沙召开专题座谈会。与会人员中，不乏富有经验的病理解剖专家，通过热烈的讨论，对是否解剖和怎样解剖问题取得了共识，湖南医学院年富力强的彭隆祥大夫主动承担主刀的任务。但他们对古病理学研究心中无数。夏先生除在会上几次做重要发言外，又在会下找彭隆祥个别谈话，交给他一张纸条，开列出了国外关于古病理学的专著和有关论文的目录，并且注明国内在哪里可以找到这本书，应该注意阅读哪几页，及时给予他非常具体的帮助。

时至今日，彭隆祥这位国际上闻名的古病理学家对此记忆犹新，深情地说夏先生是“教我从事古尸科研的启蒙老师”。

关于根据考古学资料探讨中西交通史的问题，夏鼐先生的开拓性贡献同样功不可没。他所进行的研究，既包括中国古代通过陆上丝绸之路与波斯、拜占庭、阿拉伯等国家之间的交往情况，又涉及海上交通和古外销瓷等问题。

夏先生进行较多研究的是我国各地出土的波斯萨珊朝文物，例如对新疆、青海、西安、洛阳，及河北定县等地出土的钱币，大同、西安等地出土的金银器皿，新疆阿斯塔那墓地出土的织锦，都曾撰写专文进行考察。他在逐项具体研究的基础上，又先后发表《综述中国出土的波斯萨珊朝银币》和《近年中国出土的萨珊朝文物》两篇综合性文章，进一步讨论中国和伊朗两国人民友好往来的历史，对中西交通的路线提出创见。我国各地发现波斯银币的地点，大多数分布在“丝绸之路”沿线，或者在它东端长安、洛阳到其他城市的延长线上，共计三十余批一千一百多枚。据夏先生鉴定，这些波斯银币分别铸造于萨珊王朝中期和后期的十二个国王在位期间，从公元四世纪后半叶到公元七世纪中叶，延续时间将近三百五十年。其中半数属库思老二世式的阿拉伯—萨珊银币。铸造地点明确的，几乎都在萨珊帝国的中部和东部。他认为，这些银币的发现反映了萨珊帝国的权力起落和经济兴衰，也反映了它作为中国和东罗马（拜占庭）之间的贸易中间站的历史地位与发展情况，并且恰好能同中国史书的有关记载相互印证。特别是根据青海西宁的发现，引证《法显传》等书，提出从公元四世纪末到六世纪初，即东晋南北朝时期，中西交通路线除甘肃河西走廊一线外，西宁也在重要的孔道上。他说，当时由西宁进发，或经柴达木盆地北行过当金山口至敦煌，然后西行进入新疆，或经柴达木盆地南缘越阿尔金山至新疆的若羌，这条偏南的交通线之所以骤形重要，应与吐谷浑的兴盛有关。在夏先生提出此说以前，中西交通史研究者对这条路线却不够重视。

夏先生根据一些地方发现的萨珊式金银器和织锦，深入讨论波斯文物在中国的流传及其深刻影响。他说，在唐朝初期输入萨珊式金银器更多，并有中国的金银匠人模仿制作，可能也有波斯匠人在中国制造的。萨珊帝国覆灭以后，直到安史之乱，仍有这种风格金银器的输入或仿制。中国制造的仿制品，一般器形和波斯所制大致相同。但花纹常是唐代的中国风格。而在瓷器、漆器和铜器中，也有模仿萨珊式金银器的情形。他又指出，古代丝绸的织造技术有两种不同的传统，中国汉锦是经线起花的重组织，西亚和中亚的织锦则采取纬线起花的方法织成；新疆发现的资料表明，中国丝绸的织造技术和花纹图案，经过魏晋南北朝到唐代，由于西方的影响发生很大的变化，六世纪时有一种可能为外销而生产的萨珊式花纹经锦，后来中国织锦的织法也改用纬线起花。这些都是古代中西文化交流互相取长补短的具体事例。

在此还应提到，夏鼐先生曾主持编撰了中国考古学上最早的几部综合性论著，一九六〇年出版的《新中国的考古收获》，一九八〇年代初出版的《新中国的考古发现和研究》和《中国大百科全书·考古学》，体现了中国考古学学科体系从初步建立到逐步完善的历史进程，在中国考古学发展史上具有里程碑式的意义。特别是在编撰《中国大百科全书·考古学》时，夏先生从确定全书的框架结构和具体条目，到亲自撰写概观性特长条目和审定重点条目释文，殚精竭虑，投入了莫大的辛劳，倾注对考古学科的最后热情，终于倒在审校该书稿件的工作岗位上。

夏鼐先生本人杰出的学术成就，受到国际学术界的普遍重视，从一九七四年起先后被英国学术院、瑞典皇家文学历史考古科学院、美国全国科学院等六个外国国家学术机构授予通讯院士（或外籍院士），成为我国学术界接受外国荣誉学术称号最多的学者之一。

七、高风亮节，为人楷模

夏鼐先生的高风亮节，突出地表现在他与夫人之间，数十年忠贞不渝、相濡以沫，向来为大家称道。他们的结合，完全是“父母之命，媒妁之言”。夫人李秀君是幼年缠过脚的家庭妇女，粗通文墨，体弱多病，一生操持家务，先生始终以宽厚、仁爱之心，与她共同守护这个温馨的家庭。先生从一九二八年初刚满十七岁时结婚，到一九五二年秋举家迁居京华的二十五年，大部分时间在外地学习和工作，夫人孤单地留在家乡，服侍公婆，抚育子女。来到北京团圆以后，无论平静安谧的幸福时日，还是十年浩劫的灾难岁月，他们恩恩爱爱，相互扶持，携手走向夕阳。一九八〇年代初期，先生偕同夫人一道出访，先后去过日本、美国、法国和中国香港等地，刻意补偿她毕生的辛劳。先生晚年曾深情地说："我在考古学上这一点点的成就，确实一部分要归功于我这贤惠而能干的老伴儿。"

夏先生节俭是有目共睹的。他平时的衣着，多为蓝布中山装、布鞋或塑料凉鞋，冬天则是老棉裤、老棉鞋和长毛绒帽子，倘若看到他换穿笔挺的毛料制服和锃亮的尖头皮鞋，那一定是那天有外事活动。他办公室的门后钉着一个牛皮纸大口袋，用以存放一些旧信封，准备随时翻过来再用。为写文章而收集资料，经常是用大小不等的纸条抄录，再分装若干旧信封中。他的办公桌上没有名贵的文房四宝，日常使用的是小学生那种最普通的砚台和便宜的毛笔，应邀为人题字时往往借用所内同事的笔砚。

夏先生平时完全没有大专家的架子，常有不同年龄段的所内外人员，闯进他的办公室或家中请教问题，先生总是不厌其烦地给予耐心指导。许多人手中保存着先生为其审阅文稿的批条，都是以密密麻麻的蝇头小字，写出十分具体的意见，以至应该查阅什么文献，有时连版本、页码都交代得明明白白。一张张纸条，闪烁着先生循循善诱、诲人不倦的精神。对于四面八方的来信，先生无不亲自回复，热情地鼓励素不相识的后辈青年，甚至帮助他们购书，从来没有置之不理。先生中学和大学的同学王祥第，一九五七年被错划为右派分子，失去工作，生活十分困难，得到先生的关怀和接济，这在温州家乡传为佳话。

夏先生是大家公认的良师益友，却又嫉恶如仇。他曾为制定和贯彻文物保护法而奔走，坚决抵制违反文物保护基本原则的错误行为。作为资深考古学家和全国考古工作者的导师，先生绝不收藏古物，在他家中找不到一件古董、一枚古钱，甚至没有一块陶瓷碎片。

夏先生又是廉洁奉公的模范。他对公家经费（特别是外汇）的开支，精打细算，注意节约，真正需要的图书、设备，不惜巨资坚决购置，可买可不买的则一定不准购买。外国学术单位和个人赠送的大量书刊，绝大部分都是收到后立即交给所里的图书室收藏。一九五〇年代，中国科学院的学部委员按规定每月可以享有一百元车马费，他却从来没有领取。改革开放后多次出国访问，他不仅将节省下来的生活费上交，而且曾将多达三千美元的讲演费全部交公。

夏鼐先生于一九八二年，从他任职三十余年的考古所领导岗位退下，被任命为中国社会科学院副院长兼考古研究所名誉所长，又被聘任为国家文物委员会主任委员。先生仍然一如既往，每天到考古所简陋的办公室去上班，热情扶持继任的年轻同志领导好考古所的各项学术研究，不辞辛劳地前往重点发掘工地进行现场指导，参加国内外重要的学术交流活动，以及文物保护等方面的社会活动。为了促进全国考古研究的发展，先生于一九八四年末，将“文革”后补发的工资，加上过去节衣缩食的有限积累，凑足三万元人民币，捐赠给中国社会科学院考古研究所，作为面向全国的考古学研究成果奖的基金（先生去世后，定名为“夏鼐考古学研究成果奖”）。夏先生又曾于一九八五年三月一日在中国考古学会第五次年会的开幕式上，发表题为《考古工作者需要有献身精神》的发人肺腑的公开讲话，最后一次旗帜鲜明地向全国考古工作者提出殷切的期望。夏鼐先生本人身体力行，正是以毕生精力奉献于中国现代考古学的典范。

夏鼐先生过早地离开了我们。先生的一生与中国考古学的学科发展密切地联系在一起，人们将永远铭记先生的崇高品德和光辉业绩。

悼念旷世的考古历史学家夏鼐

徐贤修

民国三年（1914）冬梁任公先生到清华学校讲演，他以“天行健君子以自强不息，地势坤君子以厚德载物”勉励清华同学。七十多年来，这校训对清华同学而言可以说影响深远，前辈中有不少终身奉行校训的人，在同辈中夏作铭（鼐）兄便是“以厚德载物”的君子。

我和作铭兄是总角交，记得民国六年（1917）至民国七年（1918）时我们同在温州十中模范小学读书，是常常一起踢小足球的朋友，其后有十多年不相见，想不到民国二十年（1931）我到清华园的第二天又相逢了。他刚从燕京大学转学清华大学的历史系二年级，那时已是一位博学多能的优秀学生。在燕京时，张东荪及张君劢先生都很赏识他功底深厚，力劝他学哲学，他经过多时的考虑，终于选择了历史系。我想在中国因文化背景不同，历史是一门综合的学问，集文史哲之大成；另一方面，近代史学不止是要具备世界观，在治学方法上更需有科学的修养，这些学术上的严格训练，奠定了作铭兄后来在考古学上有大成就的基础。由此可见有计划地选择科系，对学生的前途发展是多么重要，这和今日青年只想入大学，选系达数十个志愿之多的情况，真不可同日而语了。不过青年是无辜的，青年在入大学以前所受的辅导与启发教育不够，应该是从事教育工作者的重要课题和责任。

作铭兄于民前二年（1910）出生于温州小康之家，因家教影响，律己严、自奉薄，而待人宽厚；为学认真，严谨不苟。民国二十三年（1934）我忽然接到一位中学同学好友的信，他很感谢并钦佩我为他指正文章中六个关于纪年的错误。我接信后莫名其妙，去问作铭兄，他说："对了，前几天我看见在杂志上登载的一篇文章，内容很不错，只是年代有些错误，非通知他改正不可。作者是你的好友，你通知他比我通知他要妥当得多，希望你不介意。"这原是一件小事，足见作铭兄的博闻强记和求真的精神，更显示他为人的淳厚。一个人为学的态度和风范，应该从小就养成的，今日看夏鼐在考古学上的伟大成就，岂是偶然的。如何使青年及早养成严正求知的态度，不宜只是强记以应付考试，这是教育工作者的另一重要课题。

三十年代在清华有些科系很重视毕业论文，常把有价值的论文送交校外审阅，广求意见，尤其在人文社会科学方面，很虚心地接受他校名师的指点，使论文的素质能更提高，是一项非常有意义的措施。记得作铭兄的论文曾经北大两位教授的评审，一位好像是傅孟真先生，考语文字已记不清了，大概的意思是“取材丰富组织严谨”还提了若干意见供参考。这种措施在学术交流上的贡献极大，是很重要的。

民国二十三年（1934），作铭兄毕业于清华大学，同年清华招考留美生，其中有考古学一门，他以很优异的成绩考取了。当时的制度是：(一)聘请导师做出国前的准备工作；(二)选择适当的国外大学，并先期安排国外的指导教授（虽名为留美，如有必要到别的国家也可以），因此他参加了安阳殷墟的发掘工作。这项发掘工作是中央研究院于一九二八年开始的，成绩卓著，蜚声国际，史语所迁台后于甲骨文的整理及在上古史上的贡献，极为突出。参与者如李济之、董作宾、高去寻诸先生都是功不可没的。

民国二十四年（1935）清华留美生考试中有经济思想史一门，作铭兄久有兴趣，写信给梅月涵校长，请问可否报考。梅先生的回信说：“你去年的考试成绩为历年之冠，如果你愿意放弃去年的名额，再报考今年的，当然可以的。”作铭兄曾给我一信说：“考试如打桥牌，一副铁定的小满贯，不会去赌大满贯的。”作铭兄惜寸阴，生平不下棋，不玩桥牌，但常识极丰，其人风趣如此。于是商请校方，改赴英国伦敦大学留学。当时留学政策之合理及有弹性，尤其有先期研究策划，均足为今日主持留学机构效法的。

民国二十九年（1940）作铭兄翩然回国，当天相见于昆明西南联大工学院所在地迤西会馆。他到英国伦敦大学研究了两年，即参加了英国调查团，从事埃及的考古发掘工作，也曾赴巴勒斯坦参加发掘，接受了世界权威考古学者 M.Wheeler 田野考古学的熏陶和 W.Petrie 的指导，他因不愿将时间花费在准备与考古无关的必修课程上，宁愿专心致力考古学上学术方法的修养，而放弃了世俗重视之博士学位的追求，这种超人见识和敬业精神，岂是常人所能及的。在战后虽然他本人早已离开了学校，伦敦大学因为他在考古学上的成就仍旧颁发给他博士学位，实至名归，更受人钦敬。

作铭兄先返故乡，次年加入中央研究院史语所为研究员，时傅孟真（斯年）先生主持史语所，又聘任他为副所长。一九四九年以后，他参加了若干重要的发掘工作。考古学者对他利用科学方法，审慎选择资料那种严正的态度，非常钦敬。一位日本考古学家在追念他的文章中说："经过了'文革'之后，他之所以保持了中国考古学界巅峰的地位，是由于他高尚的人品以及专心一致求学问上的精进，不仅对中国考古学，也对国际上考古学方面的知识之渊博、涉猎之广，是无人能匹敌的。"

这位被日本考古学者誉为"稀见地渊博的考古学家"夏鼐氏，其伟大贡献，在我们外行人能了解的至少有两方面：（一）田野考古学的倡导，与开拓在保护文物所采取的对策上有卓绝的贡献；（二）开创了新的研究方法而奠定了中国史前考古的基础。

夏鼐非常重视田野考古工作。他强调考古学和历史学的不同是在研究对象，历史学研究的对象是文献，考古学的研究对象却是用科学的方法做田野发掘所取得的实物资料。他运用了创新的研究方法，不断提高中国的新石器时代田野考古的水准，他是第一个引用同位素碳-14测定年代的人，他也了解这方法的有效范围，依据这现代科学方法所得到的数据，审慎区别，并用传统的考古学方法所得到的地层学的证据，结合文化命名的条件，建立了中国史前考古学编年的体系。

他脍炙人口的著作是《齐家文化年代的改订》。瑞典考古学者安特生（J.G.Anderson）在中国考古学上有权威的地位，他将中国史前文化分为六期，认为齐家文化早于仰韶文化。夏鼐于四十年代在甘肃宁定阳洼湾遗址首次发现齐家文化的墓葬，在坟中发现了早于墓葬的彩陶片（应属于彩陶的仰韶文化），这是地层学上的确实证据，因此断定齐家晚于仰韶的结论。以后在多处史前遗址发现一系列有关地层学证据，对夏鼐的年代订正，证明是十分正确的。由碳-14的数据研究更支持了夏氏的结论。

在历史考古学方面，他的论著很多，从夏文化、商周、春秋战国、秦、汉、隋、唐他都有很深邃的研究。他充分利用考古学的材料与方法，阐明中国古代在天文、数学、冶金、化学等领域中的卓越成就。在中西交通史方面研究隋墓出土的罗马金币（一位考古学家说：在中国只有夏鼐一人有中西学养，可做此研究）和新疆发现的古代丝织品及波斯萨珊朝银币等，说明当时中国与中亚、西亚在经济和文化上的联系。

自一九七七年后，夏鼐在国际上接受的荣誉不胜枚举，他曾获选为瑞典皇家文学历史考古科学院、英国学术院、德国考古研究所、美国科学院等国外院士。这些荣誉证明他是一位国际上公认的杰出考古学家，而他的著作等身，贡献卓越，也将永垂不朽。

我和作铭兄分手四十三年，于一九八五年四月二十七日相见于纽约拉瓜地机场，恍如隔世，相谈四小时，不涉世事，但谈好友近况；不意他回国后不到两个月，于六月十九日竟与世长辞。消息传到美国，痛悼莫名，久欲写一篇悼念他的文字，因为阔别四十多年，资料不完备，迟至今天方得了却此心愿。愿老友在天之灵，恕我疏懒。

作铭兄一生“不贵尺璧，而重寸阴”，他的为人律己严而待人宽厚，听说他有一旧茶杯柄已折断，配上了旧玻璃盖子，追随他终身，但是当他领得“补发”给他的三万元工资（大概是下放回来的补贴），他全数捐作考古学研究奖励基金。有人比喻他的情操可与陶潜媲美。他是一位有原则的人，他在学术上持正不阿，不畏权势，因此得罪了人。他的学生在追悼他的文章中说：“有一次有人背后非议他，我写了一封信告诉他，他一笑置之，把信‘退’给我，后来我悟出了一个道理，原来他（作铭）这人是‘不为势趋，不为时移，尽其在我，何畏人议’的心胸十分坦荡而正直的人。”

我与作铭兄在纽约相见，他从未提起他在“文革”时期受什么委屈，现在文献中所看到的证明先前所听说的“他在那时被下放，挑了一年石头”的传说是不虚的。由此可以看见他是怎样一位淳厚的君子。他认为作为考古学家品德的第一个先决条件，他从来不允许自己或别人在家中保留一件发掘出来的东西。苏东坡说:“天地之间，物各有主，若非吾之所有，虽一毫莫取。”另一方面他的朋辈与学生，非常赞美他“君子爱人以德”的态度，我以为他最伟大的地方是“推己及人”，这是孔子、基督、释迦的精神的发扬，所以我说作铭兄是“以厚德载物”的君子，更为切当，而我写这篇悼念文字的目的，正希望将他的处世为人的风度，留作后世模范。

本文原载台北《传记文学》一九八六年四十九卷第四期。

哀思阵阵
——纪念夏鼐逝世一周年（外一篇）

王祥第

中国社会科学院副院长、考古研究所名誉所长夏鼐逝世已经一周年了。他的轶事颇多，今不及书，简略叙述其严谨的治学态度，以纪念这位已故的乡亲。

一九二七年至一九三〇年，夏鼐在上海光华大学附属中学高中部读书。他读文科，而数理化的成绩也是满分的。对有些课外书，他则录抄精华成册。光华大学有些外国名流学者来演讲，高中生夏鼐次次去听讲，他能记录下英文笔记，这是大学部学生也少有人能做到的。

夏鼐智力如常人，照他自己的话来讲，不论干什么，只要专心加恒心，自然入脑筋，不易忘记。夏鼐也不是整天在读书，嬉时他专心嬉，读时用心读，他还是高中部三级跳远的选手呢。因为平时持之有恒，所以在大小考试前，他不温习，而居然科科得满分。在高中部，他是著名的高才生。

进了清华大学，图书馆藏书丰富，校内名教授多，他如饥如渴地学习，进展更快了。吴晗和他同级同读历史系，也佩服他学习精神和治学态度的。

夏鼐留英期间，是著名的留学生，是其严谨永恒精神所使然。他得了博士学位回国后，老朋友间有戏呼之为夏博士者，他面红耳赤，要求人不要开玩笑。依他来说，得到博士学位，不过是向学术进军的初步。秉此精神，他步步攀上学术的高峰，成为我国荣获外国国家院士称号最多的人。我国考古学上的文化分期，近人以夏鼐的论断为宗，尊之为我国考古学的奠基人。

本文原载《温州日报》一九八六年六月二十二日。

故友夏鼐记事

温籍国际考古学权威、中国社科院副院长夏鼐逝世迄今已届二周年。

这里只就过去日常所接触到的，而外人所较少知道的事，追述一二，以寄悼念之情。

夏鼐怎么会走上考古专业的道路？

一九三四年七月，夏鼐毕业于清华大学历史系后转读研究生。是年秋，清华公告招收留美公费生十三名，其中考古学和欧洲近代史各一名。夏鼐拟报考欧洲近代史。

这时，比夏鼐早一年毕业留校历史系当助教的杨绍震来找夏鼐，杨说对欧洲近代史这门考试我已准备一年时间了，你若也报考欧洲近代史，那我必将落第了。所以我来要求你去报考考古学的。夏鼐开始说自己对考古学只读过一学年，所知有限。杨说你只要稍稍涉猎一下就济事了，你是必然考取的。夏鼐同意了杨的要求报考考古学了。

榜示后，夏和杨都录取。在录取的十三人中，夏鼐的考分居首位。杨可谓有知己知彼之明。杨后来在台湾当教授，今尚健在。由于杨绍震偶然的要求，竟使夏鼐走上考古学的道路。

夏鼐敢于接受杨绍震的要求，改为报考考古学，无非因为学得踏实，有信心考取之故。他曾说过真才实学是立身之本这句话。他对有兴趣的课题，博览群书，手抄笔录与此有关材料，汇订成册。叶适是宋代温州学者，与高中课程毫不相涉。可夏鼐仍在课余时在图书馆抄有关材料。在清华大学读书更精心，阅中译本总对照原文来阅。读古籍则师承了已故大师梁启超、王国维等人的精读法，广采有关资料在自己书本的字里行间，密密麻麻注上蝇头小字或加校勘，日积月累，书本几无空隙处。元代温州人周达观著的《真腊风土记》约一万字，而夏的注校字数却远远超过之，还贴上附页。一九七九年，他出版了十二万字的《真腊风土记校注》，超过原书字数十倍，人称精辟之作。

夏鼐为学精神略举如上，以纪念他的逝世两周年，同时也希望温州能再出现像夏鼐这样名震世界的学术伟人！

本文原载《温州日报》一九八七年六月二十七日。

〔附录〕

道德文章世人师
——王祥第谈夏鼐同志二三事

翟雪笙

当代知名学者夏鼐同志噩耗传到温州，家乡亲人深切哀悼。在这些日子里，与夏鼐少年同学、深交六十年的王祥第先生，更是悲痛万分。这位年逾古稀、饱经沧桑的老知识分子，每谈起同夏鼐相处、交往的一些往事时，竟情不自禁地呜咽落泪。我们听王老介绍有关夏鼐生前二三“琐事”，也对这位知名学者的治学创业、立身处世、待人接物等诸多方面而增添了解。

王老说，他与夏鼐是“三同”之交。他俩同学（从初中到大学），同乡，又是同庚（同是清宣统元年出生）。一九二四年间，他们是浙江省立十中（温一中前身）初中部同学，从此结识。后来又是上海光华大学附属高中部同学。光华附中当时是所有名气的学校，有人把光华大学称为光华中学的附属大学部，数学、理化、外国历史、经济学等课程都用英文版本。夏鼐读书用功，每学期始业就把主要课本先从头至尾自学一遍，打好基础，再加上课堂认真听讲，所以成绩特优。夏鼐在中学读书时，不但对文史学习兴趣浓，而且对数理化等科目也肯钻研，成绩同样出众。光华校址在郊区，都是住堂生，每室住六至八人，寝室兼作自修室。有一个学期夏鼐同室有七位同学，都是上海人，经常在室内拉琴唱戏，有时还伴以锣鼓，夏鼐处身其间，照常读书作业不为所扰，其求学的专注精神为师生敬佩。夏鼐在校时花在课外书上的时间很多，经常整天泡在学校图书馆里。每当读书有心得，就随时摘录一些于便纸条上，默读几遍后付诸一炬。为什么不保留?夏鼐说，手抄为加强印象，默读为巩固记忆，反复阅读几遍就记住了。夏鼐就是这样来锻炼自己的记忆能力，效果很好，甚至连一些国外名人如爱迪生、拿破仑等的生卒年份也能准确无误地说出来。

一九三一年夏，夏鼐从燕京大学转学清华大学，又与王祥第同时就读于清华大学历史系。在大学时期，夏鼐就给校刊《清华周刊》文史部投寄文稿，显露出横溢才华。当时刊物负责人之一吴晗（就是后来历史剧《海瑞罢官》的作者，与夏、王都同是清华历史系学生），特约夏鼐担任主编。王老在追忆清华学习情况之后还说，夏鼐后来之所以在学术上有重大成就，决非是他天资独厚、聪颖过人，而是靠他平日深研苦读和富有不同于常人的恒心、毅力。

夏鼐在学术成就上声誉日隆、社会地位日高以后，对王老这样一个担任普通中学教员（王老清华毕业后一直从事教育工作）的少年同窗，依然交往如旧，几乎每月都互通书信问候。王老的书桌抽屉里还保留着数十件夏老的信札。这些来信中密密麻麻地写满蝇头小字，内容则无所不谈，大的有出国访问见闻，小的有家庭妻小琐事。第三者披阅之下，深为他们之间推心置腹的友情所感动。一九五七年间，王祥第先生曾遭“扩大化”之厄。就是在这某些人视同“非常”的情况下，身为中国科学院学部委员的夏鼐还是一如既往，不时从北京来信说长道短，一无顾忌地与右派朋友娓娓谈心。这又是何等博大磊落的胸怀啊！

一九七九年，王祥第先生的错案改正后，夏鼐邀王去北京帮助整理稿件。某日，夏鼐指着好多袋“档案材料”说：“这些都是退还给我的在‘文革’中整我的黑材料。”同时，他带着几分戏谑的口吻，指着其中的一袋对这位老朋友说：“祥第，这一袋‘礼物’是你的。”王一时不解其意，一问，才知道这里面装的都是“揭发夏鼐包庇右派王祥第”的所谓“材料”。原来一九六二年前后，夏鼐从当时的形势需要出发，曾提议王祥第归队从事史学研究，并推荐安排合适的工作。想不到，此事竟使这位大学者长期背上了“黑锅”；然而，多年过去了，夏鼐却从未对王吐露自己被牵连挨整的真情。王老如今提及此事还动情地潸然饮泣。王老说:“从这件事来看，夏鼐对我，不只是出于私交，而是对于一个旧知识分子的爱护，是基于对党的政策的信赖。”

学识渊博的夏鼐同志，平易近人，态度谦逊，国内外学术界有口皆碑。王老说，谦虚，谨慎，和易，对人从不疾言厉色，决不炫耀自己，是夏鼐的本色。王老还谈了自己所接触到的两件事。一九八二年十月，夏鼐返里参加温一中八十校庆纪念活动，其时他已受命出任中国社会科学院副院长之职，只是没有对外公布。王老曾风闻其事，当面向夏打听。夏避而不谈。经再三追询，才予默认，但反复嘱咐在没有见报前“切勿外传”。另一次，王老在报上看到夏鼐被国外一学术机构授予荣誉称号的消息，同时还闻悉在这之前夏鼐曾多次获得同类光荣称号，出于对老朋友的关心，去信询问，夏鼐复函时夹了一张小纸条，很简单地开列了他自己在国际上获得七个国家的科学院通讯院士等称号的单子，其余情况一点也不肯多透露。很明显，这回他是对老朋友敷衍了事。

夏鼐平日自奉甚俭，生活一贯朴素。在校读书时，穿的是一领蓝布长衫，烟酒不沾。现在薪金收入较高，但家中一日三餐还是清茶淡饭。他把自己多年节省的钱和近年出国讲学所得酬金，共三万元人民币，慷慨捐献，以作全国考古研究成果奖金的基金。夏鼐经常出国访问、学术交流，他克己奉公，不仅从不多花国家一分钱，而且还把外国朋友赠送给他个人的许多贵重图书资料、文物标本和仪器等，转赠公家。他主持考古所工作多年，要全所工作人员严格遵守一条规定，即任何个人不得购置、收藏文物。他自己以身作则，廉洁可风，深受党内外同志的敬重。

本文原载《温州日报》一九八五年七月二十一日。

永怀亡友夏鼐院士

汪远涵

在温中附小及初中读书时，我和夏鼐是老同学。他生于一九一〇年，比我大两岁，也比我高一级，我和他彼此虽认识却无交往。他在中、小学时期，已是同学中的知名人物，他是跳了半年考入初中的，我仿佛记得他还考得了第一名（编者按：实为第二名）。这是我的小学史地老师潘惠泉先生在班上告知我们的，并鼓励我们要向夏鼐好好学习。

我和夏鼐少年时期虽非知交，但他是记得我的名字的。他在北京清华大学就读时，我也在上海复旦大学新闻学系学习。有几次，我在清华大学名教授潘光旦先生主编的《华年》杂志上投稿，记得有一篇文章中，我把世界古代史上一个皇帝的名字记错了，潘教授不曾发现。文章登出后，夏鼐一眼就看出来，他知道我和徐贤修交情不薄，就冒用贤修的名字来函代为更正。此事不但使我感激，而且使我佩服他君子助人以德和毫无傲人的品德。从此，我们便成了好友。

仓桥夏家原是鹿城区颇有名望的“夏日盛”老字号。夏鼐是夏宅最早崭露头角的学子，深得上辈的钟爱。他结婚很早，在上海光华大学附中读高中时，便因父母之命、媒妁之言，和当时双屿山名宅一位李小姐结为伉俪。婚前，他俩除了照片之外，从未见过面；婚后，他俩的恩爱，却非那些自由恋爱结婚的青年人所能及其万一。他二十岁（编者按：实为十七周岁刚过）结婚，直到七十五岁辞世，对妻子的爱丝毫不减。以他的地位与事业，要找一位与之相称的爱侣，可说不费吹灰之力，可他却始终以拥有这样一位乡下夫人而自我得意。从这里，可以看到这位大学者的清纯德行。

一九三四年，夏鼐从清华大学毕业后续读历史系研究生。那年该校招考留美公费生共十余名，其中文科有欧洲近代史、考古学各一名，夏鼐原准备报考自己熟习的欧洲近代史。可后来怎么会改为报考考古学?据与他同系、同班、同乡的王祥弟说，由于当时任历史系助教的杨绍震，获悉夏鼐要报考欧洲近代史，惶恐异常，因为他自知不及夏鼐，就特地去恳求他改为报考考古学。杨绍震十分坦率地说，我为了报考欧洲近代史（编者按：实为美国史），已经准备了一年，如果你也报考这个项目，我势必失去留学机会。所以要求你改报考考古学，你只要稍稍涉猎一下就不成问题，必然会考取的。

夏鼐对欧洲近代史甚感兴趣，也下过苦功，而考古学他仅学了一年。“君子成人之美”，他终于放弃了原有的打算，接受了这位助教老师的要求，改为报考考古学。后来他俩都如愿被录取，而在所考取的十三人中，夏鼐的成绩名列榜首。杨绍震留美学成归来后，到台湾大学任教（编者按：实为曾在国民政府资源委员会等处任职，后在台湾东海大学任教），夏鼐则成了考古学的权威，为祖国做出了不可磨灭的贡献。

这位在国际上享有盛誉的大人物，在考古学方面的突出成就并不是偶然的。一九三五年夏鼐出国之前，为了获得考古的实际知识与锻炼，他特地参加了当时中央研究院领导的安阳殷墟的发掘工作。随后，他经几位同学提议，并由自己再三考虑，认为美国一七七六年建国，到二十世纪三十年代不过一百多年，是一个新兴国家，既无考古方面的成就，又缺乏这方面的人才。而其原来宗主国英国，伦敦大学考古学院当时便有不少世界上考古权威任教授，所以便决定放弃赴美，而改为赴英国留学。不过，清华大学前身是留美预备学校，是用美国退回的庚子赔款办的，现在改往英国，必须获得学校高层同意并通过一定手续才行。但后来他终于如愿，不去美国而改赴伦敦大学学习研究。他在伦敦大学留学两年后，即参加了英国调查团，去埃及从事考古发掘；也曾赴巴勒斯坦进行发掘工作。二十世纪五十年代，当开掘北京十三陵附近地下宫殿时，我曾在电影银幕的新闻短片上（当时还没有电视），看到这位考古所所长亲自在阴暗的地窟，俯着身子孜孜不倦地工作的身影。夏鼐，便是这样一位负有领导责任，又带头投身其中的领导人。

夏鼐于一九四〇年回到烽烟遍地的祖国，先到昆明西南联大稍作逗留，和徐贤修等老友欢聚数日之后，便不顾旅途艰难返回魂牵梦萦的故乡。一九四一年，他被聘为中央研究院历史语言研究所研究员，旋任副所长，傅斯年是所长（编者按：夏鼐于一九四一年留学回国后，先任中央博物院筹备处专门委员，参加四川彭山汉代崖墓发掘；一九四二年始返故乡探亲；一九四三年进入历史语言研究所，后曾于一九四七年至一九四八年任代理所长）。

一九五六年他曾回到温州，在军分区礼堂做过报告，由当时市委宣传部部长刘展如主持。不知怎的他来到故乡，竟情不自禁地用乡音讲话。温州方言不是在座的所有听众都能听懂的。当年刚创办的温州师专的学生也在场听讲，第一届师专是面向全国招生的，大多数学生来自省内外各地，他们听不懂温州话，有些人便起身走了，不免影响会场秩序，主持人刘展如曾为此批评了该校领导。夏鼐离家多年，仍用乡音讲话，不正反映了他对故乡感情之深厚?!

几天之后，我偕同温师专同事管希雄老师，到仓桥夏宅老屋访问久未见面的老友。那时，这座两进五间大楼房已经住满人家，这位老主人却局促在楼上一间黑洞洞的小房子里。其实他住宾馆是可以报销的，可是他一向是公私分明的人，回家探亲既不带秘书随从，也不做任何报销。到了八十年代，他已是中国社会科学院副院长（院长是中央政治局委员李铁映）

（编者按：当时院长为马洪）。最后一次回乡，仍把自己和老伴安排在九柏园头妹妹家的小房子里。我去看他时，问他为什么不住旅馆，他回答说，住在亲戚家热闹一些。由此足见夏鼐的高风亮节。

夏鼐在世界各地闯荡多年，但对故乡故人是怀有深厚感情的。他在《九山乡梦绕师门》这篇感人肺腑的文章中，对金嵘轩先生和他的二公子金志庄倾注感情之深，实难用笔墨形容。他每次返温，总要去看看一些古老的建筑或文物，他对三牌坊以及大士门牌坊被拆除，曾提出过强烈的批评。在沧河巷老图书馆，因经历十年浩劫，几乎所有古籍都被封存起来，郭沫若副总理（时应任全国人大常委会副委员长）来时，曾要求古书应该和群众见面。当时有部分家眷住在馆内，夏鼐看到一个个煤球炉罗列着，曾当面交代梅冷生馆长，一定要让这些人家搬出去，否则万一发生火灾，非常危险。梅老一向敬重这位学术大师，听后当即照办。他还曾主动为夏氏仓桥老屋的收回而奔走，可惜没有什么结果。

这位考古学的追求者，在伦敦大学留学时，曾接受几位名教授的指导。他认为，决不能让宝贵的时间花在与考古无关的必修课程上，而应该专心致志于考古方面学术方法的修养，因而毅然放弃了世俗重视的博士学位的追求。但在第二次世界大战之后，他虽然早已离开了学校，伦敦大学鉴于他在考古学方面的卓越成就，仍然颁发给他博士学位，做到了实至名归，令人钦敬。他于一九八五年逝世后，一位著名的日本考古学家在追怀他的文章中说："经过了'文革'之后，他之所以保持了中国考古学界巅峰的地位，是由于他高尚的人品以及专心致志追求学问上的精进，不仅对中国考古学，实际上，他对于国际上考古学方面的知识之渊博，涉猎之广，是无人能匹敌的。"

自一九七七年以后，夏鼐在国际上接受的荣誉不胜枚举。他曾被选为英国学术院、瑞典皇家文学历史考古科学院、德国考古研究院、美国科学院等国外院士。在中国，只有数学大师华罗庚和他同样获得国际公认的如此崇高的荣誉。不过数学和考古学都没有诺贝尔奖，否则他俩是完全够格的。

夏鼐曾经说过："真才实学是立身之本。"他的一生便是一位投身于学术丛林中的痴迷者。大学读书时，他利用所有时间钻研书本，在自己的书中密密麻麻地写满了心得与有关资料，不但所规定的学习科目完全掌握，而且对与故乡温州有关的资料也搜集不少。据我所知，他的库存中就有极多他所抄录的叶适（水心）、高明（则诚）、周达观等温州先贤的资料。他自己实在没有多余的时间为这些人物编写专著，曾把自己的设想告知几位温州老友，希望他们来完成他的计划。他还特地邀请七十年代已在温中退休的、清华大学历史系毕业的王祥第去北京，请他把自己广采精选的元代周达观《真腊风土记》资料整理出来，并做校注。真腊乃今之柬埔寨，周达观曾去该国工作过。不料，王祥第抵京后，因身染疾病不能做事，他无奈只得自己动手。《真腊风土记》原著仅万余字，一九七九年夏鼐撰写的《真腊风土记校注》达十二万字，在中华书局出版。这是一部纪念乡贤的精辟之作。

夏鼐不仅对温州先人关怀、尊崇，凡与温州有关的事，也无不关注。有一次，他在北京旧书摊上看到一本英国传教士苏慧廉的著作，里面写的多是这个英国人在温州传道时的记录，他异常高兴地把这本书买下寄给温州图书馆。这本书在温州从来不曾出现过。

我与夏鼐见面机会很少。记得一九八一年间，他最后一次回乡，是他在遭受十年浩劫后特意来看看故乡的变化，我曾到九柏园头他妹妹家拜访。他的妹夫徐先生解放前去了台湾，为了这条海外关系，他吃了不少苦头。但一回到温州，他仍毫不犹豫地住在徐家楼上的小房间里。当时，他谢绝所有新老朋友的招待，但在其侄女夏瑶琴家，我的二弟远潍和女婿（夏瑶琴的儿子）在家设宴邀请，他却立即前往。席上，我和他坐在一起，交谈了很久。他细述了我们的好友徐贤修博士过去与目前的情况，以及徐博士在各方面做出的贡献。（谷超豪院士也曾对我说过，徐贤修的贡献很大，他们都是大数学家，彼此很熟悉，当谷氏任中国科技大学校长时，曾邀请贤修去设讲座。）但他自己在“文革”期间，遭受的不公平待遇，却一句也不提起。

夏鼐是一位原则性很强的人，他对自身的修养要求特别严格，而后对他人才有所评估。他是一位老共产党员，从不赞成唯成分论，尤其反对“四人帮”所谓“龙生龙，凤生凤，老鼠生儿打地洞”的荒谬说法。尽管他妹妹和侄女家庭成分不好，但他却接受她们的诚心接待，他就是这样一位淳厚君子。他一生的工作是与古文物打交道，但在他家中却找不到一件文物。他在“文革”后，领到了补发的工资、奖金等三万元，全部捐作考古基金。徐贤修曾说他的品德和精神是孔子、基督、释迦的精神的发扬，这个评价并不夸张。什么是为人民服务，什么是全心全意，从夏鼐一生的作为中可以得到解答。

本文原载《鹿城文史资料》第十五辑，二〇〇二年十月印行。

夏鼐同志关怀温州文物琐记

潘国存

名闻中外的卓越考古学家夏鼐（作铭）同志的童年和少年时代是在家乡温州度过的。一九二七年他在浙江省立第十中学初中部毕业后，即外出读书，接着多年在异乡工作，很少回家。但他每次回温州，总是很关心家乡的文物工作。这里记述我所亲见的几件事。

一九四七年初秋的一天，夏鼐先生约我同去旸岙田间寻找“义冢”的碑碣，他带着椎拓用具上路，终于在一畦芝麻开始结实的园畦尽头，找到了“义冢”，他说这里埋葬着一只清朝的义犬，主人为了纪念它，埋葬了它的尸体，立了一座墓碑。可惜这块小石碑，因石质粗劣，已经开始风化，碑面又长满苔藓，碑文无法辨认。夏先生回家时，又四下细细观看这个石碑，还恋恋不舍，好像因没有发现它的秘密，而感到难过。归途他又上西山，勘察了宋西山窑的故址。他在故址的上下左右，用脚步量，似在测量宋西山窑的规模。在园畦里他捡到一粒青瓷碎片。回来时，他举着瓷片告诉我宋西山青瓷闻名天下的故事，并说温州宋西山青瓷对祖国文化艺术的贡献，将永远载入史册。隔不多天，夏鼐先生又约我同去篆刻家谢光（磊明）先生处观看瓷制叶水心墓志，他认为这块绿釉瓷志是世所罕见。他详细询问出土方位和经过。后又一同去慈山叶水心葬地，见到墓前翁仲残斜倒在荒园乱草之中。当时他说，根据墓宅的布局，墓志出土的方位，水心埋幽之处，可能在今日山边屋墙之下，但他又说，要证实这事，有赖于发掘，推测是不能算数的。

也在这一年，他假期已满，快要返回岗位时，特地将收藏的宋宝祐四年（1256）叶德安圹志碑石，以及亲手椎拓的碑文，一并送赠籀园图书馆。这块宋碑，一九三六年出土于双屿村之仁玉山，先归夏先生夫人诸父李耀卿老先生保存。抗日战争中，石碑残缺的一角，夏鼐先生从瓦砾中觅得，移置家中，椎拓数份。所缺诸字，夏先生又据未损前录本补之。此石今归温州博物馆，可补《东瓯金石志》之缺。

夏鼐先生以毕生心血，从事考古工作。他对家乡的残碑断碣的保存与研究，极其关切。他偶一回到家乡，就留意容易被人遗忘的古物。我记得解放前夕，他正在温州。在海坛山脚发现宋元丰三年（1080）《海神庙碑》，此碑已裂残数段，经过他排列研究，碑文尚可识读，可见其梗概。碑文虽然充满迷信色彩，但也如实记录宋元丰年间暴风骤雨洗袭温州的天象，可补县志之缺。碑阴记录海神庙四至的方位，可见海神庙之范围。碑记题名赵矶，《宋史》作赵屷，得此碑可正《宋史》之误。夏鼐同志学问渊博，考古专业知识湛深，所以他能在乱石之中发现此碑，使九百年前埋在土中的碑文，又重新发光。

新中国成立之后，夏鼐同志移家北京，负责考古研究所工作，和他的合作者们一起，共同开创我国考古学发展的新时代。在繁重的工作中，他仍然非常关心家乡的文化建设，为温州地（市）文管会的创设，付出了力量。他公余常在北京琉璃厂一带搜集温州乡邦文献，至今温州图书馆保藏夏鼐同志从北京寄赠的英国传教士苏慧廉撰写的 *A Mission in China* 及 *A Passport to China* 英文原本两厚册，其中记实不少英帝国主义在温州设教堂办学校的史料，今日视之，极为难得。他又从北京图书馆借到清赵之谦《章安杂记》，交温州图书馆抄录副本。这本《杂记》，记载着瑞安晚清时候的掌故。在此同时，夏鼐同志曾为温州文管会手写一份温州先哲著述见存书目，所收种类，超过了孙诒让的《温州经籍志》的著录。此外他与张一纯先生合著《叶水心年谱》，为叶氏的平生经历做了翔实的排比，为学者研究水心的学术思想，提供了方便，又校注了元周达观的《真腊风土记》，李一氓同志对这校注做出极高的评价。此书为加深古柬埔寨的研究提供了材料，为今日中柬关系添上了深厚的友谊。

夏鼐同志对党的事业无限忠诚，对家乡热爱是如此深切。胡乔木同志在痛悼考古学家夏鼐同志的文章中说，“他的一生对于治学、治所、对人、对己都是在严肃的态度中度过的”。

本文原载《鹿城文史资料》第一辑，一九八六年六月印行。

悼念夏鼐公

阎文儒

得知著名考古学家夏鼐逝世的消息，顿感悲痛，老泪长流。忆河西考古数年，朝夕相处之情谊，犹历历在目。

一九四三年历史语言研究所成立西北科学考察团历史考古组，由向师觉明任组长，夏公任副组长，并电告予速赴河西，任予为考古组组员。余未听诸人之劝阻，决随向、夏二公赴敦煌考古。抵兰州会合，西上武威、张掖、酒泉，抵玉门关，停车一览关外风光，于关门外墙上有凹入处，询之当地人云：凡出关者，俱在此掷石子，打中关墙，如有回音者，即可归矣！无声，则不得归矣。余三人以石子击关墙俱有声，彼此笑曰：吾等可归矣！

出玉门关到安西，坐马车行二百四十里，四日至敦煌。遂在沙山下建站，半年掘得十余墓。

夏公温州人，不善骑马，但在敦煌远行必须乘马，每次出行，夏公必摔下，但从不畏惧，虽摔亦骑，回忆与敦煌研究所多人乘马去南湖（即阳关，距敦煌城近百里），夏公曾数次摔马下。当我二人去阳关、玉门关调查时，东行几百里，至哈拉淖尔（即黑海子），湖面宽阔，时予等已一日余不得食，停下搭起帐篷，但湖水咸不能和面，只好打黄羊两只，以骆驼刺燃火烤之，在半生不熟中食之，再南下三日方回敦煌。夏公江南人，能在此环境中，以月余时间每日骑骆驼，诚非所易，无怪由英归国时去埃及转巴勒斯坦调查发掘，实为中国考古家之先驱者。

余与夏公腊月时停工，乃赴榆林窟调查，归来时坐马车，虽穿老羊皮大衣，予观夏公面色惨白，身体十分虚弱，又因在此间常有人因天冷而冻掉耳鼻者，乃至一农民家烤火、饮茶，暖后又返安西县城。

次年春，夏公去洮河流域调查发掘新石器时代遗址，余因不通史前考古，乃返陕西寓所。事后余又返兰州，乃一同去张掖城西墓葬遗址，发掘汉墓群，数日亦未掘得大墓，只发掘出汉陶罐及陶俑等。于是过山丹县，调查南古城，由此入祁连山，走三十三天，至山顶入雪山，夏日白雪皑皑，冷风刺骨，只有喇嘛数人，居此山上。

由此又返武威，闻南山有吐谷浑国王墓，乃至其地观览，但已早为人所盗掘。遂再发掘，墓门已无，即由墓室下掘，虚土满墓室，未能尽数清出虚土，而虚土下塌，吾二人几被压虚土中，至墓底见棺已无，只见二墓志：一为慕容诺曷钵，一为唐下嫁之金城公主，并得一鎏金打波罗球极为生动之嵌金丝人物及马鞍焉。

又由武威北上民勤县时，听到抗战胜利的喜讯。夏公谓予曰：吾等行遍河西四郡，可归矣！乃束整装东下兰州，河西考古遂告结束！

回忆夏公与予工作二年有余，以及后来任考古所所长，相处四十年，情谊甚厚。

与夏公相处，彼从不以长者自居，和蔼可亲，情如至友。

做人诚恳，以助人为乐。一九七七年我校王君永兴在山西教育学院任教，彼来京时即驻予家中，值夏公至舍下遇王君云：该所副所长牛公山西人，与该省政府有关系，归后告牛副所长，牛公写信给山西教育厅长，不日该厅长复函云：如北大能请彼，山西可放王君，此函为夏公亲自送予者。

数月前考古学会闭会后，夏公与予共赴周一良先生处，谈后车至予宿舍，略坐片刻，余以为夏公事务杂沓，匆匆离去，如予知有今日，何不多谈些时，以慰离情乎？余已七旬有余，得兄逝去之消息，泪如涌泉，今后无相见之机缘矣！愿我公过去为中国考古事业之精神，发扬光大，永垂不朽。

本文原载《光明日报》一九八五年七月二十四日。

平生风义兼师友
——悼夏鼐同志

袁翰青

夏鼐同志不幸突然病故了。对于他的去世，我感到十分悲痛，他是我从心底里尊敬的一位学者。

他和我一九四五年就有来往，后来我在写中国化学史论文期间，曾多次向他请教。一九七五年后我患半身不遂，他还经常来看望我。今年三月十日《光明日报》上发表了他写的《考古工作者需要有献身精神》一文，此文不仅对于考古工作者有很大的教益，而且对于所有科学工作者都有指导意义。我曾经要我的子女们仔细读一读。

现在回想起四十年来我们两人的关系，可以用一句诗——“平生风义兼师友”来概括。论年龄他比我小几岁，但是在工作中我曾多次向他请教，可谓吾师矣；而从兰州认识起，我们就互为好友了。

一九四五年夏鼐同志到了兰州，借住在兰州科学教育馆宿舍里，那正是冬末春初，天气还很冷。彼时设备简陋，厕所离宿舍不近，夜里住在那里的人都不去厕所，只有他一人冒着寒风去，这件事情虽小，但说明他生活上决不随便一点、马虎一点，是很认真的。

解放后，我们在工作上的联系不算太多，可也还是有的。例如对造纸起源的问题，我比较倾向于认为西汉时就开始有纸了，根据是一九四二年在西北额济纳河附近的发掘。但是夏鼐同志与我面谈此事时，曾诚恳地表示证据不足。这说明他在考古学方面，一定要有充分的证明，才肯下结论。

又如一九五三年南京博物院发掘了江苏宜兴的西晋周处墓，墓中发现小块铝片。于是晋代已有金属铝的消息广为传开，很有一些人将它作为一件已经确定无疑的史实。

后来经过夏鼐同志和其他考古工作者的多方努力研究，证明墓中发现的小块铝片具有后世盗墓者混入的重大嫌疑，决不能作为“晋代金属铝”的物证。

这件事同样说明夏鼐同志对于考古工作态度是十分认真负责的。这种一丝不苟的精神值得所有科学工作者学习。

夏鼐同志去世已一个月了。与遗体告别的那一天，我住在医院里，未能参加，因此，我现在写几句话来表达我的心情，悼念我所尊敬的师友。

本文原载《北京晚报》一九八五年七月二十二日。

忆田野考古工作中的夏鼐同志

王仲殊

夏鼐同志是我国杰出的考古学家。多少年来，他那博大精深的学识、诲人不倦的精神，感染着考古学界和其他各方面同他有过接触的每一个人，使大家在学术上、工作上受到许多教益。他突然逝世，使国内外学术界不胜哀悼。全国广大考古工作者，从此失去了一位良师。长期在他身边工作的同志们，更深切地感到今后问学无人，难以抑制心中的悲痛。

我是一九五〇年秋从北京大学毕业，来到夏鼐同志身边工作的。当时，中国科学院考古研究所刚刚成立。他到任不到一个月，便率领一个考古队，前往河南省辉县，进行研究所成立后的首次发掘。考古队中有不少像我这样初次参加考古工作的青年人。夏鼐同志作为考古队的队长，指挥全部发掘工作。他每天奔走于相隔十余里的两个工地之间，除亲自部署并检查每个工作环节以外，还手把手地指导我们学习发掘技术。他经常教导我们说，作为一门近代的科学，考古学必须以田野调查发掘工作为基础。记得那一年的十二月下旬，连日降大雪。夏鼐同志亲自手执小铲，在严寒中发掘战国时代的车马坑。坑内的土冻结了，要用火慢慢烘烤，才能下铲挖掘。夏鼐同志两手冻裂了，仍然不停地工作。他用心辨认土色、土质，像外科医生做手术那样进行仔细操作。经过将近三个星期的紧张工作，终于成功地剔掘出十九辆完全腐朽了的大型木车的遗存，初次显示了新中国田野考古工作的技术水平，在国际学术界受到高度的重视和好评。

一九五一年春，夏鼐同志又带领我们几个青年同志去河南省中部和西部地区进行广泛的调查发掘。他和我们都住在村镇的小旅店或村民家里。为了调查古迹，每天往往要步行几十里的路程，回来时还背着采集到的沉重的陶片等标本。在调查中，夏鼐同志确认郑州二里岗是早于安阳殷墟的又一处重要的商代遗址；对渑池县仰韶村遗址的再发掘则进一步判明该遗址不仅有仰韶文化的遗存，而且也有龙山文化的遗存，从而为探求中原地区从仰韶文化到龙山文化的发展演变提供了线索。通过在各处的调查发掘，夏鼐同志进一步把田野考古学的方法传授给我们，指示我们要严格分土层，正确判定层位关系，仔细分辨土色、土质，不放过任何细微的现象。在广武青台新石器时代遗址的发掘中，继发现红烧土和白灰面等遗迹之后，他亲手在居住址的土层里发掘出许多轻易不能辨认出来的柱子洞，使我们了解居住址发掘技术的难度，知道必须认真学习，才能切实掌握。他对大家说，考古工作者的成绩如何，主要不是看他发掘出什么东西，而是要看他用什么方法发掘出这些东西。夏鼐同志身体力行，使大家懂得必须在田野考古工作中坚持亲自操作，既要学会认土、找边、剥人骨架，又要学会照相、绘图和测量。每天晚上，他都要整理各种资料，直到深夜，而且还要检查大家的记录是否及时完成，记录的内容有无差错。星期天他也从不休息，而是带头用毛笔蘸墨汁在每一块发掘出来的陶片上书写坑位和层次的编号。夏鼐同志的这种工作作风，为此后中国田野考古工作的健康发展奠定了基础。

随着社会主义工农业建设事业的发展，配合各种建设工程进行考古调查发掘的任务越来越重大。一九五六年至一九五八年，集中了考古研究所和全国各有关单位的近百名考古工作者，组成了庞大的考古队，由夏鼐同志任队长，在河南省陕县等地配合黄河三门峡水库的建设工程，进行大规模的考古调查发掘，取得了很大的成绩。

一九五六年，决定发掘北京昌平县境内的明定陵，夏鼐同志挑起了这副重担。对于发掘规模如此巨大的帝陵，大家都没有经验，不知发掘从何处入手才好。一九五八年五月的一个下午，夏鼐同志带着我们到现场察看。他发现定陵“宝城”西南方外侧砖壁有一些隙缝，以此为契机，又发现内壁石块上刻有“隧道门”字样，便判断这里是当初再次入葬时的通道所在，指示大家发掘应在此下手。这使得定陵的发掘作业一开始就进行得十分顺利。打开地宫以后，为了观察各种现象，特别是为了处理各种遗物，夏鼐同志终日深入地下的玄宫内工作，连续达三四个星期之久。正是由于他的这种忘我的精神，才使得这一帝陵的发掘工作得以顺利结束。

以后，由于行政事务工作不断增多，各种社会活动日益忙碌，夏鼐同志不可能再像五十年代那样经常亲临现场，直接参加并主持调查发掘了。但是，只要一有机会，他就要抽出时间，到各处重要的发掘工地去视察。就在他逝世前不久，他还到河南省偃师县察看考古研究所在那里发掘的商代都城的遗迹，提出了许多指导性的意见。

今年三月，夏鼐同志在中国考古学会第五次年会上做了重要的讲话。他号召大家要以艰苦奋斗的献身精神，积极工作，为提高中国考古学的科学水平而努力奋斗。夏鼐同志本人正是这种献身精神的榜样。他为中国考古事业的发展而鞠躬尽瘁，孜孜不倦地工作到生命的最后一息。

本文原载《人民日报》一九八五年七月五日。

永远怀念向达先生和夏鼐先生

邹　衡

为了永志向达先生和夏鼐先生对北京大学考古专业的创建之功和我们对二位前辈先生的无限怀念崇敬之情，特编辑本论集作为纪念。

向达先生和夏鼐先生都是北大考古专业的创建人，同时也都是我个人踏上考古征途的引路人。现在，这两位大师已先后作古，当我提笔撰写此文时，不禁感慨万分，引起我对二位恩师的深切怀念。

关于两位先生的为人为学以及他们的生平事迹，早有不少专文介绍，我只记述我同二师相识、相处和交往数十年中的几件琐事，谈点我个人从先师学习的感想和体会。

向达先生（1900—1966），湖南人，是我的大同乡，也是我先后的老校友。一九四七年深秋的一个下午，北大法律系与我同班的韩建华同学（溆浦人），约我同去东四十条拜望他的一位小同乡——全国闻名的教授，这就是向达先生。当向教授知道我曾经上过兑泽中学，便说起这是座老学校，清末由湖西人在省城长沙创建，并说也是他的母校，后来他转入了明德中学。随后他又谈起家乡的一些往事，最后问到我们的生活和学习情况，就像对待自己的子弟一样关心我们两个初到北平的年轻人。我们看到他一点架子也没有，感到分外亲切，顿时放松了紧张的情绪。自此以后，我们有时也去看望他。

一九四九年我转入史学系以前，曾征求过向先生的意见，他非常赞成，并向当时的系主任郑天挺先生推荐了我。入了史学系，我的选修课单中不用说首先列上了向先生中西交通史。听向先生课的人本来不多，而我总是坐在头排，因为他的声音实在太小，后排同学根本听不清他讲的什么。他有时也拿着卡片板书，可多半是英文，写完后又埋着头只管讲，从不抬头看同学。他的身子老是遮住黑板，往往还没看清，他又擦了去。好在我同向先生很熟，干脆到他家去把他上课用的卡片借抄，所以期终考试我很幸运地得了不很低的成绩七十分。从他的卡片上密密麻麻的字行中我得到了一点启示，知道了做学问是非常艰苦的，必须从点滴的资料积累开始。

在史学系，我参加社会活动太多，曾担任过北大学生自治会秘书长，耽误了不少学习时间，因此成绩不佳，只是中等。向先生知道我酷爱古代史，当我从江西参加土改回校不久，就叫我到他家，劝导我将来学习考古，并与郑先生商量，推荐我为即将成立的考古专业的第一个研究生。所以说，向达先生是引导我进入考古行列的第一位恩师。

一九五二年秋，向先生的家从城里搬来燕南园六十六号，因为住在同一校园，近了，所以我可以常去请教，特别是我每次远出实习之前和返校之后，总是向他请示和汇报。他曾多次教导我："到任何一地考古，都要全面了解当地的历史状况和文化古迹以及现在的风土人情等，一个考古工作者总要做到腿勤、眼勤、嘴勤、手勤，要学习孔夫子'入太庙，每事问'的精神。如果只管你商周考古那一套，其他什么也不闻不问，那就意趣少了。"我每次都是尽量遵照他的指示去做，怎奈我所学有限，领略的意趣毕竟不多。

我所研究的商周考古并非向先生的本行，但他却给了我一些具体指导。他要求我必须认真读王国维、郭沫若的书，否则就会陷入盲目的考古，并指教我先读《观堂集林》，甚至曾当面要我标点过其中的一篇，以考核我的阅读能力。更使我感激的是，他曾出自肺腑、用意深远地开导我："读王国维、郭沫若的书，重要的是了解他们的治学态度、学术体系、方法和其主要贡献，然后考虑自己将做什么和怎样做。"这几句话我一直铭刻在心，已成为我终生进行学术研究的指路明灯和最高目标，我并以这种精神指导过我的学生。向先生对我的要求是很严格的，我曾受过他一次严厉的批评。那是一九五二年夏天，我刚大学毕业，并已知道自己留校为研究生，于是趁着暑假去青岛看望父亲和哥哥，借以避暑。恰当此时，在北大开办全国第一届考古工作人员训练班，暑期就开始上课。向先生是代表北大的副班主任，他认为我这个非科班出身的研究生应该入训练班补课。可是我回校时，训练班的课堂讲授已基本结束。他一见到我就很生气，当面训斥了我一顿。当时我很难受，几乎哭了。但终于接受了此次教训，从此痛下决心，不再消磨寒暑假，以迄于今。

一九五七年向先生错受批判之后，我渐少去他家，但遇机会，他还是一如既往地给予我很多教益与鼓励。

我永远不能忘记那个可怕的太阳似火的上午，时在一九六六年六月，几个“造反派”架住被迫剃了光头的向达先生，按在三院二楼外晒得滚烫的房檐瓦上“坐飞机”，一“坐”（跪）就是几个小时，向先生像过去给我们上课时一样老是不敢（实际上已不能）抬头。“革命”群众都手执纸扇，戴着草帽，站在房檐下的草坪上边扇边呼口号，大略已是挥汗如雨，感到热不可当了，可向先生已是六十六岁的高龄。我看到有的教师吓得直哆嗦，我也预感到他凶多吉少，躲在一边落泪。果然，从此以后我再也没有见到一代学术巨匠向达先生。

夏鼐先生（1910—1985）是浙江人，说话难懂，直到他去世前，我也只能听懂八九成，但英语说得还流利，因为他早年曾留学伦敦。解放后，夏先生曾多次在北大讲课，除在全国考古工作人员训练班代表中国科学院考古研究所为副班主任并授课外，还专门为北大开过考古学通论。最早是一九五一年上半年，当时史学系选修此课的人包括我在内还不到十个。一九五二年至一九五五年是给考古专业开的必修课，其讲稿经过整理已铅印为正式讲义。最后一次是一九五六年下半年给历史系开大班课，听讲的有两百多人，同我们合开；他只讲了绪论部分。还有，听说一九四一年他留学回国不久，还在西南联大做过学术演讲。

夏先生讲课同向先生有某些相似之处，只是声音稍大，而且总是仰首侧视黑板，但同样板书英文，也不等同学抄写完，照例随手擦了去。大概他已觉察到他的普通话带温州音太重，有时只好还夹点英语；听说以后已有所改变。好在他不考试，否则，我将很难拿到七十分。我当时是史学系学生代表，经常向他反映同学的意见，所以同他接触的机会较多，很快熟悉起来，并逐渐建立了感情。原来我们班同学希望他讲授西洋上古史，但夏先生只同意讲了考古学。因为我是从来不缺课的，夏先生以为我对考古学有兴趣，在交谈中，他曾多次表示，欢迎我毕业后到考古研究所工作，这对我以后愿意做考古专业的研究生产生了很大的影响。

夏鼐先生生活简朴是出了名的，解放初期更是如此。记得他第一次来到沙滩北大北楼史学系办公室时，穿的是一身旧蓝布长袍衫，布鞋，夹个不太大的灰色包袱，瘦瘦的个儿，颇欠当时的教授风度。那天在系里值班的胡钟达先生（当时是助教，现为内蒙古大学教授）恰巧不认识他，问他找谁，先生说我找郑天挺先生，胡惊问有何事，夏先生一时不知所措。正当此时，我进来请夏先生上课，才算解了围。这一段故事，后来甚至传为佳话。

一九五三年秋，我有幸在夏先生亲自带领下，在洛阳烧沟参加了第二届全国考古训练班的田野辅导工作。夏先生每天同我们吃住在一起，坚持准时下工地，从不搞特殊化，给大家留下了深刻的印象。尤其令人感动的是，夏先生后来患胃病，动了手术，有时视察北大考古工地，想给他开个小灶，他总是尽量说服我们，坚持同大家一起用餐。别说这是些小事，却是进行身教的典范，实际上他已把这种优良生活和工作作风传给了青年一代的考古工作者。

一九五六年盛夏，夏先生赴新疆路过兰州，知道我在兰州大学，便同中央文物局的庄敏同志一道，背个大西瓜来找我，非常亲切地给我谈了些考古界的情况，并给了我很多鼓励。一位全国赫赫有名的大学者居然这般来会见一名微不足道的小助教，曾引起兰州大学的震动。正因为夏先生如此平易近人和关怀后学，从而受到了全国考古界对他崇高的敬仰。

一九五六年秋我调回北大后，每次带队实习，总是主动向他请示汇报，而每当我稍有所获，他又总是给予充分肯定。特别是一九五九年，我带队首次发掘洛阳王湾遗址，在全国第一次提出了仰韶文化和龙山文化的分期体系，夏先生得知后非常高兴，并寄给我热情洋溢的长信，高度评价了我的工作及其学术意义。在当时某些所谓“权威”一片否定或怀疑声中，竟能得到夏先生的大力支持，使我感到莫大的欣慰和鼓舞。

我的第一篇论文《试论郑州新发现的殷商文化遗址》，就是夏先生排除了某些阻碍推荐发表的。第二篇论文《试论殷墟文化分期》，因为阻力太大，未能在考古专刊上发表，但夏先生已尽了最大的努力；当该文刊于别种刊物后，夏先生又曾专门写给我一信表示祝贺。其实我写的每篇论文，几乎都经过他详细审阅，当他发现文中的哪怕很小的错误和不当之处时，都用纤细的小字批示在旁，或写信告诉我。例如我曾经把殷墟西北岗大墓的主人都订出了具体的王名，夏先生建议我全部删去，后来证明，因为依了他的意见，使我避免了不少错误。在这里，我们可以学习到夏先生严谨的治学态度，对每一个细小的问题，他都是认真推敲，从不马虎。

夏鼐先生学识之渊博是无人不钦佩的。但夏先生在学术上从不以权威自居，更不以势压人，他一向主张百家争鸣，提倡学术民主，对一切学阀都深恶痛绝，同时也讨厌对他的吹捧，尤其憎恨打着他的旗号为所欲为。一九七九年中国考古学会成立之时，他曾公开表示：“不要以为夏鼐曾经说过就如何如何。”简短的一句话，清楚地道出了一个伟大学者是如何虚怀若谷，胸怀又是何等宽广。七八十年代，在他同我的几次谈话中，都非常谦虚地说他过去论著不多，以后想涉猎一下夏商问题，并征求我的意见，使我感到十分惊异，不知如何说才好。

在夏先生的晚年，我们曾几次谈到具体学术问题，偶亦有观点相互抵牾之处，但夏先生从不以其观点强加于人。使我永远难忘的是：一九八五年三月，在第五届中国考古学会上，夏先生曾略微反驳了我的发言。散会之后，夏先生竟约我漫步至北大西校门内左侧葛利普墓旁交谈了一个多小时，一再征求我的意见，解除了我的思想负担。然后他又把话题转向北大的考古专业，他认为近年来培养的学生质量有所下降，并引咎自责，说他关心不够，今后将改变此种状况，要大力支持北大办好考古系。我听了心情十分激动，长久不能平息下来。但是，万万没有想到，这竟成为夏先生和我的最后一次谈话。

向达先生和夏鼐先生都同我们永别了，但二位大师参与开创的新中国考古事业正蒸蒸日上，前景灿烂。他们亲手创建的北大考古专业也在不断发展，现在已为祖国培养了大批专门人才，壮大了新中国的考古队伍，先后毕业的大学生已有六七百名，研究生六七十名和英、美、德、法、日等十多个国家留学生六七十名。二师曾用自己的汗水浇灌过的一批批考古幼苗，现在都已茁壮成长，已在全国乃至全世界开花结果，而且一代一代地繁殖起来，都在为把中国考古学推向更高的水平而忘我地劳动。这些，我想庶几可以告慰二位先师于九泉之下吧。

本文原载北京大学考古系编《考古学研究（一）》，文物出版社一九九二年版。

忆夏鼐先生对我从事文物考古工作的关怀与指导

安金槐

引导我从事考古工作入门

我认识夏鼐先生是在一九五一年春，那时他率领中国科学院考古研究所的豫西考古调查组，首次来河南荥阳、广武等地进行考古调查。当时我刚从大学历史系毕业，作为新成立的河南省人民政府文物管理委员会的一名干部，前往协助该调查组工作并进行学习。我和夏鼐先生初次见面，是在河南荥阳县文教局，随同该调查组的还有安志敏、王仲殊、马得志等同志。

见面第二天，就由荥阳县出发到广武镇去。限于当时的交通条件，只有靠小毛驴代步（当地叫“脚驴”）。在二十公里的行程中，夏鼐先生多次从驴上下来，走到路旁两侧的壕沟断壁处察看是否暴露有古代文化遗存的线索与迹象，并向我们讲解考古调查的方法与步骤。给我印象最深刻的是，他说在河南各地的考古调查中，一是要注意各种壕沟与路沟的断崖剖面，是否有古文化遗址与古墓葬的线索。因为这些壕沟与路沟就好像是过去人们给我们开挖出的许多条考古发掘的探沟。从这些壕沟与路沟断壁上仔细观察，就可知道这一带是否有古文化遗址与古墓葬，并且从断壁上可以认识当地生土与熟土的特征。二是要注意农田地头和近代坟墓周围的各种堆积物，因为农民耕种土地时，往往把农田内夹杂的陶瓷器碎片和石头，都捡出来掷在农田地头和近现代坟墓周围。如果这一带地下埋藏有古文化遗址，那么在农田地头和现代坟墓周围的堆积物中就往往会有古代的陶片与石器等遗物，这对于调查发现古文化遗址会提供很重要的线索。因而在从荥阳到广武的行途中，在夏鼐先生的带领下，在路旁壕沟与近代坟堆处，就曾捡到一些仰韶文化的陶片，找到古文化遗址的线索，为以后该调查组在广武发掘青台仰韶文化遗址提供了重要依据。当天晚上住在广武镇。夏鼐先生召开了当地老农座谈会，了解广武镇周围及镇北邙山上的文物情况，会上听到了许多有关文物分布的线索。夏鼐先生说，每到一地进行调查，召开老农座谈会是很重要的调查方法之一。

第三天早饭后，调查组就北上邙山，调查汉霸二王城遗址和秦王寨仰韶文化遗址。沿途土路崎岖，沟壕深险，全组同志即跟随夏鼐先生步行，沿路进行考古调查。在对汉霸二王城的调查中，不仅听到了夏鼐先生讲解汉霸二王城的历史，而且还认识了汉代城墙的夯土结构，采集到许多战国、汉代陶片和铜箭头等遗物。对秦王寨仰韶文化遗址的调查中，在夏鼐先生的带领与指导下，在遗址地表也采集了许多仰韶文化的陶片和一些残石器等。

考察的第四天，省文物管理委员会通知，要我赶赴河南泌阳县配合板桥水库进行文物考古调查。在临走前夏鼐先生还对我去板桥水库如何开展工作和调查方法提出指导性的意见。虽然这次跟随夏鼐先生学习的时间仅有四天，但夏鼐先生的吃苦耐劳、勤奋细致而深入的工作作风，给我留下了很深刻的印象。后来，我在板桥水库的调查中，就是运用跟夏鼐先生调查时所学到的方法和考古知识去开展工作的，因而在工作中发现了一些古文化遗址与古墓葬。所以说，我从事文物考古工作，应是在夏鼐先生的关怀与指导下入门的。

指导我主持郑州商代遗址的考古发掘

郑州商代遗址是新中国成立初期，新发现的一处早于安阳殷墟并以殷代中期为主的大型遗址。为了密切配合郑州市各项基本建设工程进行文物保护、调查与发掘工作，河南省文化局文物队于一九五三年初成立了“郑州市文物工作组”，由我任组长。当时我虽然已有一定的工作经验，主持规模这样大的郑州商代遗址的考古调查与发掘工作，困难还是相当大的。配合基建调查的发掘任务十分繁重。一九五三年秋，文化部文物局王冶秋副局长、文物局文物处裴文中处长和中国科学院考古研究所夏鼐副所长共同来到郑州，研究和指导郑州市配合基本建设的考古调查与发掘工作。

对郑州商代遗址的调查与发掘，是夏鼐先生和裴文中先生共同研究提出的，把郑州商代遗址按市区的街道为界线，划分成若干文物区，把调查发现与发掘地点随时标记在各文物区的图中。在人力组成上，可抽出少数人力专门从事考古调查与联系工作，以便掌握文物分布情况，使多数人能专门从事考古发掘。在发掘工作中，凡是有基本建设的地方，都要先行考古钻探与试掘，然后再根据地下文物埋藏情况，决定是就地保护或进行发掘。对田野调查和发掘记录，以及文物保管问题，夏鼐先生也提出了许多宝贵意见。我们以后根据这些意见进行工作，收到了很好的效果。

随着郑州市区内考古工作的不断深入与扩大，为了解决考古工作力量不足的问题，一九五四年春文化部文物局王冶秋副局长会同夏鼐先生与南京博物院曾昭熵院长，又来到郑州考古发掘工地。夏鼐先生详细检查了各个发掘工地和出土文物，又认真地检查了考古发掘日记与记录，提出了许多指导性意见，以及进一步开展郑州商代遗址发掘工作的方法与步骤。他特别指出，在发掘中要注意发掘质量和各种实测图与绘图的准确性，重视器物修复工作，为整理考古发掘报告提供完整而可靠的实物资料。在一九五四年秋至一九五五年秋，这一年多的共同发掘中，取得了很大的收获。其间不仅对郑州商代遗址进行了较大面积的发掘，而且在郑州碧沙岗和岗杜等地，还发掘出许多春秋、战国和汉代的古墓葬。一九五五年秋，郑州发现商代城垣遗址。一九五七年春，我在北京修改《郑州二里岗》发掘报告，向夏鼐先生详细汇报了郑州商城的发现经过和城垣建筑遗迹保存情况，夏鼐先生对我们的发现基本上是认可的，他认为应进一步做些深入细致的工作，把各方面的材料搞扎实，如果能够证明是商代城垣遗址，应是我国考古史上的一项重大发现。他的这些意见无疑是对我们很大的鼓舞。

对《郑州二里岗》编写工作的指导

《郑州二里岗》是河南省文化局文物工作队成立以来，最早编写的一本田野报告专集。编写考古发掘报告专集，我们是缺乏经验的。一九五四年春，夏鼐先生来郑州研究和指导考古发掘工作，我将执笔起草的《郑州二里岗》考古发掘报告专集提纲请夏先生指教，他不仅提出了多方面的修改意见，而且对于报告文字内容和选择插图、图版等方面也都提出了许多宝贵意见。特别是对于郑州商代二里岗遗址的分期和各种遗物特征的介绍，以及二里岗战国墓葬的分期，也提出了许多具体指导意见。这使我们在编写报告的过程中得以顺利进行，少走了许多弯路。

报告初稿完成后，我于一九五七年三月，把报告的资料全部带到北京，在夏鼐先生和苏秉琦等先生的具体指导下进行修改定稿。报告修改工作也是在夏先生亲自具体指导下进行的。我们修改一部分，他看一部分，提出意见后我再修改，直至最后定稿。夏鼐先生这种对工作认真负责和耐心帮助考古界晚辈的精神，使我终生难忘。

对登封双庙新石器遗存发现的关心与支持

一九七五年春，我和贾峨同志在登封告成镇附近进行夏商文化遗存调查时，一个偶然的机会在告成镇东约半公里处的双庙小溪东岸断壁上，发现在上下石灰华层（即钙质淋漓层）之间的土层内，夹杂有零星的红烧土碎块和极少量碎陶片。经过采掘还发现有一块近于石化的骨骼残块。从陶片的口沿形制和质料看，比较原始而火候又低，并且又是夹在石灰华层之间，于是我们认为这些遗存有可能比河南境内已发现的仰韶文化遗存要早。在当时来说应是河南境内发现的时代比较早的古文化遗址，具有重要价值，应及时进行发掘，了解内涵情况。为了慎重起见，我把采集的陶片、骨骼残片和带有打击痕的石块等遗物带到北京，请夏鼐先生进行鉴定。夏鼐先生认为，从已采集的陶片特征看，是具有比中原地区已发现的仰韶文化陶片早的迹象，并说在中原地区探索新石器时代早期文化遗存应是当前考古界的重要课题之一，因而可以进行发掘以取得更多实物资料加以了解。这是夏鼐先生对我们发掘双庙新石器时代早期遗存的很大支持与鼓舞。经报请上级批准后，我们于一九七五年冬即开始对登封双庙新石器时代遗存进行试掘。通过试掘，不仅取得了更多的陶片和木炭遗存，而且还出土了许多打制的石器与石片。从出土的大量陶片特征看，明显都比河南已发现的仰韶文化陶片要早。双庙遗存中出土的木炭经碳 -14 测定，其中一件标本（BK76020）的数据为公元前四千五百六十四年 ± 一百三十年，其年代距今六千五百年左右。一九七七年《考古》第四期，夏鼐先生撰写的《碳 -14 测定年代和中国史前考古学》一文中，曾把登封双庙出土木炭的测定数据，排列在当时已发表的中原地区新石器时代遗址的首位，并认为登封双庙的新石器时代遗存是当时中原地区发现最早的遗存，夏鼐先生对登封双庙新石器时代遗址的判断是正确的。双庙新石器时代文化遗存应和后来发现的新石器时代早期裴李岗文化相近似或稍早。夏鼐先生文章的发表对登封双庙新石器时代早期遗存的发现是很大的支持。

对登封王城岗遗址发掘的关怀与指导

登封告成王城岗遗址的发掘，是为探索夏文化遗存而进行的。一九七七年春，在王城岗发现了一座相当于龙山文化中晚期的城垣建筑遗址，这是我国首次发掘出的一座距今四千多年前的龙山文化城址。与此同时，在距王城岗龙山文化城址约半公里，文献记载的东周阳城内，又调查与发掘出许多战国陶器上印制的“阳城”和“阳城仓器”的篆体陶文戳记。这些发现引起我国文物考古界的极大关注。一九七七年十月，在登封召开了“告成王城岗遗址发掘现场座谈会”，夏鼐先生亲临这次会议。他不仅在参观王城岗遗址发掘现场时详细询问发掘情况，还认真地察看了发掘记录和出土遗物，而且还对龙山文化城墙的夯土结构和夯窝形制与筑法都亲自动手进行揭剥，并对王城岗龙山文化城址的继续发掘提出了许多宝贵意见。特别是在大会上做了有关王城岗遗址发掘工作的讲话，肯定王城岗发现的城址属于龙山文化中晚期。夏鼐先生的关怀与指导，使我们增强了继续大面积发掘王城岗城址的信心。一九七九年秋，我又专门赴北京向夏鼐先生请教，先生对王城岗遗址的发掘方案表示支持，而且还对王城岗遗址的继续发掘，提出了一些新的建议。首先他提出，要注意王城岗遗址的分期，特别是龙山文化与二里头文化早期之间的分期，因为这关系着豫西地区龙山文化与二里头文化的发展序列问题。其次他提出，在弄清龙山文化中晚期夯土城墙基础槽的同时，要注意是否有保存在地面上的城墙夯土遗存。再者是，要注意王城岗龙山文化中晚期两个城垣的早晚关系等。夏先生的意见给发掘工作指出了明确方向。

一九八三年，中国考古学会第四次年会在郑州召开期间，把登封王城岗遗址作为会议的重点参观和讨论项目之一。夏鼐先生在参观登封王城岗遗址发掘现场和文物标本室的过程中，认真地察看了王城岗遗址各期的出土物，并对龙山文化与二里头文化各期陶器进行了认真的对比和询问地层情况。特别是对于我们正在编写的《登封王城岗与阳城》发掘报告提纲，提出了许多宝贵的意见和建议；使报告的编写工作得以顺利进行。直至把《登封王城岗与阳城》发掘报告定为国家社会科学基金“六五”期间重点项目之一。

回顾我从事文物考古工作四十余年的生涯，从考古工作入门直至后来的长期考古发掘与整理研究工作，都曾得到夏鼐先生的关怀与指导，使我受益匪浅。在夏鼐先生逝世七周年之际，谨以此文纪念。

本文原载《文物天地》一九九二年第三期。

夏鼐老师与定陵发掘

赵其昌

一九五三年，我毕业于北京大学历史系考古专业，夏鼐先生是我的授课老师。在恩师逝世两周年的日子里，作为他的学生、定陵发掘工作队的负责人，回忆起三十年前在他的指导下发掘明代定陵，件件往事，如在眼前。从开始调查、发掘、器物清理，直至发掘报告的编写等全部过程，无一不渗透着夏师的汗水心血。他那极端负责又细致的工作作风，谨严的治学态度，给我留下了深刻的印象，铭记在心，终生受用。

一九五五年，北京市副市长吴晗会同郭沫若同志等六人，上书国务院，请求发掘北京市昌平县境内明代十三陵之一的长陵。得到批准后，组成长陵发掘委员会，下设工作队，由考古所与北京市文物组人员组成。队长王仲殊（考古所），因故未能到职，改由赵其昌担任（北京市文物组）。副队长为白万玉（考古所）。夏师是长陵发掘委员会委员之一，担负着指导发掘的重任。长陵是明成祖朱棣的陵墓，规模最大，发掘工作将是艰巨复杂的。夏师提出，应先选择其他陵墓进行试掘，然后再进行长陵的发掘。一九五六年春，工作队对各陵调查后发现，埋葬万历皇帝的定陵有些线索可寻：宝城旁边有几块城砖塌落下来，形成一个小缺口，里边的城砖有再次砌过的痕迹。夏师得知这一情况后，立即到现场复查。宝城缺口距地面很高，野外没有梯子，爬上去很困难。他要上去看看，我们觉得太危险，劝他不要上去，他却说："野外调查不比室内，没有那么好的条件，上吧！"他竟蹬着我们的肩膀爬上去了。经仔细察看，他也认为这一线索很重要，可能是当时帝后入葬时的通道。不久，我们又在宝城内侧发现了"隧道门""左道""右道""大中""宝城中""金墙前皮"等字迹，因此，确定以定陵为试点。从此，开始了新中国成立后第一座帝王陵墓的发掘。

定陵发掘期间，夏师除随时听取我们的汇报外，经常亲临现场进行具体指导。特别是一九五七年九月地下玄宫打开以后，差不多每个星期都要前往。一九五八年五月清理万历帝后棺内文物期间，由于里面的随葬器物品类繁多，数量大，空气很潮湿，腐朽严重，如不抓紧清理，面临着发霉变质的危险，所里派刘观民、黄展岳等同志前来支援。这时，夏师正患着严重胃病，他也带病住进临时工棚。他不仅在现场指导工作，而且亲自操作。现场的工作条件极差，仅有一台小型发电机供电照明。黑乎乎的地宫内，工作十分紧张，持续时间很长，常常要加班五六个小时，更没有星期日，日夜兼程。夏师就是这样拖着病体，和工作队的青年人一起，不分昼夜，忘我劳作，历时两个星期。当清理到随葬品中皇帝的冕、皮弁（即皇帝举行大典时戴的帽子）等时，由于实物腐朽叠压严重，形制难辨，清理难度很大，特请夏师担此重任。糟糕的是腐朽的冠冕四周布满了其他器物，不易接近。于是，我们在棺口上面搭起了木架，架上再铺木板，人要趴在木板上，头向下操作。夏师趴在木板上，整整用了四天四夜的时间，把冕和皮弁的形式、结构、尺寸、色泽，以及串珠的系结式样、数量等，一一清楚地记录下来，还绘制了草图，为以后的复制工作提供重要的依据。平时，夏师对工作极为细致认真，不怕吃苦。课堂上他这么讲的，平时他这么要求，如今在工作中他又是这么做的，为我们做出了榜样。况且，他正在病中，这是带病而做呀！

器物的清理，要求有详尽的记录，稍有疏忽，便会给后面的研究工作带来困难。当时每天的记录文字甚多，不下万言，均送夏师过目。每当深夜我们结束工作后，他还不能休息，常审阅记录材料通宵达旦。他审阅记录材料十分认真，时常在记录本上圈圈点点，提出疑问，不能尽意时就夹上几张写满密密麻麻文字的纸条。夏师曾经不止一次地告诫我："原始记录是基础，对今后的研究工作十分重要，必须详尽、准确，否则无法弥补。"实际上，这谆谆教诲，踏踏实实、认认真真、一丝不苟就是科学，就是科学精神，也正是他严谨治学态度的写照。

按照考古工作的常规，发掘工作结束之后，便要迅速编写发掘报告，把发掘的全过程，包括随葬器物等有关资料与初步研究，公之于世。但是，由于政治运动等众所周知的多种原因，定陵发掘报告的编写工作长期未能着手，年复一年地被搁置下来。夏师一直在关心此事，每次见面总要问起。发掘工作的有始无终，使我深感内疚，又无能为力，因而也无言以对。当年身处逆境的我，又能说什么呢！“文革”后期，偶与夏师相遇，他又问起定陵，谈起发掘报告。我正情绪低沉，告诉他：劫后余生，已与定陵无缘，今后再不干这一行了。当他得知我正在接受审查、改造，整天挖防空洞，竟意想不到地大笑起来，说：“好哇！你是挖墓出身，还没离开挖土这一行，将来要归队，报告还是要写的！”对我“重操旧业”充满信心，给予很大的鼓舞。几年后，在夏师的关怀下，定陵发掘报告的编写工作终于上马了。夏师派王岩同志协助进行编写工作，并派修复、照相、绘图等方面的诸多同志前往支援。

我虽然一直参与定陵的发掘工作，但编制并不属于定陵，实际上也是支援性质。我是一九五九年离开定陵，调回本单位（北京市文物组）下放的，再回定陵编写发掘报告已是一九七九年，时间已相隔整整二十年。这是极不平凡的二十年，极大变化的二十年，对于我个人、定陵及其出土文物都是如此。我所属工作单位的变动且不说，定陵建立博物馆并长期开放，其间又曾开通地宫“左道”（无发掘记录），加以隶属关系多次变更（曾属文化局、园林局、公用局、昌平县等）。人事的变迁，时光的流逝，保管的失当，这一变再变的诸多因素，必然使文物遭到损害，而以丝织品为甚，有些几近面目全非。丝织品的品类繁多，又很复杂，如织锦匹料、被褥、袍服、冠冕、鞋靴，以及零星织物等，原本腐朽严重，要翻动已很困难，要整理修复以便长时间保存就更困难。当年，曾约请北京市化工局祝福祥工程师参与研究，试验施加涂料，以期延长其寿命，遗憾的是效果不佳。编写报告前，我和王岩同志将这一情况向夏师汇报后，他显然意识到这个问题的复杂性，涉及问题很多，如所内工作、人员调配、经费等，而且时间将大大拖长。面对这些，夏师对发掘报告从提纲到内容提出指导性意见后，又不停地唠叨："考古所的工作，我可以不管、少管，定陵的事，我要管到底。"

夏师对定陵器物的整理、保存，尤其是那些丝织品，一直给予特别关注。他曾对我和王岩一再叮嘱：整理要尽量细致，匹料腰封上的名称、纹饰、色泽、产地、尺寸、工匠姓名等，一定要记录清楚，要做到以后的研究、复制，不再触动原物，这等于延长它的寿命，弥补损失。这是博物馆应该做的，更是博物馆的基础工作。定陵建馆，过去没做，现在要补上。

夏师提出的定陵丝织品整理原则、细则，使我们对其有了进一步的认识，明确了具体的做法。为了把整理工作做得更加细致，我们特别邀请苏州丝织品研究专家吴平女士和南京云锦研究所汪印然所长参与，分析结构，确定颜色，绘制图样，其中绘图是大量的工作。他们还进行了复制的实践，除复制织锦匹料外，还复制了万历皇帝祭天礼地时服用“衮服”、万历皇后服用“百子衣”两件“织成”。“衮服”有十二章，即日、月、星辰、山、龙、华虫等十二种纹饰，有的纹饰用捻金细线，有的则加入孔雀羽毛，以使纹样更加鲜艳，色彩斑斓，永不褪色。“百子衣”是用各种颜色丝线绣出百个儿童玩耍图形，生动活泼，各具姿态。通过复制，对明代织造工艺的发展情况，有了更加充分的认识。由此可见，编写发掘报告，首先要认真整理出土文物，这本身就是研究工作的重要内涵。

一九八五年五月底，根据研究工作的严格要求，在诸多同志的密切协作下，经过四年多日夜不停的辛勤劳动，定陵发掘报告的初稿终于完成。谁能想到，夏师竟在六月十九日突然逝世了。定陵的发掘，器物的整理，报告的编写，从始至终都是在他的指导下进行的。在那断断续续，前前后后，坎坎坷坷，三十多年的时间里，每一个环节都渗透着夏师的心血，然而，时间又是如此漫长而又短促，几十万文字，上百张照片和图表，他还没有来得及过目，就离开我们而去了，每念及此，悲从中来，不能自已。

他走了，他离开我们已经两年。他走了，走得如此仓促。他走了，他把辛勤开拓一生的中国考古事业留了下来。他献身祖国考古事业的精神，激励着我们前进。

〔附记〕

上文原为纪念夏师逝世两周年时所作，刊于《文物天地》一九八七年第三期。二〇一〇年为夏师诞辰一百周年、逝世二十五周年，怀念之情顿增，耄耋之年，难以成文，特检旧稿，略作增删。高山仰止，音容宛在，心香一瓣，敬献吾师。

本文原载《文物天地》一九八七年第三期，收入《夏鼐先生纪念文集：纪念夏鼐先生诞辰一百周年》时，做了较多的补充。

忆夏鼐先生对湖北文物考古工作的关怀

谭维四

夏鼐同志因患脑溢血不幸与世长辞了，噩耗传来，我们顿时为之震惊，这是考古学界的巨大损失和不幸。从此，中国考古学界失去了一位蜚声中外的杰出的考古学家，我们失去了一位可亲可敬的师长，全国考古界人士无不沉浸在深切的悼念之中。

夏先生学识渊博，一贯治学严谨，在考古学研究中成绩卓著，给我们留下了许多珍贵的科学成果。在田野考古上，他尤其注意严格科学规程，十分重视提高田野考古工作水平，并在考古工作中身体力行、一丝不苟、勤勤恳恳。夏先生为党的考古事业奋斗不息、勇攀科学高峰的精神，永远是我们学习的榜样。在沉痛悼念之际，我们不能忘记夏先生和他所领导的考古所，在新中国成立三十多年来，对我省文物考古工作的关怀和支持。

夏先生是新中国考古事业的开拓者，新中国成立初期，他就主持中国科学院考古研究所的工作。当时为适应形势的需要，从一九五二年至一九五五年，文化部文物局、中国科学院考古研究所和北京大学历史系，联合举办了四期考古工作人员训练班。在夏所长的积极支持下，训练班的授课和辅导田野考古实习的教师，多是考古所的研究人员担任的。训练班为全国各地培养了一批年轻的考古力量，湖北的第一批考古人员也都是这个训练班先后培训出来的，他们为开拓我省文物考古工作贡献了力量。

夏所长对我省文物考古事业的发展与提高，做出了不可磨灭的贡献，我们湖北省文物考古工作者是永远也忘不了的。在旧中国，湖北的考古发掘与研究，几乎是空白点，新中国成立三十多年来，发生了根本的变化，取得了显著成绩。我省的考古收获，多是与夏所长及他所领导的考古研究所长期以来的大力支持、指导分不开的。

我们清楚地记得，新中国成立初期，我省的田野考古发掘工作处在起步的时期，困难很多，以夏所长为首的考古所领导，给江汉地区派来了考古所湖北队，在我省江汉平原、三峡地区及鄂西北汉水中上游一带的山地，开始了新石器时代的考古工作，京山屈家岭，天门石家河，黄冈螺蛳山，郧县青龙泉、大寺，均县朱家台……一批新石器时代遗址的调查发掘，都是在以夏所长为首的考古所的专家指导与主持下和我省联合进行的。一个不同于中原地区的原始文化——“屈家岭文化”的研究与确认，也是在夏所长和所里老一辈学者们的指导下进行的。

“屈家岭文化”的重大发现，揭开了江汉地区新石器时代考古研究的序幕。

夏先生非常重视中国科技史的研究，对有关科技史的考古发现十分关注。七十年代初，湖北大冶铜绿山矿冶遗址的发现、发掘和研究，夏先生极为重视，前不久还在关心铜绿山遗址的保护与研究问题，为此他给黄石市博物馆的同志写过信，曾亲自勘察过这处古矿冶遗址。他认为:“这是中国古代铜矿冶炼研究的一个新领域，也是中国考古学新开辟的一个领域。”为加强力量，提高考古工作的科学水平，他随即派来了一个考古工作队，联合我省的考古工作者一起，对采矿遗址做了重点发掘，并在清理了古代炼铜炉后，就地进行了一次炼铜炉的模拟实验，取得了较为全面的采铜矿、冶炼铜的古代科技资料。为扩大这一考古研究成果的影响，一九八〇年六月夏先生赴美期间，还在纽约大都会博物馆召开的中国古代青铜器的学术讨论会上，宣讲了铜绿山古矿冶遗址的发现和发掘，以及青铜业生产的重要意义，并发表了《铜绿山古铜矿的发掘》论文。一九八一年十月在北京召开的中国古代冶金史会议上，再次演讲了这一考古发现和研究成果，引起了国内外学术界有关人士的极大关注。今天一个新型的博物馆——“铜绿山古铜矿遗址博物馆”建立了，门额上闪烁着夏所长亲笔题写的“铜绿山古铜矿遗址”八个金色大字。

一九七八年随县曾侯乙墓出土了一批皮甲胄，由于墓坑长期积水，甲胄皮胎多已腐烂，编联的纽带多已残断，留存的漆皮在上部的也多已散落，如何科学地清理出来，成了一大难题，为保存原貌我们采取了和盘托出的办法，运回了室内再行清理。田野工作结束后，我们向夏所长做了汇报，他同意我们将它们原状运往北京，在他的直接关怀下，经过考古所一些有丰富经验的技师的努力，终于复原了甲胄的原貌，并复制了一套完整的人甲胄和一副马胄。后来，夏先生在考古学会第二次年会上，对我们在田野考古中科学地取出甲胄资料的做法给予了肯定。

湖北地处长江中游，为楚国故地，是楚文化的中心。可是由于历史的种种原因，旧中国这里连一座楚墓也没有发掘过，新中国成立后的五十年代初期，对江陵纪南城也只是进行了一些地面勘查，湖北的楚文化考古研究远远落在时代的后面。夏所长对楚文化研究十分关心，早在五十年代后期，即多次派出考古专业人员来纪南城进行勘查；一九六〇年他在来武汉参加长江流域考古工作会议之后，还亲自到纪南城现场调查指导。六十年代中期，江陵楚墓发掘资料的陆续发表，引起了学术界的关注。七十年代，不仅在荆州地区，在宜昌、襄阳地区都有大量楚城遗址和楚墓被发现和发掘，湖北境内楚文化的考古研究开始欣欣向荣。一九七九年中国考古学会成立大会上，夏先生对湖北楚文化考古工作的开展感到十分高兴。当理事会讨论第二次年会召开的地点与中心议题时，夏先生提出了在我省召开和以讨论楚文化为中心议题的建议，我省到会代表都感到荣幸。会上，湖北、湖南、河南、安徽四省的同志倡议成立跨省的楚文化研究会，立即得到了夏先生的热情支持。一九八〇年十一月以楚文化研究为主要议题的中国考古学会第二次年会在武昌顺利召开，夏先生亲自主持了这次会议，在开幕式上他和苏秉琦先生都做了讲话，他所讲的《楚文化的研究中的几个问题》，对我们认识楚文化研究的意义有重要的指导作用。会议期间，他不顾七十高龄，亲自率领与会代表前往江陵楚郢都纪南故城及八岭山楚墓群参观考察，还为湖北省考古学会和我馆联合主办的《江汉考古》做了题词："江汉地区是楚文化的摇篮，留给我们许多珍贵的遗产，我们要保护和研究这些遗产，让它发挥更为耀目的光彩！"

尤其使我们难以忘怀的是，今年春天他在中国考古学会第五次年会上做了题为《考古工作者需要有献身精神》的讲话。他站在马列主义、共产主义的高度，谆谆教导我们考古工作者，要有为共产主义远大理想，为祖国考古事业而献身的精神。他要求考古工作者要认真学习马列主义、毛泽东思想，在马列主义指导下，发扬实事求是的优良学风，提高考古研究的科学水平，并明确指出作为一个科学工作者，应该一心一意提高本学科的水平，而不计较个人的经济利益。他认为考古工作者，尤其是田野考古工作者，要有"不怕吃苦"的精神。夏先生讲述了老一辈考古工作者在旧社会做田野考古工作的艰辛情景，希望考古工作者保持优良传统。他认为"如果我们想把我国考古学的水平提高到新的高度，这便需要我们有献身的精神”。

夏先生已经和我们永别了，但他所留下的丰硕的科学成果，是考古学界的财富，考古界的后继者，将沿着考古界前辈学者们所开拓的道路，继续攀登科学高峰，不断前进。

我们敬爱的师长夏鼐同志安息吧！

一九八五年七月于武昌东湖

本文原载《江汉考古》一九八五年第三期，原署名湖北省博物馆。

无私才能献身

楼宇栋

一九八五年六月十九日傍晚，我乘火车去合肥开楚文化研究第三次年会。第二天，刚在会议休息室报到时，我信手拉过一张当天的《安徽日报》，几行字映入眼帘，夏鼐所长不幸于昨天逝世！这简直是一声晴空霹雳，临行前已耳闻先生略有小恙，可绝对没想到不几天竟离开我们而去了。

今年是先生的周忌，在缅怀先生的同时，不免使我思起编辑先生的最后一本专著《中国文明的起源》的情景，更勾思起与先生相处的往事。

记得一九八四年七月十五日夜晚，我在先生家做客，谈到会心处，先生递过一本日文版《中国文明的起源》，说是四月出版的。看后，我随口问先生："干嘛不出汉文版?"先生淡淡地说："这只是我在日本的三次讲演，不成体统。"两天后，先生托陈公柔先生给我送来了一张便条和日文版的书。不久，出汉文版《中国文明的起源》，社里定了下来。稍后，汉文稿也送来了，并得知一九八五年是先生从事考古工作五十周年。我们竭尽全力编辑、设计、安排，希望能赶上先生的庆祝日。翌年，我知道先生外事活动频繁，劝先生不用再看校样，但先生非常坚持，并千叮万嘱地说:“等我出国回来，校样一定送来。”我深知先生治学的严谨态度，也熟知先生的习惯，只能满口答应:“一定送去。”果不其然，先生从美国回来才两天，便来电话催看校样,并用蝇头小字仔细地校改了全稿（二校样）。我深为先生这种老骥伏枥的精神所感动。不意先生溘然长逝，未及亲见此书的发行。

五十年代我刚出校门，进科学院考古所的第一桩事是筹创《考古通讯》(后改名《考古》)。在筹办过程中，先生事必躬亲、稿件一一过目，甚至要看第三校样，仅仅用了三个月的时间，《考古通讯》就于一九五五年问世了。先生的劳绩不可泯没。先生对编辑要求十分严格，一个史实，一句引语，都要你仔细详核。先生常挂在口边的一句话是:“我们要对读者负责!”因此，每当我对一个史实、一句引语不知所出时，常请教先生，他不厌其烦地总是满足我的请求，有时竟拿着查到的书籍，当面讲清。当时，我的办公室就在先生书斋的对门，不但请教时有问必答，而且能聆听到先生与学者们的交谈声，从中学到了不少知识。《辉县发掘报告》是新中国成立后的第一部大型田野考古报告。在编辑过程中，先生大胆放手，点点指教，不过两年，报告就问世了。当时人手少，编辑工作十分繁重，考古所编辑室的成立是往后的事，正因为工作繁重，又有先生的严格要求和领导，反而使我这个对考古毫无所知的年轻人对考古这行发生了兴趣，产生了感情。

翻译苏联学者阿尔茨霍夫斯基写的《考古学通论》一书，是尹达所长交给的任务，但翻译中的实际困难是先生帮助解决的。当时，我们对苏联考古学了解很少，先生深知此情，便组织了几个人共同翻译，并向我们介绍了当时在苏的留学生，通过他们向苏联的有关学者询问疑难问题。在一年多时间里，来往信件下不几十封，总算未留下翻译难解的问题。

虽然回忆了几则我亲身经历的事例，用以缅怀先生，但人们不难从中窥见先生为培养年青一代，付出了多少心血，为考古出版事业奉献出多少精力。

先生的一生，使我明白一条真理——无私才能献身。愿先生的遗风，不断发扬光大。

本文原载《文物报》一九八六年七月十一日。

追忆和夏鼐先生相处的日子

赵　铨

一九五〇年秋季，考古研究所成立不久，组织一支庞大的考古队伍，奔赴河南辉县进行考古发掘工作。由夏鼐任队长，郭宝钧任副队长，队员有苏秉琦、王伯洪、石兴邦、安志敏、王仲殊、白万玉、魏善臣、徐智铭、马得志、赵铨。工地共分两处，一处在固围村，一处在琉璃阁，工作站设在固围村内。在固围村发掘了三座战国时期的大墓，由郭宝钧、苏秉琦、石兴邦分别负责。因出土量较大，共用民工四百余人。这是我第一次参加考古发掘，主要负责测绘和摄影等工作。大墓虽被盗掘，但仍出土了一些罕见的艺术精品。经发掘清理，搞清了墓葬的形制，棺椁保存尚好，由我绘制了平面图、立面图和复原图，摹绘了朱漆棺的纹饰，同时拍摄了发掘过程和墓葬全景等照片。这些工作, 都是在夏鼐先生和郭宝钧先生指导下完成的。

夏鼐先生亲自主持了琉璃阁的发掘工作，第一次发现早于殷墟的商代遗址，发现一座埋葬十九辆木车的战国时期的车马坑。由于车马坑等遗迹无法长期保存，只有用绘图和摄影的办法，完好地记录下来，作为进一步研究的依据。

辉县的发掘工作，从一九五〇年十月至一九五一年一月，历时四个月，当时已经降雪，我们仍坚持工作。记得夏鼐先生在一九八五年三月召开的中国考古学会第五次年会上做过题为《考古工作者要有献身精神》的讲话，后来发表在《光明日报》上。其中讲到考古工作是艰苦的，但也有乐趣，他描述了我们在辉县工作时的情景：大家在工作之余，凑在一起说说唱唱，郭宝钧唱河南梆子，王仲殊唱日本歌，我和马得志唱京戏，他自己做一名观众。

当时夏鼐先生和我们住在同一个大房间里，房间里排列着许多折叠床，故有人开玩笑说很像“排葬坑”。我们对夏鼐、苏秉琦均称作先生，对郭宝钧称郭老，大家生活在一起，相处十分融洽，我们年轻人互相交谈时，他们也参与其中，因而有许多趣闻异事，至今难忘。

夏鼐先生不仅平易近人，而且生活非常俭朴，在我的记忆中他对穿着并不讲究，那时尚未流行西装，都穿干部服。他还向我说过，穿西装一定要系领带，否则就不要穿西装，可见他对穿着还是十分慎重的，与他严谨的治学态度是一致的。我们那时参加发掘工作，都要在出发前制作统一的工作服，他自然也无例外。另外我还见他穿过一件旧皮夹克，据说是他在埃及参加考古工作时穿过的。

解放初期，大约在一九五二年至一九五三年间，考古所一度没有职工食堂，中午要到外面用饭。考古所距隆福寺很近，我曾随同夏鼐和苏秉琦两位先生，同去隆福寺一家回民小吃店吃蒸饺。这家小店，只是一张长桌子和几条长凳，我们三人每人各要十个蒸饺就够吃了，因经济实惠，曾去过多次。有一次一位劳动人民坐在我们对面，他一个人就要了三十个蒸饺，我们都为之惊讶。由此也可看出，夏鼐先生毫无专家学者的架子，他可以和我到最普通的小店，吃最大众化的食品。

夏鼐先生的俭朴作风，还表现在平时一些生活细节上。在我的记忆中，他写信常将旧信封翻过来再用，记事时很少用办公纸，而是用过期的日历，并且字写得很小，有如蝇头小楷。夏先生日常用的毛笔秃得没有笔锋，墨、砚也很粗劣，所以当有人请他题字时，他只好到技术室借用我的笔墨砚。

还有一次我为他拍照，发现他穿的布鞋破了一个洞，露出白色的衬布来，我向他提出后，他便找来毛笔蘸墨把那块露白的地方涂黑了，使我较好地完成了拍摄任务。我平时很少为他拍照，有时遇记者来采访，我便趁机给他拍几张，以便应用于书刊中。二〇〇一年考古所举办建党八十周年书画摄影展览，我选放了几张夏鼐的人像参展，以表缅怀之情。

夏鼐先生逝世于一九八五年六月十九日，享年七十六岁。我还记得在一次接待日本访问学者的报告会上，时值夏季，考古所会议室里开着电扇，我坐在前几排，夏鼐先生坐在我的前方，头顶上就是电扇，我已感到很不舒服，会后不久，夏鼐先生就住进医院了，回想起来，与其长时间吹风不无关系。在他病危时，我曾随同考古所几位老同志前往探视，他已处于昏迷状态，正在使用呼吸机抢救，未料这竟是与他最后的诀别。

我与夏鼐先生相处数十年，深知他是一位为人纯朴、勤奋好学、有科学头脑、非常细心的学者型人物。他治学严谨，在学术界享有较高的声誉和威望，在国际上也是一位知名的考古学家，因而受到人们的钦佩和尊重。他对中国考古学这门新兴的科学，被称为奠基人之一是当之无愧的，因为他很懂得把科学方法与先进的技术应用于考古工作，为考古学树立了良好的风范。

我与夏鼐先生在工作中也有过小的分歧，多半是为采购照相器材，他主张少花钱多办事，不同意购买昂贵的新设备。在当年经费紧张的情况下，这无疑是应该充分注意的。于是我只好因陋就简，采取一些土洋结合的办法，在可能的条件下，达到应有的质量和较高的水平。我在考古所近四十年，一直是在他的领导和关怀下工作的，我们共同经历过历次运动的洗礼，并一起下放“五七”干校，他因有外事任务提前返京。每年春节，我都和马得志等同志一道，去夏鼐先生家拜年。他的夫人是一位旧式妇女，但他们感情很好，曾多次随他出访美、日、法等国。

在与夏鼐先生相处的日子里，无论在事业上还是做人上，他都给过我许多教诲和帮助，使我感觉到他是一位可亲可敬的人，他是我的良师，也是益友。

二〇〇九年四月十七日

本文原载《夏鼐先生纪念文集：纪念夏鼐先生诞辰一百周年》。

忆夏作铭师

杨 泓

第一次听夏作铭先生讲课，是在进入北京大学历史系学习的第二年。先生给我们班讲考古学通论的第一堂课，他操着他那温州腔极浓的“普通话”，讲得很有风趣，因为有许多听懂的同学不时发出会心的笑声。不过当时我实在听不懂先生的话，又因为是几个班共上，并且还有许多其他听讲者参加的大课，课室大，人又多，加之先生的声音较低，一堂课下来几乎没有听懂多少，笔记记得也很不完整。没想到我那不完整的笔记还有人借去抄，那人就是史树青，当时他在北京历史博物馆工作，因为没学过考古学，馆长韩寿萱先生严令他补课，于是就到北大随我们班听讲，他比我更听不懂夏先生的话，只好借我的笔记补抄，这也就酿就后来我们近半个世纪的友情。除了考古学通论课外，在北大学习的五年中没有什么机会和夏先生接触，只是在两次参加会议时见到过他。一次是北大邀请的埃及专家费克里教授与在京的考古学者的座谈会上，夏先生和徐老（旭生）等考古所的老专家都来了，徐老听说费克里会法语，就用法语与他交谈，结果说了半天谁也没听懂对方的话，后来还是费克里说英语，由周一良先生来翻译。夏先生风趣地向我们说：徐老讲的是老法文，费克里年龄小所以听不懂。另一次是在一九五六年开考古工作会议时，准许我们班同学去听会，夏先生陪郭沫若院长和郑振铎所长过来看望同学，郭老指着翦老说："你是孔夫子。"又指着同学说："他们是七十二大贤人。"夏先生没有说话，只是站在旁边笑。

在北京大学历史系考古专门化学习五年以后，一九五八年我被分配到中国科学院考古研究所（现中国社会科学院考古研究所）。由于在反右斗争等运动中表现不好，离开北大时我被勒令退团，所以我是心情忐忑地到考古所报到的，果然当时人事处一位同志翻阅我的材料后，很关心地对我说：你这么年轻，可惜政治生命就结束了，以后要好好注意。幸而到考古所工作以后，夏作铭先生和其他先生并没有因为我已没有政治生命而嫌弃我，仍旧对我热情关怀，并在学术方面悉心指导。在一九五八年冬，我调到编辑室和第三研究室工作，这样就有越来越多的机会与夏先生接触，当时他在审完的稿子上签注意见后，还要嘱咐一些修改加工时应注意的问题，开始时我听不太懂他那温州腔极浓的"普通话"，只得请求他加注在稿签上，他都会不厌其烦地用他习惯的比蝇头小楷还要细小得多的笔体，一条一条写清楚。后来接触多了，这才得以逐渐听懂了他的谈话。在我的记忆中，夏先生对与他平辈的学者在治学中出现的问题，是不太客气的，有时还会有相当苛刻但又颇有幽默感的评论。但是对我们这些后学之辈，则是极为和蔼的，对我们在工作中出现的问题从不发脾气，而是耐心地讲解，并具体而微地指明问题，告诉我们该去查找什么文献，连版本、页码甚至第几行都指示得清清楚楚。如果是外国的资料，他则常常是亲自把书找来，翻到需要参考的那一页再拿给我们看。审阅稿件更是极为认真，经他看过的稿子的天头或稿边，必然留有他那独特的小字仔细批写的意见，而且很少积压，上万字的文稿常是三四天就阅毕退回。而当时所内另一些老专家，虽然也列为刊物编委，但在审稿方面，就没有夏先生那么认真负责，有时还给我们设置一些预想不到的障碍。对做编辑的工作人员，夏先生一再叮嘱对作者要一视同仁，绝不要有亲疏远近；对来稿的作者，对所内的人一定要严格，对所外的作者特别是地方县区的基层工作者，则应适当照顾，必要时要帮助他们根据审稿意见提高改写，以鼓励帮助基层的考古工作者。对学术研究，他更是坚持百家争鸣的方针，力促有争议的学术论文的发表，绝无帮派之见。以下仅举一例：

我想举的例子是《考古学报》一九六五年第一期刊登苏秉琦先生撰写的《关于仰韶文化的若干问题》的经过。令今日那些热衷于讲述夏、苏矛盾的从没与他们二位真正共事过的年轻人想不到的是，那篇被真正是苏公研究生的俞伟超赞誉为“寻找到了一条考察各种考古学文化的正确途径”，“可以认为是类型学方法的又一重大进步”的有重要意义的论文，并不是苏公自己交给编辑室的，而是夏先生详细看过之后，亲自拿来让在《考古学报》刊登的。那年多雨，老编辑室漏雨抢修，我们只得暂时借用西屋的北侧两间办公（南侧一间是隔断开的，是苏公的办公室），因周永珍、徐保善两位去辽宁金县参加“四清”，徐元邦去山东黄县参加“四清”，室内只剩下我和饶惠元先生，再加上陈梦家先生也暂时搬到西屋，与我们两人合在一起办公。那天下着小雨，夏先生急匆匆地由北屋来到西屋，将一份文稿交到饶惠元手中，叮嘱说：这是苏先生的文章，原是要用在考古学会上，现在学会成立不了，要尽快在《考古学报》发表。饶先生回答学报正准备发稿，还可以赶上这一期，夏先生点头，并说他有事马上要离开北京，然后又和陈梦家先生说了两句关于汉简的话，就又匆匆离去。夏先生走后，我们三个人传看了那篇文章，我当时只是注意苏公将庙底沟彩陶辨识为蔷薇科植物和菊科植物那一段，陈梦家注意了说“华山”是“花山”那一段。饶惠元特别喜欢那张黑陶鹰鼎的插图，后来在制插图时做得比通常插图的尺寸要大好多。因学报发稿日期已临近，饶先生就抓紧时间做编辑加工，然后按当时规定将准备发排的文稿送主管刊物的学术秘书组组长终审。当时学术秘书组组长王伯洪去金县参加“四清”，所以送交当班的学术秘书去终审。几天后，那位学术秘书叫饶先生去谈话。不久他愁眉苦脸地回到西屋，原来当夏先生交来文稿那天，因见他忙着要出差，我们谁都忘了应先填稿件登记表请他留下审稿意见。虽然饶先生一再解释这是夏先生指示让刊发的，但当班的学术秘书强调按规定发稿必须有正式审稿意见，任何人的文章都不能例外。因夏先生不在，只得由他指定了另一位先生去审。那位先生好像是写了八条意见，认为该文不应发表。饶先生非常着急，因为学报即将发稿，已无法临时抽换稿件，而且该稿是夏先生让发的，现在说不能发，夏先生又不在京，不知该怎么办才好。我们三个人商量了半天，认为只能采取根据审稿意见对文稿做些修改，然后再送审以求发排。经仔细研究了那几条审稿意见，陈梦家先生提出看来只有考虑请苏公将“华山”即“花山”一段割爱删除，但不能说原因是遵照了那位审稿先生的意见。因为新中国成立前苏公在北平研究院工作，故徐旭生先生是他老师，而且徐老又是研究古史传说的权威，要先请徐老审阅，如徐老认同这种说法，编辑部可以按徐老的意见去说服审稿的先生，如徐老不认同，则可按他的意见请苏公割爱删除。饶惠元和我都同意，但是我们两个去找徐老和苏公谈都不合适。陈梦家先生认为他去谈较合适，就由他去谈。结果徐旭生先生认为说“华山”即“花山”与华族联系没有根据，陈梦家就又去找苏公，苏公同意删除那一段。于是饶先生拿着改过的文稿再次送审，说明已按审稿意见并经徐老再审，作者也已按徐老意见改过，请准许发稿。但是该稿又被退回，原因是审稿人又指出稿内大量使用了陕西华县发掘的未发表的材料，按当时规定《考古学报》和《考古》刊出的论文不可以大量使用未经正式发表的资料。眼瞧着发稿期限已到，弄得饶惠元一筹莫展。幸好这时夏先生回来了，按他的习惯先来编辑室看看，饶惠元赶忙向他汇报，他听后大笑，说：华县发掘是苏先生主持的，他自然可以使用发掘的材料。一切难题均迎刃而解，就这样苏公的文章终于如期刊出。

总之，夏先生处理稿件不按亲疏远近一视同仁的做法，对我教育极深，在我五十多年的编辑、审稿工作中，我一直是努力排除一切干扰，按夏先生的教导去做的。除此以外，夏先生还教会我在工作中要注意编辑的道德，要协调好与兄弟刊物的关系，要无私地去帮助别人，要胸怀宽广。他总说一个学术刊物的成功是刊物的质量，是刊物的学术水平，不在于去抢什么新发现的资料。在上世纪五十年代到七十年代，考古所编辑的两本期刊《考古学报》和《考古》（原《考古通讯》）的主要兄弟刊物是《文物》（原《文物参考资料》），下面举两个在夏先生指导下处理与《文物》之间关系的事例：

第一个事例发生在一九六四年下半年，河北省文化局文物工作队将《河北定县北庄汉墓发掘报》送交考古所编辑室，因资料重要，决定在《考古学报》一九六四年第二期刊出。当报告发排并将付印时，一天夏先生带着当时主管《文物》的庄敏来到编辑室，庄敏很客气地说：局（文物局）里认为北庄汉墓发掘出的文物很重要，知道正式报告已经送给学报发表，希望同时在《文物》上再刊登一个简报，可以更广泛地宣传，夏所长已经同意，所以来商量一下。接着他又提出再让作者写一篇简报时间已来不及，同时也没有必要，他想要一份学报排好的清样，回去摘编一下发表。夏先生当即欣然同意，让饶惠元先生取出一份报告的清样给庄敏，并且把已制过版退回的照片原稿、黄肠石刻拓本原稿等都交他选用，只是要他在文章最后加注“发掘报告见《考古学报》一九六四年第二期”，以方便想更全面了解北庄汉墓资料的读者查找。

第二个事例发生在一九七八年，安徽阜阳双古堆发现西汉初夏侯氏家族墓地，在第一号墓中出土有一件可能是“圆仪”的天文仪器，还有一件式盘和一件占盘，有文物“专家”告诉他们这些都是天文仪器，所以作者将资料送来请夏先生再鉴定，并要求在《考古》上发表发掘简报。夏先生看后，告诉他们式盘和占盘虽与古代天文和历法都有密切关联，但是属于伪科学的占卜用具。因为它们也是与研究科学史有关的考古标本，让我引作者去自然科学史研究所找严敦杰先生请教。同时应作者早日刊出的要求，我立即对简报进行编辑加工。同时我又去找严敦杰先生，请他写关于式盘和占盘的研究文章，以与简报同期刊出。当时作者只将注意力放在所谓天文仪器上，忽略了整个墓葬所传达的完整的科学信息，为了文物考古研究的需要，我们请作者补足有关出土漆器的资料，特别是第一号墓出土有西汉初完整的兵器组合，还有一件木筒中储存的铁铠甲，它也是迄今出土年代最早的西汉铁铠标本，虽已散乱，但甲片形制的测图也很重要。当我收到作者补来的甲片测图等必要资料不久，作者突然来考古所找我，他非常为难地说：最近有一个姓朱的人去安徽，说他代表文物局，告诉他们阜阳双古堆汉墓的简报只能在《文物》月刊发表，不能在别的刊物发表。因此他们的领导很为难，派他来商量处理办法。我无权决定，就去请示夏先生。夏先生嘱咐我不要让地方同志为难，简报就让《文物》去发表吧！我们已经编辑加工的稿子，如他们需要也可以提供给他们，可以让他们省点事。只是严敦杰先生的文章，还是如约在《考古》发表，不必转给《文物》，那是因为对严先生的尊重。我将夏先生的意见转告简报作者，他们对夏先生的关怀非常感动。遗憾的是后来《文物》发表的简报仍是作者的初稿，缺乏许多该补全的资料，至今几十年过去，看来也不可能再有正式报告发表，作者当年补来的那组铁铠甲片测图等资料仍存在我处，无法提供给国内外的研究者，这就是某些缺乏编辑道德的人对学术研究造成的恶果。

上述两个事例充分显示了夏先生的学者胸怀和气度，也充分表现出他对读者负责的态度，是值得从事考古刊物编辑工作的人认真学习的。

除了编辑工作方面的教导外，夏先生对我的学术研究更是给予了许多具体的指导，并且他一再嘱咐年轻人应该对自己要求严一些。在上世纪七十年代恢复评定职称时，他不止一次告诫我，在考古所作为助理研究员，至少应当具有相当于其他单位副研究员的水平，而不应计较别的。在学术研究方面夏先生对我帮助最大的一次，就是在我写《中国古代的甲胄》时对我的指导。在我个人的学术里程上，两篇文章的发表具有里程碑式的意义。前一篇是在北大学习时宿白先生指导写的学年论文《高句丽壁画石墓》（后发表于《文物参考资料》一九五八年第四期），通过那次写作，宿先生教会我如何进行学术研究和撰写论文，引导我步上考古研究的旅程。后一篇就是《中国古代的甲胄》（原刊于《考古学报》第一期和第二期，修改后收入《中国古兵器论丛》），则是在学术上趋于成熟的标志。那篇论文的初稿是经夏先生审阅，并在他的具体指导下完成的。我在写初稿时，总想表现出自己掌握的材料如何全面，对文献的考查如何周到，什么都想写上，于是字数很多，文章显得臃肿不堪。夏先生很尖锐地指出写论文不应停留在“长编”的阶段，不能只罗列资料，必须论点突出，按照他的意见改写后果然面貌为之一变，提高了论文的学术水平。对于这样的修改，夏先生感到满意。后来他审阅我写的《日本古坟时代甲胄与中国古代甲胄的关系》一文时，他还提到对《中国古代的甲胄》一文的改写，认为是因为我听了他的话才写成功的。事情正是这样，《日本古坟时代甲胄与中国古代甲胄的关系》一文，也是按照夏先生的具体意见修改后，才有了发表时的面貌。现在夏先生仙逝多年，再也无法聆听他的教诲，但夏先生对我那两篇文章写的长篇的意见，我至今保留着，每看到它们就想起先生对晚辈的关怀和期望，鞭策我学习先生忘我的治学精神去尽力工作。

〔附记〕

本文据原刊登于《文物天地》一九八六年第五期的《引导我走上考古研究道路三位老师》一文中讲述夏先生的部分补充改写而成。

本文原载《夏鼐先生纪念文集：纪念夏鼐先生诞辰一百周年》。

缅怀尊敬的夏鼐先生

郑振香

一

我第一次见到夏鼐先生，是在一九五二年。北京大学历史系创办考古专业，所开第一门考古课程，就是夏先生讲授的考古学通论。有幸聆听夏先生的亲自授课，同学们都非常高兴。考古教研室也很重视，派刘慧达认真记录，经夏先生审阅后，油印成讲义，发给大家。据我回忆，夏先生首先讲考古学的定义和重要性，并以埃及考古学的重大发现为例，阐明考古学对古代史研究的意义，使同学们对考古学科有正确的认识。对中国的金石学与近代考古学的关系和主要区别，也说得十分清楚，金石学是以有文字的遗物为研究对象，又被称为铭刻学，考古学则是研究古人类留下的一切人类创造的物质文化，他所讲内容都很具体，易于领会。关于田野发掘中注意观察现象，夏先生讲到出国留学前去安阳实习，参加侯家庄西北岗殷代王陵区的发掘，梁思永先生让夏先生不要挖大墓，说挖大墓长时间看出土，还是发掘小墓有较多的动手机会，观察现象的机会也多，有利于提高田野发掘技术。文化遗存，无论有字无字都要收集，并且要采集人骨和各种动植物标本，作为研究对象。

夏先生在讲述考古调查发掘的基本方法和要求时，特别强调亲自动手、随时记录。调查时，发现遗址要用小地名命名，记下大致范围、面积，以及最邻近的标志物，如有特点的房屋、水井等，便于日后复查。发掘遗址时，要经常查看出土的陶片，注意有没有扰乱现象，先挖掉晚期遗存，弄清楚是什么时期打破的。发掘墓葬时，要注意墓葬填土陶片提供的线索。夏先生以自己当年在甘肃发掘齐家墓葬为例，在齐家文化墓葬填土中发现彩陶片，断定“彩陶文化”的年代早于齐家文化，从而订正了瑞典学者安特生的错误。当时夏先生对我们这些初学者，并未做更深层的介绍，没有阐述甘青地区的彩陶与河南渑池仰韶村的彩陶有所不同，也没有提到马家窑文化的命名，这应是因材施教吧！夏先生授课时，对当时的仰韶文化、龙山文化，安阳殷墟的发掘，宝鸡斗鸡台的发掘，都有比较深入的分析，使同学们对中国考古学的现状有一个概括的了解。聆听夏先生讲授的课程，初步领会考古学的基本知识，特别是他重视田野工作的谆谆教诲，对同学们影响很深，为后来多数同学坚持田野工作奠定了思想基础。首先由夏鼐先生讲授考古学通论不但是我们这批学子的幸运，也为日后的北大考古专业开了个好头。

二

一九五二年起，文化部、中国科学院和北京大学联合举办了四届考古训练班，为全国各地的文物单位培养田野考古人才，我有幸参加了第一、二两届训练班学习和工作。训练班开设的各门课程，大多由著名专家讲授。课堂教学结束后，又进行田野考古实习。

第二届考古训练班的田野考古实习，发掘的是洛阳烧沟战国墓，由夏鼐和裴文中两位著名考古学家前往实地指导。夏先生先去，大概在工地半个月时间。夏先生对实习抓得很紧，以身作则，和学员们一起上下班。夏先生亲自指导学员测量实习，有的学员看到夏先生的操作情况，赞不绝口地说“夏所长的记忆力真好，一次能记几个点”。夏先生的勤奋和负责精神，给学员们留下很深的印象。

两周过后，裴先生来了，夏先生要回北京，恰逢中秋节，训练班开了一个欢迎和欢送的茶话会。会上，学员们称赞夏所长做事认真、平易近人、关心学员。有不少学员说，这段时间学到不少田野发掘的基本知识，今后一定好好工作，学习夏所长一丝不苟的敬业精神。大家对夏所长依依不舍，留恋之情溢于言表。夏所长以吃月饼为例，很有风趣地说：“我再给大家讲讲划分地层，这个月饼可以分成上中下三层，如果有同学说，我还不明白，再讲一遍吧！不成，月饼吃掉了，明年中秋节再讲吧！”从会上的气氛不难看出，夏所长有很强的感召力，虽然与学员们相处的时间不长，却得到大家的真诚拥戴。

三

一九五九年，我由北大历史系考古专业研究生毕业后，分配到考古研究所，当年去洛阳工作。一九六〇年秋，夏所长去考古所洛阳工作站视察。夏所长在工作站看过偃师二里头出土的陶器之后，便提出去二里头遗址看看。当时工作站没有汽车，去二里头要先乘火车到首阳山车站，再步行十多里路，然后坐摆渡过河。夏所长得知这一情况，连说“没有关系”。第二天我便陪夏所长前往二里头，从首阳山火车站出来便是一条较宽的土路，夏所长走路很快，大约走了一个小时到达洛河，过河就看到发掘工地了。夏所长说先到工地看看，当时发掘面积不大，但揭出的文化层还比较清楚。夏所长仔细看过发掘现场之后，又到发掘队住地，观看按照三个发展阶段上架的标本。夏所长说，你们已经复原了不少陶器，所有的陶片都不要处理，还要做进一步整理。看完标本之后，夏所长和大家一起吃午餐。那时正是三年困难时期，只有青菜，夏所长全不在意，边吃饭边说，这个遗址的面积很大，先由边缘发掘，弄清楚文化层的堆积状况，为以后开展工作打下基础。饭后，夏所长没有休息，又去遗址周围巡视，了解遗址的范围和地貌，并与队里同志交谈，下午乘五点多的火车返回洛阳。当时，探索夏文化已是考古学界的热点，夏所长从二里头回来后曾说:“无论是夏文化还是商文化，这里都是一个重要的遗址，要坚持做下去，目前经费紧，先小规模发掘，等情况好转后进一步开展工作。”这是那段时间夏所长唯一一次去洛阳视察工作，他能够到二里头工地现场指导，更让同志们喜出望外。

夏所长对二里头遗址的重视是一贯的，后来在二里头附近发现保存很好的偃师商城，据我所知夏所长发表过两点意见：一点是，不赞成命名为“偃师商城”，他说如果偃师再发掘一座商城怎么命名呢?认为用“塔庄商城”为好;另一点是，无论如何二里头仍是一处重要的遗址。夏商周断代工程启动后，要确定夏文化，二里头遗址成为大家关注的焦点，成为研究这一阶段考古最典型的遗址。由此可见，夏所长的超常见识和判断力，在遗址刚开始发掘时，就预见到它的重要性，可谓有先见之明。

四

一九六二年五月，我离开洛阳到安阳工作。初到时，主要是参加田野发掘，整理资料，逐步熟悉情况，都是基础性工作，很少向夏所长请教。

一九七六年夏季发掘妇好墓期间，我们多次向所里汇报。所里曾派郑文兰同志去安阳，清理已经取回工作站的象牙杯等文物，并用石膏将其固定，为日后的修复创造了有利条件。发掘结束后，所里又派王世民同志专程去安阳，详细观察妇好墓出土的大量器物。所领导全面了解该墓的情况后，随即派技术室的王㐨、王振江等同志前往考察出土青铜器的状况，为进一步安排修复工作进行准备。

令人高兴的是此后不久，夏所长乘南下开会返京之便，邀冶金专家柯俊教授一道抵达安阳。两位前辈观察妇好墓青铜器时，柯老提出这批青铜器要好好化验合金成分，夏所长深表赞同，当即要求我们在修复前取样，并且提醒:“要在不明显的部位取样，不要在完整器物表面钻孔，补起来的孔眼很难看。”当时，我们正忙于拼对破损的铜器，寻找铜器上的铭文，还没有考虑到化验问题。两位师长的教诲非常及时，我们立即动手取样，从拼对成形的铜器中选取小块碎片作化验标本，既为化验当时的合金成分提供丰富的资料，也避免了对文物的损坏。夏所长看过妇好墓出土的器物之后，还曾去该墓所在地观看，仔细考察该墓在殷墟的位置，当天返回北京。

妇好墓发掘后的初步整理告一段落，我于七月中旬回到北京，没过几天就发生了“7·28”唐山大地震，北京有较强震感，一时抗震成了当时的中心任务。情况好转后一天，夏所长在抗震棚中主持的会议上，提出大家要振作精神，努力工作，安排具体工作时提到妇好墓的整理。夏所长说，要尽快整理，先写出比较详细的简报，在《考古学报》上发表，要求得相当具体。于是我和陈志达于八月八日回到安阳工作站，投入妇好墓资料的整理，先将墓葬形制、文化遗物中的玉石器等完整器物写出来，又将保存较好的铜器做成卡片，为撰写简报做好准备。

大量青铜器的修复工作，因地震的影响，迟至十一月中旬才决定运回北京。当时考古所技术室的条件较差，王孖、王振江、白荣金等同志发挥智慧和拼搏精神，不顾疲劳、不计报酬，长时间加班加点，大约半年的时间就以精湛的技术，将众多大型青铜器，以及三件象牙杯，基本修复完毕。负责绘图、照相的同志，同样认真负责，出色地完成任务。考古所技术室团队的敬业精神，是与夏所长严格要求的传统分不开的。一九七七年七月至九月，妇好墓出土文物作为考古所“考古发掘展览”的重要组成部分，在中国历史博物馆公开展出，十月发掘简报在《考古学报》发表，上距妇好墓发掘结束不到一年半的时间，进度之快实属前所未有。

正式发掘报告于一九七八年十一月完成后，开始将书名拟定为《殷墟五号墓——妇好墓发掘报告》，编辑同志说不成，书名没有这样加副题的先例，于是我便请示夏所长，他看后表示与王仲殊同志商量后再定。不到半个小时，夏所长来我们办公室，说“就叫《殷墟妇好墓》”，可见夏所长办事的认真。

五

一九八二年九月，美国张光直教授斡旋的商代文明国际研讨会，在夏威夷召开。与会者除美国学者外，以中国海峡两岸为多，大陆前往参加的阵容庞大，有夏鼐、胡厚宣、张政烺，还有社科院考古、历史二所，北京大学中文系，吉林大学历史系等单位的中青年学者，共计十余人；台湾前往参加的，有高去寻、张秉权及若干中青年学者。

会上涉及的问题较多，有些是见解不同的具体问题，例如盘庚迁殷还是武丁迁殷、“历组卜辞”的年代等；有深意的是张光直提出“中华民族何时形成”的问题，但没有人发言，个别学者说了一句“在秦汉吧”，也无人应答。当时海峡两岸的中国学者都比较拘谨，没有人随便讲话，这个问题也就没有讨论下去。后来张光直在闭幕式的发言中，又讲了一句发人深省的话“商代文明的研究到了一个转折点”，下面的话大意是关于研究的深入。我感到，这与他在会上提出“中华民族何时形成”的问题，是相关联的。

夏鼐先生在学术问题上极为敏感睿智，虽然没有对张光直的问题发表意见，却是胸有成竹。到一九八三年，夏先生应日本广播协会的邀请，前往日本做三次公开讲演，其中一次讲演的题目是《中国文明的起源》。这是一个新颖的重要课题，新中国成立以来还没有人郑重提出过，一经提出便受到历史考古学界及相关学科专家的普遍关注，迅速将中国考古学研究引向深入。

六

夏鼐先生不仅天资聪颖，而且勤奋得令人敬佩。一九八三年五月，夏先生在郑州主持召开考古学会第四次年会之后，返京途中于十七日晚在安阳下车，十八日上午来到考古所的工作站。我们知道，夏先生这次是为了观看存放在那里的殷代玉器，就将留存在安阳的殷代玉器，用纸盒摆放在工作室等待。我们与夏先生见面后，请他喝茶，他放在那儿没动，就转身进入工作室，一件件仔细观察、认真记录。年过七旬的夏先生，竟然整个上午没有喝一口水，直到吃午饭才暂时停下，中午没有休息，仍继续观看。这一天，夏先生看了妇好墓出土玉器二十四盒、十一号墓出土玉器两盒，共计一百四十六件。后来，他又看了小墓出土五盒，主要是想考察小墓中的所谓圭、璋究竟是什么器物，看到它们都有加柄的痕迹，因而确认都是玉戈的粗制品。

十九日，夏先生由杨锡璋同志陪同去安阳玉雕厂，了解该厂所用原料的情况，参观碾玉车间、磨光车间和制品陈列室，并与几位老师傅座谈殷代玉器问题。下午还参加安阳市党政领导召开的会议，商洽殷墟保护等问题。两天的活动安排得十分紧凑。

夏先生于十九日晚离开安阳的时候，我们派徐广德同志陪同返回北京。事前，已任考古所所长的王仲殊先生对我们说，不要让夏先生知道派人专程送他回京，那样他会拒绝的。所以，我们就谎称队里有些事情，需要徐广德回去办一下，夏先生没有异议，就成行了。

七

夏先生不再担任考古所所长职务以后，仍然关心所里的各项研究工作。一九八五年初的一天，夏先生与我说起，应该编写一本关于殷墟发掘六十年来发掘与研究成果的论著，并且说，三十年代发掘的资料，大部分已经发表，将过去的发掘资料与一九五〇年以来的发掘资料放在一起，写成一部综合性考古学专著，不仅是考古工作者的迫切需要，也将受到历史学界的欢迎。我听了夏所长的话，觉得编写这样一部书，虽然工作量较大，但是很有意义，应该努力完成，当年便列入第二研究室的工作计划。

开春以后，我们回到安阳工作站，当即与杨锡璋、陈志达、刘一曼、杨宝成四位同志商量，他们都极表赞同。于是由杨锡璋同志起草一份编写大纲，明确书名为《殷墟的发现与研究》，内容是总结殷墟发掘近六十年的发现与研究成果（资料收至一九八六年，新的重要发现尽量收入），大体包括：殷墟发掘的意义，殷墟的范围与布局概况，殷墟文化的分期，重要遗址概述（宫殿、宗庙、王陵、手工业作坊与平民墓葬等），出土的文化遗物如甲骨文、青铜器、陶器、玉石器等，以及对考古资料所见殷代生产状况、社会性质、与周边地区文化交流的探讨。经讨论确定后，根据个人近年工作与研究情况进行了分工，要求大家在基本问题上力求一致，如殷墟文化的分期采取四期说，至于各部分的具体问题则尊重执笔者的意见。

正当我们基本确定该书的编写大纲，准备送请夏鼐先生审阅，争取更多指导的时候，谁能料到，他却突然撒手人寰，匆匆地走了。夏先生这位杰出的考古学家，为中国的考古事业贡献了毕生精力，为后辈留下了丰厚的学术遗产。他晚年的力作《中国文明的起源》一书，为中国考古学的发展指明了方向。宏观的学术问题，必须有微观的积累。中国文明的起源问题，必须从时空上多视角、多方面进行探索与研究，商王朝是中国文明起源过程中的重要环节，夏先生企盼我们写出总结殷墟发现与研究成果的专著，必将有其实际意义。撰写尚未真正起步，竟然失去尊敬的导师，我们在悲痛与彷徨之后，振奋精神，努力工作，于一九八八年完成了老所长生前交付的这项任务。后因故拖延，二〇〇四年终于出版。这是对夏先生在天之灵的告慰。

夏鼐先生离开我们已经二十多年了，当我们忆及他在不同时期的言行，他的音容笑貌，依然历历在目，犹如昨日。这位考古学大师的奉献精神，学术上严肃认真、一丝不苟的敬业态度，永远值得我们晚辈学习和传承。

本文原载《夏鼐先生纪念文集：纪念夏鼐先生诞辰一百周年》。

难忘的往事
——纪念夏鼐先生诞生一百周年

黄展岳

夏鼐先生任中国科学院（一九七七年以后为中国社会科学院）考古研究所领导期间，我是考古所的一名业务人员。又忝为他的一名学生。受先生提掖教诲，至今不能忘记。在先生诞生一百周年、逝世二十五周年之际，考古所拟出纪念文集，谨掇几页与我有关的难忘往事，聊表对先生的一片敬意。

一、首先让我想到的是听先生讲课和考取他的研究生的事。

一九五二年，全国高等院校调整，北京大学由北京城内迁西郊燕园（原燕京大学），史学系改称历史系，我自愿分在新成立的考古专业学习。夏先生当时担任考古研究所副所长，对北大新成立的考古专业给予大力支持。夏先生讲授考古学通论。我当时不能完全听懂他那浓重的温州口音。但他的广博学识，给我留下深刻的印象。一九五三年冬季，我们应届毕业生与第二届全国考古训练班学员一道去河南实习，听先生讲授田野考古方法，在先生指导下发掘洛阳烧沟战国墓和郑州二里岗商代遗址。一九五四年，我被分配到考古所工作，随后参加由先生组织的洛阳汉河南县城遗址的发掘，洛阳中州路东周墓的发掘，以及由先生直接领导的黄河水库考古调查，对夏先生的学识、人品又有进一步了解。

一九五六年，中央号召向科学进军，中国科学院招收副博士研究生，我便毫不犹豫地报考先生的研究生。录取后，按照他的要求，提交学习计划。有一次谈话，我问他："我应该研究什么？"他似乎感觉我的发问太唐突，不假思索地脱口反问："我怎知道你想研究什么？"我一时语塞，他发现我窘态，语气转平和道："考古研究着重田野工作。在田野工作中遇到什么问题就研究什么问题。"寥寥数语，我并不感到愉快，但引发了我对研究方法的思考。不久，"反右"风暴骤起，副博士研究生名存（保留工资打八折待遇）实亡（不再履行研究生学习计划）。随后，我竟因考研而背负"走白专道路"的罪名，连遭批判。我想不通，被迫向夏先生要求解除我的副博士研究生名义，恢复工资。先生表示同情，叫我找分管这件事的所领导，不料受到训斥。我十分气愤，不日又向先生重提这事。先生沉思片刻，无奈地说："外单位的研究生，可能也差不多。我不主张在室内读研究生。研究所其实就是搞研究的。考古研究主要在田野，你还是照常去田野工作，差的只是工资被打折。这事以后再看看，暂时忍辱负重吧！"先生坦诚相劝慰留，我不能再说什么，只好"认清形势"，悔恨自责，等待重新安排工作。在后来的考古实践中，我牢记先生的这两次谈话，把田野工作作为自己学术研究的立足点。在田野工作中，按照先生教导的田野考古工作方法操作，亲自动手，重视发掘现象的观察研究，及时整理资料，编写报告。发掘中遇到难题，就写信向先生汇报请教。让我高兴的是，先生总是及时回信，提出具体的解决办法，从不假手于人。先生叫我重视田野考古研究的教诲，让我如沐春风。我一生撰写的论著，基本上是我亲历考古工作的研究成果。这是我首先要向先生说声感谢的。

二、一九七二年初春，我由河南“五七”干校奉调返京，负责《考古学报》复刊的编辑工作。是时，夏先生获复出工作不久，未公开身份，实际上是负主编之责。他一面安排旧稿，一面对外约稿。复刊第一期上就有郭沫若先生的《古代文字之辩证的发展》和竺可桢先生《中国近五千年来气候变迁的初步研究》。二文均经夏先生亲自审读。先生在郭文末尾加了一段重要的“附注”（未署名），然后把二文交我编发。我发现竺文内引文有些错漏，征引的考古资料也有失误，向夏先生请求如何处理。先生叫我直接找竺先生商量，并立即与竺先生电话联系。我去竺家，说明来意。竺先生十分谦逊，说他家里只有一部《图书集成》，文中引文有错漏他知道，但无力去图书馆查对。我见竺老年事已高，居家养病，行动不便，表示愿意帮忙。他十分高兴，一再叮嘱“一切全权托付”。文章发表后，竺先生亲自给我写信，赠书，让他的秘书送到我手里。通过这件事，我体会到编辑工作的价值。只要认真去做，完全可以拓宽视野，增广知识，提高科研写作能力。因《考古学报》复刊初期为半年刊，刊期较长，工作量相对较少，适值马王堆一号汉墓出版任务紧迫，夏先生又安排我参加撰写《长沙马王堆一号汉墓发掘简报》(单行本)和修改《长沙马王堆一号汉墓》(专刊)。有一次，夏先生对我说：让你做编辑是暂时的，找到适当人选接替，还是让你去调查秦阿房宫、发掘汉长安城。可惜这件事后来没有实现。一九八三年，先生派我与广州市文管会合作，发掘西汉南越王墓，并亲临现场指导。以后的整理编写，也离不开他的指点。我在编辑室，按期编发稿件，兼做发掘研究，如此年复一年，直到年逾退休年限，自动要求退出。

值得一提的是，编辑工作并不轻松，来稿取舍是首先要解决的问题。《考古学报》来稿，一般由所内研究人员审阅，提出意见，然后由执行编辑裁定。对同一篇来稿，可能褒贬不一；发表后，评头品足。对于民族考古方面的文章和科技鉴定文章，要不要刊登，如何刊登，分歧尤大。遇到这类文章，我常常是写出自己的意见，然后送夏先生定夺。在一般情况下，他都会同意我的意见。有时他忙不开，就会说“你自己决定，只要不出政治问题，一般学术上的不同见解或不同的考古方法（指民族调查、科技鉴定），不要限制太多”。有先生“把关”“保护”，我工作顺心多了。只有一次遇上“政治问题”。那是在一九七六年九月毛泽东主席逝世后，听说全国各种刊物都要采用白色封面，封里加印大照片，加发两篇悼文，然后才能装订发行。我对“文革”中出现的过分个人崇拜，以及报刊上必须用黑体字刊登语录的做法，心存反感，现在又要让刊物充当新一轮个人崇拜狂潮，心里不愿接受，佯装不知道。编辑室领导见我不动，便主动找我，要我执行。我漫不经心地回应：“《考古》代表考古所两个刊物执行就可以了。”领导人看无法说服我，大吼道：“咱们评理去！”我说：“可以，就找夏先生吧。”夏先生听了双方辩白，淡淡地说：“由《考古》代表两个刊物执行上面指示也可以，《考古学报》已印好，只欠装订，就免了吧。”领导看落个没趣，悻悻离去。我心中暗喜，庆幸自己打了一场小胜仗。

三、夏先生对中国考古学的许多方面都有深入研究，尤其是对中国科技史和中西交通史的考古学研究，卓有成就。受先生的影响，我对冶金史的考古学研究曾产生兴趣。一九五六年考研时，先生出了一道“近年出土的早期铁器”的试题，我受到启示，便着手收集考古出土的早期铁器资料，写出平生第一篇论文《近年出土的战国两汉铁器》，送先生审阅。他用很多时间审核资料出处，批改论点，很快给予发表，激励我继续研究。经先生联系，让我去清华大学拜访张子高先生，向他请教金属冶炼问题。在张先生处，结识他的学生杨根、华觉明，请他们鉴定几批早期铁器，我也学到一点冶金常识。不久，全国掀起大炼钢铁运动，我利用去云南协助云南省文化局办文物考古训练班的机会，奔赴罗次县山区调查古老的炼铁炉，考察其冶炼过程，写出《云南土法炼铁的调查》。一九七二年，河北藁城商代遗址中发现一件铁刃铜钺。铁刃经冶金部钢铁研究院化验，初步认定是人工炼铁。消息传开后，在当时的政治气氛下，被广泛宣传中国商代已进入铁器时代。当时先生身处逆境，仍然关心这件事。他怀疑铁刃可能是陨铁制品，在发表这一消息的文章末尾加了编者“读后记”，指出此事应慎重，“有待进一步的分析研究”。为彻底弄清真相，先生特邀北京钢铁学院冶金史专家柯俊先生来所。承先生引荐，让我认识柯先生及其学生韩如玢、孙淑云等。在他们的指点下，我阅读冶金史方面的书籍，收集中外陨铁制器资料，了解陨铁制器与人工炼铁的区别，柯先生写了《关于中国开始和使用铁器问题》和《陨铁制器与人工炼铁》。两文均送夏先生审阅、修改，很快得到发表。

四、在中西交通史的考古学研究方面，我感触最大的是先生十分关心泉州宗教石刻资料的编写出版，及增订本的编写再版。一九五四年，夏先生从郑振铎先生口中获知，泉州吴文良先生收集一大批宋元时期以伊斯兰教为主的各国宗教石刻。一九五五年春节，我请假省亲向先生辞行。先生知道我与吴文良先生同乡，叫我前去拜访，了解吴先生收藏石刻的数量、内容、整理情况，以及有无出版价值等。我返所后向先生汇报，建议请吴文良来所编写。先生表示同意，很快去信邀请。在先生和陈梦家先生的指导下，一九五七年，《泉州宗教石刻》顺利出版。一九六五年，夏先生在与吴文良的通信中，提议增订原著，要求吴先生增补新收石刻资料，扩大研究课题，提高研究水平。吴先生非常高兴，随即着手准备。孰料吴文良在“文革”中惨遭迫害致死。“文革”末期，夏先生恢复人身自由，重新主持考古所工作，当他获知吴先生被迫害惨死，曾表示无比愤慨，嘱我转告吴文良家属设法抢救文良先生遗稿，准备将来增订出版。经我多次联系，得知吴文良之子幼雄可以继承父业，续成遗著。我向先生汇报，先生表示满意，于是在一九八〇年邀请幼雄来所进行这项工作。幼雄来所增订原著期间，又得先生随时指导，编撰得心应手，进展顺利。书中古阿拉伯文的释读破译，经夏先生推荐，由华维卿先生担任，也取得圆满成果。一九八一年，增订本初稿基本完成，先生同意为增订本写序，撰写《两种文字合璧的泉州也里可温（景教）墓碑》一文，以示祝贺。后来因补拍石刻照片事，遭到接受吴文良捐献石刻单位某些人的阻挠，增订书稿被迫搁置，直到二〇〇五年才出版，这时先生已下世二十年。夏先生自始至终关心和指导《泉州宗教石刻》的编撰，并参与研究，如果没有他的关注安排，原著的出版和增订本的编撰，都难于实现。

五、夏先生关爱后学，引介名师的行为，在同辈学者中是少见的。先生带我拜谒顾颉刚先生、夏承焘先生，令我感念不忘。顾先生（1893—1980）是“古史辨”派的创始人，夏先生（晚号瞿髯，1900—1986）是当代词学宗师。我久仰二位先生大名，但未敢奢望拜识。

夏先生引我拜谒顾先生，缘于“王莽九庙”的考订。一九五八年至一九六三年，我主持发掘汉长安城南郊礼制建筑遗址群，其中有一组由十二座建筑遗址组成的建筑，我推测它是王莽九庙。据《汉书·王莽传》所载的九庙庙号，考订王莽九位先王应分属其中的那九座遗址，对多出的三座遗址，拟定是王莽为他的三个远祖立庙，但自感论据不足。我将自己的设想和草稿送夏先生审定。先生认为这是个大问题，牵涉到汉代礼制及其建筑形式等诸多问题，要我找顾先生请教。还说，顾先生和他同住干面胡同，距离很近，可以带我去。我喜出望外，一口答应。当天晚上我随先生步行到顾宅。夏先生以师礼事顾先生，向他简单介绍我们在汉城南郊的考古发现以及要请教的问题。我向顾先生面呈发掘报告初稿，并谈了对王莽宗庙设想复原图的构思。我汇报时，夏先生一直坐在顾老旁边，听取顾老对我设想的王莽九庙复原图的意见。夏先生尊师爱生的行为，让我大受感动。后来我又多次到顾宅拜谒，顾老经反复思考，为王莽九庙提出另外一个设想复原图，亲自墨绘草图送给我，让我顺利地写出《关于王莽九庙的问题——汉长安城南郊一组建筑遗址的定名》一文。

拜谒夏承焘先生则缘于我对古诗词的爱好。一九七七年初夏的一天，我因编辑事到夏先生办公室，偶然在他的茶几上看到《瞿髯词》《瞿髯诗》油印本。我信手翻阅起来，没想到这一举动引起夏先生的注意，问我是否认识夏老。我摇摇头。他说:“这两本油印诗词是去年七月唐山大地震后，夏先生客居长沙时自费雇工刻印的。不知道你爱读诗词，如果你愿意，我可以引见。”先生愿意引见，让我受宠若惊，当即约定时间同去夏寓。夏先生对这位年长他十岁的同乡词人，执礼甚恭；对瞿翁晚年伴侣，同是诗词名家的吴无闻女士，亲切问候。从此以后，我常登门求教，瞿翁在无闻女士陪同下，也常到我宿舍坐谈。瞿翁对唐长安里坊布局及唐诗人在里坊的住处非常关心，多次垂询唐城考古是否有新发现，把新发现补入他的《唐代诗人长安事迹图》中。有一次，我向瞿翁请教作词的诀窍。他说:“不难，我包你三天学会。”他的近似戏言的允诺，我并不诧异，相信他必有“绝招”，倘得指点，将受用不尽。可惜我忙于本职工作，瞿翁亦日见老耄健忘，便不敢再提这事。一九八六年瞿翁仙逝，无闻女士为他做了两项事：一项是将瞿翁灵骨安葬浙江淳安千岛湖畔羡山之麓；另一项是整理瞿翁遗稿，准备出版《天风阁学词日记》。为此，我写了《瞿髯翁和瞿髯词》记其事。想不到无闻女士在安葬瞿翁之后亦随之驾鹤西归。为了留住这段近似传奇的知遇之交，我又写了《夏承焘与吴无闻》悼念之。

六、夏先生学识渊博，治学严谨是出名的，所里中青年研究人员，都欢喜把自己的文章，先送请他过目，然后送出去发表。我也是这习惯。先生对送他审读的文章，总是认真批阅，把意见用钢笔写在行文内或文稿两侧，密密麻麻，如同批注。

大至文章论点，引文出处，小及标点符号，都不放过。大家都多称他“夏先生”，而不以“夏所长”名之。表示同他是师生关系，而不是官民关系。

在生活方面，先生的艰苦朴素也是有名的。听说他的住房条件在同级别的所长中是偏下的，他从无异议。后来听说上面要他搬住高档的专家楼房，他没有同意。先生长期固守旧居，步行上班，此时家人可能有些怨言。记得一九八三年冬季，我在广州整理南越王墓资料，适值先生偕师母从香港来广州。广州有关部门让我陪同先生参观考察。在车内，师母问我：“房子分到没有？”我说：“没有。”先生听了，诘责师母道：“他（指我）还没有分到，你急什么？”师母不服，二人分辩起来，我沉默听着，一言不发。所里分房不公平，积怨很深，先生也有所闻。在这次分房后不久，我萌生调离考古所的打算。先生知道后，对我严加批评：“你还没有住到马路边，就忍受不了了！所里的研究条件，比你想去的地方好得多，你要先看看这个优势。”我又一次无话可说，只有感愧。

先生为人正直，秉性耿介，严以律己，亦严以待人。严以律己，受到人们景仰，树为楷模，愿以师事之。严以待人，效果就不如严以律己，有时还可能带来负面效应。在无产阶级专政年代，人们的社会地位、各种待遇，千差万别。人际关系被扭曲，缺乏平等交流的平台。先生贤者，也免不了遭遇表面喁喁、背后微词的回报。不知先生生前是否有所闻？苟有所闻，恐怕也听不进去。这是那个历史时期的烙印使然，似无须“责备于贤者”。假如先生今仍健在，可能也会“与时俱进”吧。

二〇〇九年五月十五日

本文原载《夏鼐先生纪念文集：纪念夏鼐先生诞辰一百周年》。

永远怀念敬爱的夏所长

仇士华　蔡莲珍

夏鼐所长已经过世二十多年了，但他的音容笑貌依然亲切地留在我们的记忆里。跟随夏所长二十多年，他在我们的心目中，早已超越了一般下属对领导，学生对老师的敬畏和尊重，而是子辈对长辈的崇敬和亲切，使我们心甘情愿地为考古年代学奋斗终生。我们的成长和发展，离不开夏所长的栽培与关爱。他对事业高瞻远瞩，对人才爱护备至，像普通人一样生活工作，待人宽厚仁慈，为新中国考古事业呕心沥血，奋斗一生，值此百年诞辰，往事历历在目，记忆犹新。

一九五九年初我们调到考古所工作。二十多年以后的一次学术会议上（一九八〇年第一次全国碳 -14 会议），夏所长讲述了当年调我们来考古所的过程，后来几乎众所周知了。回想当年，我们是中科院物理所的右派，刚从下放劳动改造的农村回所，受着严格的人身控制。尽管我们没日没夜地泡在实验室里制作仪器，也难逃随时有无缘无故的谩骂和侮辱。怀着惊恐迷茫的心情，来考古所上班第一天，在所长办公室见到了夏所长。他简单明了地交代了建立碳 -14 实验室的任务，给了我们一本碳 -14 创始人利比的著作。接着就像对待一般工作人员一样，带领我们到考古所各有关科室走了一圈，把我们介绍给大家。那天，我们得到久违的人格尊重，心情平静了许多，就一心一意钻研那本书。

碳 -14 测年技术就专业来说，属于核技术和平利用范畴，当时仍处于先进技术阶位。在考古所建立碳 -14 实验室，物质条件的困难是可想而知的，即使创建普通的实验室也阻力重重。夏所长对我们提出的要求总是十分理解，为我们排忧解难。无论是所内或所外可以办到的事，他都会为我们创造条件，鼓励我们去做。一九五九年下半年我们撰写了调研报告，夏所长立刻批交《考古》编辑部发表，由于我们当时还未摘右派帽子，延迟到一九六二年八月才在《考古》发表。

一九六〇年以后考古所和中科院地质所合作建室，条件逐步成熟，我们就不分昼夜地干了起来。自己设计制作多种电子仪器、计数管、真空系统，加工半成品宇宙计数管等，明显有了进展。但当时的政治环境仍然是严峻的，干扰不可避免，而实际工作需要不停顿地操作，不能靠“大跃进”说完成就可以完成的。夏所长和所领导的理解和支持，给了我们不可或缺的客观环境。具体事例不胜枚举，我们不会忘记。夏所长对我们的工作十分愉悦和赞赏，毫无忌讳地公布我们的工作成果，一九六二年九月他在《红旗》杂志上发表的《新中国的考古学》一文就曾提到，在考古所建立的实验室中，由原子物理学家充分运用同位素碳-14去推断古物年代，还将我们在实验室里工作的照片，对外展示。甚至经常有国外非考古专业的专家来实验室参观访问，一时间成为外国学者了解中国原子能研究水平的“窗口”。而当时我们仍然是摘帽右派，多年以后，还曾被禁止上镜。夏所长这样做要为我们担多少风险，至今想来依然令人有心存余悸之感。

出于条件不足，我们第一次实验设计因为计数管本底很高，一九六二年完成试运行后，我们认为指标不能满足考古应用，就当机立断中止了试验。第二个方案做了改进，估计能够达到世界一般先进指标。但外部的干扰仍难避免，参加“四清运动”，工作人员下乡，实验被迫停顿。有的领导不耐烦了，动起了要将我们调离的想法，我们是无能为力的，后来此事没有下文。有的同志告诉我们，夏所长对我们非常信任，对我们的支持是坚定不移的。一年以后，一九六五年十一月我们完成了第一次测试，有信心地宣布实验室建成了。一九六六年初完成了几个标本的盲测，随后测了一批重要的考古年代数据，正式得到考古学家的认可。夏所长在交代继续测试考古重要标本的同时，立即着手成果上报、总结经验等事宜，并请中国科学院院部领导和郭沫若院长等来室视察。为了这一天的来临，我们努力工作了五六年，但这个成果却不是仅凭个人努力工作就能得到的。没有夏所长的高瞻远瞩，没有科学院、考古所有关党政领导的宽容和支持是绝不可能的。

当时“文化大革命”的熊熊烈火已经在全国遍地燃烧，考古所无法避免，所有业务工作全停止了。实验室也不例外，一切都停止了。直到一九七一年八月我们才重新踏进实验室。

一九七二年恢复工作以后，实验室测试逐步进入正轨，虽不时还有如“批林批孔”运动要中断工作。夏所长在考古所，甚至考古界是以擅长自然科学知识著称的。我们是从事自然科学专业的，对夏所长的博学确实非常敬佩。之前，许多应用部门的学者，同夏所长一样，发表过介绍碳 -14 测年文章。我们从专业的角度读夏所长的论述时，深感他对学问的严谨，专业知识的钻研，非常认真。但他从不以自然科学专家自居，写有关碳 -14 应用的现状时竟然提出要和我们联名，写妥以后，一定要我们帮助校对数据。而当我们在翻译《非洲通史》有关科技考古的章节中，遇到考古问题去请教时，夏所长特别有兴致地和我们讲解，不厌其烦地帮我们解决问题。我们在考古所是孤零零的实验室，没有直接的业务领导，但夏所长给了我们许多专业性、方向性的指导意见。

“文革”以后不久，我们的右派问题得到了平反，工作更加勤奋和忙碌起来。夏所长在考古所里来回走动的身影也更加频繁，他经常路过我们实验室，匆匆而来，匆匆而去。时而送来一些看到的国外资料，时而提醒一些我们该注意的问题、发展方向、近期业务上的要求等。

编撰《中国考古学中碳 -14 年代数据集》一书的资料积累，也是依据他的建议才开始的。至于怎样向科技考古方向发展，不断引进其他先进科技方法为考古工作服务，夏所长也经常有具体的指点。夏所长还对我们实验室做出了具体的规定，如：实验室工作要面向全国考古界；所有数据只要是我们认真对待，实事求是做出来的，一律照发不误；为尊重提供者的研究要求，数据提交以后，推迟一年正式发表，没有例外。当我们工作有了出色的表现，夏所长更加喜形于色，申请国家奖项就是他最早提醒我们的。国内对碳 -14 测年的应用日益普及，实验室多了起来。对于其他实验室的不足，他同样要求我们关切，以至多少年后，我们实验室成了同行中一个“有问题可以随时来问，紧缺材料可以随时来取”的实验室。夏所长的支持和鼓励，一直是我们不断进取，不断克服重重困难，勇往直前的动力。

尤其令我们崇敬和仰望的是夏所长始终以一个普通人身份对待生活和工作，平凡而又伟大。上班时间他认真地接待世界各国来的外宾，讨论全国重要的考古建树。下班以后，他会去商店买面条，和普通人一样排长龙，购买必需的配给品。有一回，他的孙女找不到能接受的托儿所，因为当时这类问题都是需要通过关系才能解决的。他不断找托儿所，却久久未能解决。我们听说后，正好有位邻居在幼儿园工作，这才进了园。这类也许一般人会认为是易如反掌的问题，反倒成了夏所长的难题，这种反差，只能使我们更加肃然起敬。

虽然夏所长离开人世已经二十五年，但直到今天他的治学严谨、为人厚道、考古界泰斗的光辉形象，仍然留存在人们的心中。

敬爱的夏所长，我们永远怀念您！

本文原载《夏鼐先生纪念文集：纪念夏鼐先生诞辰一百周年》。

华罗庚、夏鼐两同志回想记

刘大年

华罗康同志、夏鼐同志溘然与世长辞。它们都来得那么突然，在时间上又那么相近。

华罗庚、夏鼐这两个名字，在国内外学术界同行里面，自然没有人不熟悉。在国内群众中，只要提起他们，很多人马上可以告诉你，一个是当代杰出的数学家，一个是当代杰出的考古学家。这是两个莹莹然有光的名字。

照我的水平，对于他们两位所从事的学术研究，或者缺少起码知识，或者只有一知半解，没有什么话好说。但由于我们先后在中国科学院和后来的中国社会科学院工作，有许多共事的机会。在长期的相处中，彼此颇能了解，现在不能不有许多回想。

不负党员名

与华罗庚同志交往，开始于五十年代初。一九五三年二月底，钱三强、张稼夫同志率领一个大型的中国科学院代表团访问苏联。团员里有所谓二十四教授，华罗庚同志和我都在其中。那是我头一次出国，华公知道我没有国外生活的经验，主动给介绍各种习俗、“规矩”。他说，中国前人讲，入境问俗，何况现在要“出洋”了。经过八九天火车长途跋涉，抵达莫斯科。第二天黎明，我还没有起床，房间电话铃响。一拿起话筒，就听见华说：刚才俄语广播，斯大林去世了。在火车上大家已经得悉斯大林病重，急于想知道究竟，华赶紧通报这一消息，表现了一种关切的情感。我们的访问历时三个月。当进行到后半段和回到国内以后，华和我分别得到通知：苏联科学院决定授予我们两个斯大林奖金。华得奖的题目是《堆垒素数论》，我是《美国侵华史》那本书。不久苏联废去斯大林奖金，给我们授奖的决定也就不了了之。华不止一次诙谐地说，我们差一点有“同榜之雅”。“文化大革命”中我成为打倒对象。华虽不能正常工作，总算是受保护的。一九七一年重又见面，他说，看到报纸上通栏标题的批判文章，替你担心，又说，他与住在北太平庄同一座楼的范文澜同志常常一起上街看大字报，揣摩形势，也谈到我的情况，应该有个了结。一九七五年以来，我们都在人大常委会工作，谈话的次数多了。前年是中国科学院代表团访问苏联三十年，他提议当年代表团的成员聚会一次，其他同志也赞成。由于大家太忙，不容易约集在一起，没有能够实现。

华罗庚同志入党，宣布要“不负党员名”，他是说到做到了的。今年二月间全国人大常委会开会期间，我们做过一次较长的谈话。我问他入党以来的生活，著作整理出版计划，在美国讲学的情况等。他说：自己拿教授、研究员最高级别的工资。入党以后，每月少领二十元，以示与非党员有所区别。手边整理好了的数学手稿，堆有一尺多高，但我不能出全集。苏老（指全国人大常委会委员、数学界前辈苏步青同志）是老前辈，他还没有出全集，我怎能出在他前面。国外不久前出版了一厚本我的数学著作。我国没有参加国际版税协定，人家出我们的书，送你一本，就算客气了。然后谈到夏鼐同志的近况。他说他在接受英国科学院授予院士的时候，曾向美方提出：美国科学院既然可以有中国籍院士，就不应只限于自然科学方面，也可以有社会科学方面的人。如果别的学科争议太多，考古学为什么不可以考虑？夏鼐就是适合的人选。现在美国科学院已经决定接纳夏为院士了。等老夏接受院士回来以后，建议社会科学院开个庆祝会。天天讲要重视知识分子，这也不失为一种表示。当时我说，夏鼐同志从事考古研究五十多年，按他的成就，完全值得开个会，热烈地庆祝。欧洲已经有几个国家授予他院士了，庆祝会不必用新得院士名义举行。华公表示赞成。他说开毕人大常委会之后要去河南一趟，等回京以后再约时间谈一次。但没有想到，这是我们的最后一次谈话。

应提高考古学的理论水平

夏鼐同志和我一直在同一个部门工作。一起编刊物，一起做科学院学部的工作，一起开学术讨论会，一起参加上面召集的种种会议，等等。不过关系密切，是在两次一同出国和“文化大革命”后期从干校回到北京以后。一九六三年，我们都作为中国科学代表团的成员访问日本。那时中国学者讲演，听众一般都很踊跃。唯独夏鼐同志的讲演，虽然内容专门，会场却是要买门票才能进去的。一九六五年参加巴基斯坦历史学年会，他提供会议的论文篇幅甚长，巴几家大报或摘要或几乎全文刊登。我们几次与美国教授、其他人员不期而遇。他随时介绍情况，使我们每次都能够应对得宜。“文化大革命”中一起下放到河南息县干校，编在一个连队，同灶吃饭。两三个月以后，他由郭沫若同志找个理由，叫回北京了。在那段时间里，他佳兴不减平日。周围有几处农村集市，每到星期天，只要附近某处逢集，他总会赶去，不辞远近。我问他哪里来那么大的劲头，他说干什么都得走路，这也是锻炼。言外之意，是打算今后再参加田野考古一类的工作。“批林批孔”中，忽然有人抓住他文章中的某句话，硬扣上反马克思主义的帽子，纠缠不休。他不服气，拿着文章来找我，想要知道客观的看法。我说文章没有错，反马克思主义的帽子戴不到你头上。别人怎么说，由他去。大风大浪都过来了，这点事，怕什么。他办公的地方和我的住处相隔只有几百米，工作中有些问题、有些情况常找我商量，交换看法。几年前，我问他是不是考虑到了“收摊”，即整理自己著作的问题。他说本来没有“摊”，也就没有什么要“收”的。当然也还是有一些计划想去实现。今年三月初考古学会开第五次年会，他派人打电话，希望我去参加。开幕式在北京大学举行。一见面，他就说：你给梅益（社会科学院党组第一书记）同志讲的华公的意见我知道了。华和你们都是好意，也不是为了我一个人。庆祝会要不要开，可以再考虑一下。总之是等等再说吧！听完他的开幕讲话，我提前出来了。往后再见过一面，但那已经是他躺在医院里的弥留之际。

夏鼐同志对党的事业、对人民的利益忠心耿耿。其为人也和易，很少疾言厉色。但他认为不对的事情，必定直言无隐。有些学习社会科学的年轻人忽视马克思主义理论钻研。经济改革中出现的不正之风，也影响到学术、教育单位。夏鼐同志不以为然。他在考古学会第五届年会的开幕讲话中，强调考古学要在马克思主义指导下，发扬实事求是的优良学风。他说，在学习马列主义方面，我们考古工作者，包括我本人在内，不是学得太多，多得消化不了，而是太少。我们要学习马列主义，坚持实事求是，提高考古学的理论水平。他说，有位朋友建议，考古学会可以开办文物发展公司，赚些钱，大家分奖金，公家也可以节省开支。然而这是不足取的。关于科学研究和个人经济利益的关系，最好看看发现放射性元素镭的居里夫人的态度。居里夫妇经过考虑，拒绝申请镭的发现专利，因此也就抛了一笔财富。居里夫人认为：忘我的工作使他们没有闲暇，也没有兴趣去谋求物质上的利益。申请专利当然不违法，但作为一个考古工作者、科学工作者，我们应该在精神上达到更高的境界。这篇讲话的中心思想，是强调学术工作者要有献身精神。现实的针对性很鲜明。不久《光明日报》全文刊载了。这是夏鼐同志生前发表的最后一篇文章，也是他留给考古学者和学术界的遗言。

华罗庚、夏鼐两位同志，一个数学家，一个考古学家。从专业上看，简直找不到什么共同之点。实际上，他们共同的地方，远远超过专业性的差异；而且正是那种共同性更需要人们加以重视。

两位存有共性的杰出学者

华罗庚、夏鼐都是在旧时代受教育和在学术上崭露头角的。但他们真正的发展和创造，是在社会主义的伟大时代里。社会主义事业的需要，使他们有了广阔的用武之地。华罗庚这时不但在数论研究上做出新的推进，写出一系列新的著作，而且创造性地把数学理论与生产实践结合起来，用数学来帮助社会主义经济建设。他的“优选法”“统筹法”就是这样提出和推广的。二十多年来，他走遍全国各省市和自治区，与广大工人、农民、科技工作者一道研究、讨论，使数学研究给经济直接带来效益。夏鼐最大量的考古发掘，也是这个时间里进行的。他的主要著作——从《考古论文集》所载的文章起，全部刊行于五十年代至八十年代。他主持和领导的一系列考古工作，如黄河水库等地区的调查发掘，都是社会主义建设的重要项目。他用很多精力参与的文物保护工作，使考古研究与社会主义文化建设、文化保护结合起来。社会主义与科学、科学家只有一致，相得益彰。“文化大革命”那种插曲，仅仅是表示社会历史前进的道路难免迂回不平，而绝非表示社会主义可以轻视科学，或不能促进科学。华罗庚、夏鼐又都是从民主主义、爱国主义者成为共产主义战士的。前几年我在一篇文章里讲过这样一段话：“文化大革命”十年动乱，全面内战；“四人帮”被打倒后，经过拨乱反正，社会主义又走上了蓬勃发展的轨道。就在这个时间里，一大批老一辈的民主主义者、老军人、著名科学家纷纷加入中国共产党，他们多半年届高龄，处于负责的和享有很高荣誉的地位。为什么这时还要加入共产党呢?道理很明显：他们以自己的丰富阅历、长期体验，确信共产主义是人类伟大、正义的事业，社会主义道路是唯一能够使中国走向繁荣富强的道路。爱国思想，追求真理的精神，决定他们要把自己献给这个伟大事业，并作为一生的归宿。这证明“文化大革命”带来的严重挫折，不但没有动摇社会主义，而且从反面考验了它的强大生命力。我这里说的一批科学家，其中就有华罗庚同志。夏鼐同志入党时间更早些。由民主主义者成为共产主义者，是一个很大的转变。按他们的情况来说，绝非取决于一时的念头。

两位专业相距遥远的杰出学者，其所以存在这样的共性，显然无法从别的地方，而只能从中国社会生活、当前的时代潮流去寻求解释。中国这个由历史原因造成现代科学文化相对落后的国家，从来没有像今天这样，给科学事业得到更快更好的发展，提供了有利环境、条件和充分可能性。这种发展是历史前进的客观需要，没有什么力量可以横加阻止。华罗庚、夏鼐只是两个人。但他们不是与周围社会生活没有联系的孤立的两个人。中国热爱社会主义祖国、有理想、有作为的知识分子千千万万。这些知识分子产生于当前的社会关系、时代潮流，又参加到一个更广大得多的人群里，推动这种关系和潮流奔驰前去。华罗庚、夏鼐的共性，也正是这千千万万知识分子的共性。但他们是其中的杰出者、佼佼者。他们比大多数人造诣更深，作用更显著。他们的成就和行动，因此也就能够更集中、更显著地反映社会主义制度的优越性、必然性，反映我国广大知识分子的面貌与前进目标。这就是他们的共性远远胜过专业差异的意义所在。

树老易空，人老易松，据说近乎某种通例。华罗庚、夏鼐同志都拒绝遵行这个通例。他们都以高龄最顽强地对待事业，奋发不已，拼搏到最后一息。宋代哲学家朱熹著述讲学一生，直到“易箦”，仍在修改《大学章句》，人传为美谈。华、夏两同志，一个死在讲堂上，一个毕命在工作台上。他们表现了先进的中国人、先进的中国知识分子至可宝贵的品质。他们是为追求科学真理，为振兴中华民族宏业而忘我献身的。在顽强意志上他们足以媲美前人，在追求高尚目标上自然不是前人所能计及的。后人将更有理由传之以为美谈。

本文原载《光明日报》一九八五年七月七日。

夏鼐先生的一封复信
——纪念夏鼐先生逝世十周年

李仰松

夏鼐先生离开我们十个年头了，一件往事至今使我难以忘怀。那是六十年代初期，我国学术界在探讨谷物酿酒起源的时代问题。有同志把“酿酒的起始和阶级社会的开始相联系”，把酿酒的出现，作为“阶级社会开始的标志之一……是阶级社会开始的一种反映”。具体地说，认为我国“阶级分化出现于新石器时代后期的龙山文化，而未曾出现于新石器时代前期的仰韶文化”（见《清华大学学报》第七卷第二期，31页，一九六〇年）。我根据考古发现的实物资料，结合民族志调查材料进行研究，认为谷物酿酒与出现阶级社会二者没有必然的因果关系，便写了一篇短文《对我国酿酒起源的探讨》，发表在《考古》一九六二年第一期。之后，方扬撰文《我国酿酒当始于龙山文化》，发表在《考古》一九六四年第二期，对我的论点进行反驳，言辞尖刻，态度武断。随即我又撰文进行答辩，该文寄《考古》编辑部，夏鼐先生看后复函如下：

仰松同志：

来信及大作，均已收到。我读了一遍，我的意见是，我同意你的看法，酿酒不一定与阶级社会同时发生（将来也不会与阶级社会同时消灭），方扬之文多武断及不妥处。但是你前文提出的理由，已够充分，方扬之文并不能驳倒你的（注），而你这一篇并没有提出新的强有力的论证，似乎可以不必发表。学术讨论并不像村妇骂街，“以后息者为胜”。让读者阅读你的前文及张、方二家之说，自作判断可也，未悉尊意如何？

敬礼

夏鼐

七月二十二日

注：夏先生在“这一篇”旁又加了一句话：“这篇有的地方，如强调尖底瓶为酿器等徒引起更多的无谓争论。”

我顺从先生之意，将该文搁置下来。但是关于谷物酿酒起源课题的研究，我却一直在探索着。三十余年后，随着我国考古工作的发展，新的材料使我对自己的论点更加充满自信，于是又撰文《我国谷物酿酒起源新论》，发表在《考古》一九九三年第六期，使本课题的研究又前进了一步。我认为科学的结论，需要随着新学科的不断发展与创新，在社会实践中做出合乎实际的答案。夏先生是我大学时的老师。他是中国社会科学院考古研究所所长，其社会兼职较多，平时除勤于学术研究，还要应付各种会议以及日常繁杂的事务性工作，万万没有想到他亲笔复函；更未想到还在我原稿旁用蝇头小字写了详细的批示，指导我深入思考问题，使我颇受教益。

先生复信中支持我文章的论点，增强了我学术研究的信心。信中还向我提出文章应有“新证据或新的强有力的论证”的启示，无疑对我后来的治学道路有无形的、深刻的影响。这充分体现了老一代学者对青年后学的关怀与鼓励。它使我的研究工作扩大视野，从相关学科中搜集有关材料，寻找新证据。同时，还激发我从不同的角度寻求新的论证方法和研究手段，以攻克在本课题研究中所遇到的疑难问题，更促进了我对本课题研究的兴趣。

先生还说过，在科学研究中不能急于求成，宁可推迟个人作品面世，也要使自己的研究成果立足于科学扎实的基础上。有时，为了查清某件文物出土层位或引证某条资料，而务必与其主持人保持通信联系，弄清疑点，使该材料准确可靠。这是分析研究材料的前提，只有在这个前提下获得的结论才是可信的。这种治学风尚，在我以后的教学和科研工作中始终起着指导作用。

回忆六十年代，我国学术研究中教条主义和极左思潮的学风是相当严重的，它几乎渗透到各个学科的领域内。我撰写的那篇酿酒起源的短文刚发表不久，就有学者引用恩格斯《家庭私有制和国家的起源》中的一段话来进行反驳（引文从略），认为我文中观点直接违背了恩格斯的论点。说要“把这些原则作为探讨我国酿酒起源所必须依据的准绳”。幸而我当时未受这种压力的干扰，仍坚持正面地论证了谷物酿酒的科学依据。正如先生复信中所说：“学术讨论并不像村妇骂街，让读者阅读，……自作判断可也。”先生的教诲对我的影响深远。今天来看，如何对待引用经典著作，仍有现实的意义。

在教学与科研中，坚持马克思主义原理做指导，这无疑是正确的。但是，要实事求是，防止将马列主义僵化，成为教条。因为在社会实践中，各国的国情不同，尤如生态环境、文化特点、社会进程的早晚（发展不平衡）、人们的意识、传统观念等，都需要进行具体的研究。

我们应坚持马克思主义辩证唯物主义、历史唯物主义的观点和方法，坚持理论联系实际，特别应注重事物本身特性的分析与研究，不断总结经验，提高对马列主义认识的新观念。而不能把马克思、恩格斯等伟人所说的每一句话或某一论点作为“准绳”。要一切从实际出发，通过社会实践，只有实践才是检验真理的唯一标准。科学应是客观的反映，要“不唯上、不唯书、要唯实”才能达到或接近客观真理，才能在社会实践中坚持和发展马克思列宁主义。

夏鼐先生是我国杰出的考古学家，是新中国考古事业的开拓者和奠基人。他对我国考古事业的发展与考古队伍的建设做出了巨大贡献。他学识渊博，治学严谨，严以律己，宽厚待人。凡是接触过他的人都有很深的体会。他那种热心关怀青年，坦诚培养后学的谦逊态度，永远是我们学习的榜样。

先生已经离开我们十年了，他那艰苦朴素全心全意为提高我国考古学水平、发展考古事业、培养考古人才的品德，将永远铭记我心中。他一生为中国考古学的创建与发展所做出的业绩和献身精神，将永远受到国内外学者的崇敬。

本文原载《文物天地》一九九五年第四期。

夏鼐先生教我读书与写作

陈朱鹤

第一次听说夏鼐的名字是梅冷生先生对我说的。

那是半个世纪前，我去温州图书馆见到馆长梅冷生先生，想读书，也想找点事做。梅先生看我如饥似渴的样子说，我这里正好有一件事找不到人做，是夏鼐先生送来一本英文版海关的书，找不到翻译的人。梅先生解释道，海关对一个国家很重要，中国人不懂海关，海关的关长只能聘请外国人，中国人没有海关的著作，只有外国人写的中国海关。不懂海关，对中国的近代史的认识就不可能全面。夏鼐先生在英国发现这本书里讲了不少温州海关的事，特地带回来，送给温州图书馆。我是学过一星半点俄文，而且早就还给“特瓦莱希”，自然不敢接受，反问梅先生，那夏鼐先生为什么自己不翻译?梅先生说，他是国际著名的考古学家，哪里有空呀?

想不到没过多久，我还遇到一个考古的事儿。我的家乡乐清靠近石帆的牛头山的山坡上，当地农民挖地偶然发现一个埋着许多陶罐的坟墓，开始的时候，觉得不吉利，顺手用锄头敲碎几个，后来想想不对不再继续粉碎，将这个意外的遭遇传了出去。十里八乡的好事者都跑来看稀罕，我和读小学一年级时的群益小学校长赵一先生也是其中的好事者。可能我们有一点文化，看得比其他群众仔细一些，没有找到墓碑，却发现好多硕大的墓砖侧面有隶草体的阳文“元嘉三年张晞之墓”，好多陶罐之外还有特别引起我们注意的是一个绿釉瓷的三足砚台，圆砚台周边有浅浅的围槽，砚台中间平面直径约15厘米，还留有墨迹。

我们自己能够做的只是对历史上以元嘉为年号的朝代进行甄别，结合东瓯的历史沿革，确定是东晋的元嘉。对于其他出土的文物，我们的知识等于零。想起考古学的权威夏鼐是我们温州同乡，自己不懂，就写信问他吧。都不懂，提什么问题呢？想来想去，先报告家乡这些文物出土的情况，再就问这个从来没有见过的“晞”字。收信的地址不明白，就写“北京，考古研究所”。信发出去后，越想越觉得自己不知道深浅，这样的小事，怎么去惊动国家的考古研究所？自己不认识的字，去查字典就得了，居然去麻烦堂堂的中国科学院考古研究所所长？想不到过了十来天，夏鼐先生回信亲笔的，密密麻麻写满两大张中国考古研究所的信笺。

夏鼐先生首先大大地表扬我们对家乡文物事业的热心。然后极其恳切地问：您信中对墓砖侧面“元嘉三年张晞之墓”，前面说是“刻有”，中间说是“写有”，后头又回到“刻”，到底是刻，还是写?前后不统一，我没有看明白?墓砖上的阳文是怎么刻的，或者写的，更加不明白了?读了夏鼐先生一连串的问号，我惊醒了!后来细想，这晋墓的主人身份特殊，墓砖好比做中式的糕点，是特制的，事先要刻制一个木质的模子，上面用刻刀刻出阴文的“元嘉三年张晞之墓”八个字。烧制前的泥坯，经过摔打、碾压，做成矩形的方块，趁着还软柔的时候，用这个木模压出阳文的字来，再进窑烧制。这个制砖的过程及其结果，简单地用“刻”和“写”来描述烧好的硬邦邦墓砖上的字，显然不合理。准确地用什么动词，我实在词穷。不由想起卖人血馒头一段连贯动作的描写“老栓还踌躇着;黑的人便抢过灯笼，一把扯下纸罩，裹了馒头，塞与老栓;一手抓过洋钱，捏一捏，转身去了。嘴里哼着说，“这老东西……”。(见鲁迅小说《药》)我是佩服得五体投地。那是读书，轮到自己写一个简简单单的介绍，怎么就错误百出呢?自从接受夏鼐先生的责问，我对写作中遣词造句的准确，特别的小心翼翼，每写一段，总觉得有夏鼐先生这样的老前辈在盯着我，不敢造次。我体会到，读和写是有内在的必然联系，但是，读不能代替写，要写得明白形象生动，必须要有写的基本功，从此我对什么“熟读唐诗三百首，不会吟诗也会吟”也大打折扣了。

最后，夏鼐先生对我提出的“晞”字，没有直接回答，推荐我去查罗振鋆的《碑别字》，他说温州市图书馆有这本书。我连忙跑到温州，兴奋地给梅先生看夏先生给我的回信。梅先生交代阮延陵先生很快从古籍部的书柜里找了出来。我查到了，“睎即晞字”，日字旁的晞字，已经是次常用字，多出一横，目字旁的睎，是罕用字了。在《碑别字》里，用次常用字来解释罕用字，说明在中国古代碑刻上是通用的，和这两个字的原义是不相干的，这种不合常理的用字方法，可能源自中国古代读书人以认得字多为骄傲，在碑刻的时候，变变花样，玩个模糊概念，以糊弄人为乐，当然，也有不少是笔误，或者不懂，毛糙，写了别字。这种特殊的现象，被罗振鋆先生逮住，居然辑成一本叫《碑别字》的专著。天不假年，罗振鋆先生二十四岁的时候便辞世了，他的弟弟罗振玉，重整先兄未竟事业，整理编辑为《碑别字补五卷》。收录了历代近两千种碑帖中碑石中的别字，上起秦汉，下迄民国，是研究金石碑刻汉字形体演变，以及历代书法艺术的不二经典。这些文史的基本知识，对我这种在校只学阶级斗争知识的学生，哪里知道呀？多亏夏鼐先生给我开了一个天窗。我明白自己读书少识字不多，怕犯秀才识字认半边的错误，字典和词典是不离身的，晞和睎大概是形声字，都读 xi 希，这样的估计大体不会错得离谱，查了《辞海》，晞字的日字旁，与太阳有关系，有干燥、晒和破晓天明三个相近的义项。睎是目字旁，和眼睛有关系，有仰慕和远望两个义项。如果只是照搬《辞海》的释义，岂不出笑话？我估计，夏鼐先生明白我斗胆问他“睎”字，很可能和古墓的碑刻有瓜葛，于是要我去查《碑别字》。我从来没有听说过有这样的字典，等我查了才知道这是一部采录古代碑刻中俗体别字的专著。

真是学海无边呀。

我美滋滋地将《碑别字》里查到的结果写信告诉夏鼐先生，对先生的指点迷津表示感谢。想不到没过几天，夏鼐先生又来信了。这封信寥寥几个字，提出一个问题要我解答。夏鼐先生问道：您看过的《碑别字》是哪个版本?对我来说，在他的指点下，能够查到，已经是喜出望外了，哪里还注意是什么版本?于是再去温州市图书馆，再找出查过的《碑别字》，看明白是光绪三十一年出版，给夏鼐先生回信。完全地出乎意料，夏鼐先生又来信了，他说，《碑别字》有两个版本，一个是光绪三十一年，另一个是民国十一年。他居然说：我只看过民国十一年的版本，没有看过光绪三十一年的版本。您读过光绪三十一的版本，您的学问比我大。我自然明白夏鼐先生是出于鼓励才给我戴高帽子，我无地自容之余，从此对所读的书，一定注意是哪个出版社，哪个年月出版，在读书笔记或者日记中抄录下来。

由于得到夏鼐先生亲自点拨，我如沐春风，开始关心起文物，看到几期叫《文物》的杂志，连载《砚史资料》，印刷精美，蔚为大观，但是还没有看到三足的瓷器小砚台。查了一下作者，是国家文化部文物局的局长呢。我天真地以为凡是身居高位的学者都会像夏鼐先生那样关心后学，就花了本钱，将这次偶遇元嘉三年张晞之墓里出土的还留有墨迹的三足瓷砚拍成照片，寄到《文物》杂志社，几个月过去了，犹如一块石头扔进大海。

从此之后，我再也没有接触出土文物与考古的事儿，对尊敬的夏鼐先生，还是留意的，在《考古》杂志上，发现署名夏鼐的文章，题目叫《西安唐墓出土阿拉伯金币》，这是一九六四年四月，西安西窑头村一座唐墓中出土三枚阿拉伯文金币，陕西省博物馆将拓片寄给夏鼐先生，请他考释。夏鼐先生根据拓片，将研究结果写成文章。这三枚金币，两面都是苦法体 (kufic script) 阿拉伯文。铭文中除了引用《可兰经》，还有什么，等等，我完全是看天书，没有往下看，但使得我明白，夏鼐先生是解决这种国家甚至国际上疑难考古问题的大师，我不应该为一些芝麻绿豆的小事麻烦他。夏鼐先生的人品，他对我的教诲，我铭记终身。

本文原载《温州读书报》二〇二一年第八期。

难忘“业余考古”的岁月
——追忆夏鼐、苏秉琦二先生

刘凤翥

从一九六九年冬季开始，中国科学院哲学社会科学学部(简称学部，中国社会科学院的前身)所属各研究所陆续到位于河南省息县东岳人民公社的学部“五七”干校一边劳动一边搞运动。民族研究所是第二批，于一九七〇年三月十四日上午离京。干校实行部队的班、排、连建制。我们民族所被编为八连，我在二排二班。干校的运动气氛极为浓厚，但我还是暗中觉得这样下去是不行的，我们迟早还要返回北京搞业务。于是，我就在劳动之余有意识地做一些力所能及的与业务沾边的工作，以弥补“文革”中浪费的时间。恰在这年，我们在苇塘坡烧砖盖窑时，发现了一些新石器时代的陶片。我把其中一些大块的有边有沿的陶片拣出来，洗刷干净之后放在铺板下，闲暇之余不时玩味，以增加考古知识。很快，我闲时摆弄陶片的情况就传开了。

那时干校每十天休息一天，即每月的一号、十一号、二十一号为休息日。我们研究所王均先生的夫人刘琳同志在语言研究所任会计，虽同在一个干校，但在不同的居住点。一九七〇年八月二十一日，王均先生去语言所的居住点看望他的夫人，途经一连（考古所）的居住点时，恰巧遇见了考古研究所的夏鼐先生。他向夏先生通报了我捡陶片的事。夏先生听后很兴奋，第二天中午便趁午睡之时通过组织手续（向他们所的宣传队请假，然后找我们所的宣传队交涉）来查看我所收集的陶片。

息县的八月，烈日似火。夏先生来的那天，我午睡正酣，排长把我叫醒并对我说："快去宣传队队部，有事找你。"我吓了一跳，心想，大中午的，宣传队找我干什么呢?莫非午休之后要批斗我?我硬着头皮来到队部，指导员指着坐在他对面的一位长者对我说："这位老同志找你有事，问你什么你要如实说。"我刚落座，长者开口说："你是刘凤翥吗?"我回答："是的。"长者又说："我是夏鼐，听说你捡了一些陶片，可以让我看看吗?"我虽久闻夏先生的大名，但从未谋面。当他自报家门时，我几乎脱口而出的"久仰久仰"四字又立即咽了下去。因为在那年月，是不能说这些客套话的。我立即说："您等着，我去给您拿。"刚来队部时那种惧怕可能被批斗的顾虑立刻烟消云散。我立即返回宿舍，大家仍在午睡，我轻轻地把铺板下的陶片挑一些大块的放到脸盆中，端着去见夏先生。夏先生看了非常高兴，他一块一块地仔细端详，还不时地掏出随身携带的纸和笔描摹那些陶片上的器形和花纹。他一面看，一面问我原籍何处、哪个大学毕业、这批陶片是怎样发现的、出土地点，等等。我均如实回答。当他问我是否学过考古时，我亦如实回答："我没有学过考古，但在大学四年级时旁听过一学期苏秉琦先生的考古课。"我劝他不要费劲摹记那些陶片了，如果觉得有用把陶片拿走就行。他执意不肯，嘱我一定要保管好。临近上工时，他就告辞了。

当时夏先生和苏秉琦先生的任务是看庄稼，即在一连种的庄稼地里来回巡逻。夏先生回去之后，立即把在我这里看到陶片的情况跟苏先生说了。苏先生听后也很兴奋，巴不得立即飞到我这里来看那些陶片。当日晚饭后，太阳还老高，我正在屋外休息，本班一位同志过来对我说："有两个老头来找你，在水渠旁的路边等你，你快去。"我去了一看，原来是夏、苏二先生。他们一撂下饭碗就迫不及待地来了。他们让我领路去查看陶片的出土地点。两人一面看一面跟我商议：找个机会挖一下。看完出土地点之后，他们又去看陶片。这时天已经黑了，我点上煤油灯。他们又把所有陶片仔细地端详了一遍。作为考古学家，被剥夺了考古的权利而被发配到干校劳动，当看到那堆陶片时，如同突然见到了久违的老朋友一样，那兴奋之情，那专注的样子，令我终生难忘。

每逢公休日，干校只有两顿饭，早饭是九点，晚饭是下午四点。一九七〇年九月一日，我刚吃完早饭，夏、苏二位先生就又来找我了，说到出土陶片的地方挖一下。于是我拿了一把铁锹随他们去了，他们随身带了干校平常用的瓦刀、抹子和勾砖缝用的小铲等权充考古发掘的工具。

出陶片的地方叫苇塘坡，就在八连驻地后面约一百五十米处，那里有十三座近代坟墓。我们到了那里，夏先生说："遗址的范围很明显。当地的耕地都是浅黄色，而遗址的土均是深灰色的，且高出地面一二尺至一二米不等。这些高出地面的深灰色部分都属遗址的范围。"夏先生用走步的方法粗略地测量了一下遗址的面积约有一千平方米。苏先生说："遗址原来的范围远比目前的大，经过几千年的雨水冲刷，好比泡在水里的冰，已经化得就剩这一小块了。"

我们找了一个较高的地方挖了个约 1.5 平方米的探方。我在他们两位的指导下开始发掘。里面的陶片非常密集，刚挖了一尺深，就出土了一枚铜箭镞。再往下挖，陶片、纺轮、石锛、石斧、木炭、红烧土、鹿头、烧焦的兽骨和鹿角等接连出土。苏先生把带来的旧报纸摊开铺在地上，让我把不同地层的出土物摆在纸上，他盘腿坐下，专心致志地研究那些出土物。夏先生主要指挥我发掘。那时我正值年轻力壮，约两个小时，就把将近两米深的探方挖好了。我扶着夏先生下到探方之中，他顺手从围观的一位老乡手中借了一把拾粪用的小铁铲把探方的四壁铲平。这时，夏先生对我说："老刘（这是特殊时期的一种特殊称呼），搞考古发掘必须注意两点:第一，探方挖的大小无所谓，有能力就挖大一点，没能力就挖小一点，但不论挖大挖小都必须挖到底，不能半途而废。什么叫到底呢?见了生土就叫到底。今天我们就挖到底了。你看底上的土很硬，颜色也变成浅黄色，生土里也没有出土物了。第二，注意层位学。层位很好辨认，每层土的颜色并不一样。我们今天挖的这个探方可分为四层：上面半尺左右的这一层叫耕土层，多年耕种，层位都被扰乱了，器物也都破碎了。第二层出土了铜箭镞，应该属青铜器时代或金石并用时期。第三层和第四层出土了磨制的石斧、石锛，均应属新石器时代。每一层的分界线并不在一个水平面上。在探方的断面上可以看得很清楚，分界线是忽高忽低的。每一层的出土物要单独放着，不要把它们混淆了。按着揭开的层位关系可以继续向外扩展发掘，一层一层地揭。是否挖到底和是否注意层位学是考古发掘工作中判断内行和外行的分野。”夏先生一面讲解，一面手把手地教我操作。例如，他在探方的一个断面上划了每层的分界线，并讲了这样划的理由，他让我在另外的断面上学着划。我很快就学会了。他还用随身带来的皮尺量了每一层的厚度，并做了记录。

我虽然不是科班出身也没有学过考古，更没有以考古为职业，但打探方和层位学的考古知识由夏鼐先生在“五七”干校亲授，实在使我感到莫大的幸福与荣耀。

在我们发掘的过程中，招来了许多当地的老百姓围观。其中也有夏、苏二先生居住过的范庄的老百姓。他们认识夏、苏二先生，就七嘴八舌地问：“挖这些破瓦碴子干什么？”“这些东西是宝贝吗？”夏、苏二先生分别耐心地一一给予回答和解释，并顺便向当地群众普及了一些考古知识。有一位群众听出一些门道后说：“原来老夏、老苏是专家。”苏先生风趣地说：“我不是‘砖’家，是瓦家。”引来大家一阵笑声。当时我挖出一个完整的鹿头，两个鹿角都很全，就是取不出来，一取就散成土了。苏先生又风趣地说：“古书上说‘逐鹿中原’，此话不虚。通过今天的发掘，说明古代河南有许多野生的鹿，鹿是生长在森林里的，说明当时河南被大面积的森林覆盖着。”夏先生还把一些挖出来的木炭装在他随身带来的洗净的酒瓶子里，他说可以做碳 -14 的年代测定用。

我们收工回填时，一位围观的群众说：“你们既然认为这类破瓦碴子有用处，就不要费劲在这里挖了，干脆去米围子村的米泰寺去捡好了，那里这类东西比这里多得多，地面上就有很多，不用挖，一捡就是一大堆。”我暗中记下了这位老乡的话。一九七〇年国庆节放假，排长派了我一个差事，让我用架子车去干校中心点拉过节用的物品，并告知我节后可补休一天。过节之后，我决定利用补休的机会去米围子村的米泰寺探个究竟。于是我一面打听一面走，终于在中午到达了米泰寺。那是一个约一百米见方的台地，高出地面二米至三米。台地上原有一座后来建的叫米泰寺的庙宇，解放后，这座庙已被夷为平地。台地从东南到东北被一个湖环绕着，四周的断面上有许多灰色和褐色的绳纹陶片，也有少许篮纹的，还有很少的红色彩陶。我捡了一些陶片、陶纺轮、几枚陶网坠和一枚磨制的骨镞。我装了满满一大书包，真可谓满载而归。回到驻地，正好没耽误吃晚饭。饭后，我立即去一连，把我捡回来的东西拿给夏、苏二先生看。他们看了非常高兴，约好十月十一日公休日时我带他们去米泰寺遗址勘察。

十月十一日虽为干校公休日，但夏、苏二先生所在的一连因抢秋收不休息，改为十月十二日休息。十二日，我们割红麻。当日，夏、苏二人就戴着草帽，背着军用水壶，拄着木棍，到红麻地里来找我。我告知他们因上班不能陪他们去，只好指给他们去米泰寺的行走路线，请他们自行前往。他们归来时路过我的驻地，把捡回来的“宝贝”都拿给我看了，除了陶片之外，还有一件长方形的双孔石刀。夏先生告知我那是掐谷穗用的，说明当时已有了原始农业。

十月二十一日，干校公休日。早饭后我去一连找夏、苏二先生，计划与他们一起再去米泰寺踏查或发掘。我一进他们宿舍，苏先生就指着已经捆好的夏先生的铺盖卷儿对我说：“老夏去历史所的点向尹达辞行去了。宣传队通知老夏说，他老伴病了，叫他回去看看，还让老夏把所有的东西都带回去，可能回去之后就不回来了。”我对再也不能与夏先生一起业余考古，虽不无遗憾，但对夏先生能及早脱离干校之苦感到高兴。

与夏鼐、苏秉琦二先生一起“业余考古”的日子已经过去了四十年，但他们那种在逆境中仍然热爱考古事业的情怀犹历历在目，让我终生难忘。

本文原载《中国社会科学》二〇一〇年五月十八日。

点燃文物复原的火花
——怀念夏鼐先生

白荣金

一九五六年夏天我高中毕业，被一个偶然的机遇改变了人生旅途，幸运地走进了中国科学院考古研究所的大门。秋季，被派往河南陕县，接受了三个月庙底沟考古工地的洗礼。冬季，参加了夏鼐先生主持、由所内外众多专家学者任教的考古学基础培训班，从此正式踏上了考古的征程。

在培训课程中，令我印象最深、受益终生的要数夏鼐先生亲自讲授的《田野考古方法》，使我能在后来数十年的田野发掘、专题研究和文物修复历练中不断领悟，边干边学，小有作为。

经过这次培训，我深深懂得了，野外的调查和发掘是考古研究的基础。工作中不可眼高手低，要善于开动脑筋发现问题、分析矛盾，练就一双洞察秋毫的火眼金睛，不放过任何有研究价值的信息。发掘中对遗迹、遗物的清理，要靠手上的功夫和技巧来完成，尽可能取得包括初步研究成果在内的第一手完整科研资料，为进一步的室内整理和系统研究打下良好的基础。

所以考古学是一门技术性很强的学科，很大程度上就体现在这里。夏鼐先生在《田野考古方法》中提倡“眼勤、手勤、腿勤和脑勤”，这是脚踏实地做好一切工作的先决条件。

我在多年的考古和文物修复工作中，遇到过许多良师益友的指导和帮助，受夏鼐先生的启迪和指教之处颇多，例如制陶工艺、冶铜、青铜器铸造、金银器錾刻工艺、古代科技和现代文物保护修复技术，几乎每一项都有生动的故事。这里仅举一些有关考古和文物复原的往事，作为对夏鼐先生百年诞辰的怀念。

一九五〇年十二月到一九五一年一月，夏鼐先生在平原省辉县的琉璃阁，冒着冰雪严寒，亲手发掘战国车马坑，第一次成功地剔剥出十九辆大型木车遗存，随后约请工匠制作了原大和缩小的复原模型。一九五一年末，夏鼐先生率领考古所湖南调查发掘团在长沙近郊进行战国两汉古墓的发掘，又在一座二〇三号西汉晚期墓葬中，发现了作为随葬的五辆木车模型和一条木船模型。在一九五七年出版的《长沙发掘报告》中，夏鼐先生对这些车船进行复原研究。这些车船模型出土时，因经历两千余年在地下的侵蚀多已腐朽，当初的组合构件多已散乱残缺不全。由于清理时工作细致，记录清楚，编号、提取和保护得法，为室内的整理研究创造了有利条件。发掘工作结束转回室内后，经过耐心细致的考察，对两百多个编号的散件逐个做了深入的分析和拼对，并参考了相关的古文献、河南辉县琉璃阁出土战国车马坑中复原的车制、汉画像砖中一些车形，以及广州东汉墓中随葬的木船和陶船模型等资料，对车和船的基本结构做了最大限度的复原，除绘出复原图外，还仿制出木车和木船的复原模型，为我国古代交通史中水陆交通工具的研究，提供了宝贵的资料。

一九五七年冬，我从河南三门峡上村岭虢国墓地发掘工地回京后，在图书室借出《辉县发掘报告》和《长沙发掘报告》阅读，对于夏鼐先生复原古代车船的文章产生了浓烈的兴趣，了解到文物复原工作所应具备的基本条件、整理工作方法和学术研究价值，从中受到很大启发，由此激发出的灵感，犹如头顶上打开了一扇天窗，心中点燃了一堆篝火，对以后多年从事考古和文物修复工作，产生了深远的影响。

一九六八年夏，在河北满城发掘的西汉中山王刘胜和王后窦绾墓中，出土了数千件珍贵文物，对首次发现的两套金缕玉衣，我们进行了成功的修复。尤其是窦绾玉衣上段前后身的玉片，因无金丝连接，故出土时均已散乱，我对这部分进行清理时，想出了采取分层定位定向绘图、逐片编号贴号提取的方法，以便取起之后进行反复的推敲还原。回到室内后经过整理，比较顺利地将其复原起来。

对窦绾殓葬时所用镶玉漆棺的清理和复原，困难重重。当初在棺内壁的六面贴满了一百九十二块玉版，棺外四周及顶面则镶了二十六块玉璧。发现时，漆棺木胎因腐朽而坍塌，连同棺内玉衣、墓主人朽骨和墓主前后身上的十五块组玉璧，通通压扁在一起，现场凌乱不堪唯底面玉版保持原状。在自上而下分层清理中，一边仔细辨认，一边详细记录和绘图，定位定向编号，分别提取包装。运回到室内整理时，先是对玉版测量尺寸，造表登记，而后好比弈棋复盘一般，根据图和记录，将玉版摆成出土时的原状，以棺底玉版面积为基准，经反复推敲，由外到内分别复原，最后做出主体的复原方案。但还余下八块圭形玉版难以处置，百思不得其解，却又很不甘心。当时，处在“文革”中作为批判对象的夏鼐先生还未“解放”，从窗内看到身穿破旧衣衫的夏鼐先生正在持帚扫地，试探着上前请教，夏先生想了想，回答说是否可以从封棺盖时使用的“小腰”去考虑。经此指点后，果然较合理地拼为四对，复位于棺盖与棺体合缝处，以象征锁定之用，最终完成对此棺上玉版的全部复原。

在刘胜墓中室出土了两具帷帐的散乱铜构件，一具鎏金，一具鎏银，出土时，木架部分已朽，一百五十九个构件随之散乱。复原时，只能依据器件的鎏金银差异、构件的风格特点、尺寸大小及上面刻铭编码等进行分析判断，并参考有关文献资料，将两具帐构的大致结构复原出来。但其中有一对鎏金的特殊构件一时没能确定安装位置，于是“我们召开了一次有领导、研究人员和技术人员三结合的座谈会，对帐构的复原工作进行集体讨论”（《满城汉墓发掘报告》173 页）。当时在会上，已经“解放”的夏鼐先生和与会同志，对于包括这对特殊构件在内的全部构件，进行了深入分析和研讨，终于确定这具鎏金帐构的完整复原。

在刘胜墓的主室中，还发现了一领保存基本完整但锈蚀较重的铁铠甲，出土时卷作一捆。出于对文物复原的兴趣和追求，我们经过一番观察了解，决定做一次尝试。在夏鼐先生的鼓励和支持下，我们在做了必要的准备后，依照田野考古的方法，从外到内一层层拍照，一排排、一片片地绘图编号记录，从最外层的筒袖和甲裙开始，用小铲刀、小錾子逐片地剥离下来，到后来则是多片相连地分解开来。在进行考察分析甲片间组合规律和结构特点的基础上，用塑料片做出原大甲片局部模型，依据甲片上残存的麻绳缀合痕迹，通过实验，复原出当初将甲片互相连缀的操作方法。铠甲的各个局部结构依次复原后，进而又解决织锦包边、皮革和丝绢衬里等问题，并绘出不同甲片的组合示意图。至此，一件由两千八百五十九片甲片组成、筒袖和甲裙均可伸缩自如的西汉铁甲首次完成复原。最后用仿制的金属甲片制作出一领铁甲复原标本。

满城汉墓的发掘和其中一些文物的复原，对于田野考古和文物修复，是一次难得的机遇和考验，我从中学到了许多许多。

一九七一年，考古所的绝大部分人员都去了河南“五七”干校。在郭沫若院长的关怀下，考古所留守人员由王仲殊先生主持，组织了一个工作班子，接受一项援助阿尔巴尼亚修复著名的培拉特古抄本羊皮书的任务。开春，阿方负责人雷沙特·阿利雅先生和技术员萨尼·玛拉女士护送羊皮书抵京，运到考古所来，郭沫若院长很不放心，立即赶到所里，看后对我们说，如果修不了，可以送回去。我们仔细观察分析后，认为能够承担下来，郭老这才放下心来。但是，我们不清楚这古抄本的内容是什么。夏鼐先生首先辨认出古抄本上书写的是希腊字母。于是请来外国文学研究所的希腊文学专家罗念生，他面对古抄本目瞪口呆，长时间未发一言，解释说古抄本都是既不断句又不断字的连写，而自己学习和研究用的是经过整理的标点本，后来猛然看到扉页上图像一侧的希腊文，低声拼读“Loukâs”，罗先生尚未醒悟过来，夏先生脱口而出“那就是《路加福音》”。夏先生随即奔赴宗教所的留守处，由黄心川同志陪同，从成捆堆积的书库中，很快找到希腊文《福音书》，并借回考古所，与阿尔巴尼亚埋藏地下三十年、已然霉朽的两部手写金字和银字羊皮书对照，一字不差，全部符合。我们群策群力，想方设法，施展技术，在逐步揭开彼此粘连的一千多页书的过程中，对照借来的《福音书》，逐页编号记录、拍照，并与化学研究所同志协作共同研制出蚕丝网膜，将糟朽的部分予以加固封存，装订成许多分册，又请北京皮革厂协助，用了数百张羊皮制成皮纸，通过印刷擦金的方法照原样复制出一部新的羊皮书，移交给阿尔巴尼亚大使馆。经历从春到秋两百多天的努力，我们圆满完成了这项艰巨的政治任务。后来阿方将修复和复制的羊皮书在欧洲展出，得到许多文物保护专家的好评。

一九七二年初，湖南长沙发现并开始发掘马王堆汉墓，在一号墓挖至椁顶时，正在北京参加出国文物展览工作的省博物馆高至喜同志，迅速向国务院国博口和考古所求援。当时猜想可能是长沙王刘发之墓，夏鼐先生和王仲殊先生商量，如果确实属于王室墓则可能有玉衣出土，于是指派王㐨和我前去协助发掘。我们于四月十四日到达长沙，与省里同志共同努力，经过十几天的日夜奋战，顺利结束了一号墓的发掘工作，结果表明是长沙丞相轪侯的家族墓地。随后转入室内整理，对出土的一具完整的女尸进行清理保护，对随葬的大量丝织品、帛画、竹简、精美的漆器进行考察记录。一号墓发掘在国内外掀起了一阵马王堆热，六月十六日我接到所里急电，要求带上全部资料，回京配合发掘简报的编辑出版。我和王㐨曾去过干面胡同夏鼐先生家，向他报告一号墓的发掘经过，夏先生认真听取后，详细地询问了发掘过程中的许多具体细节，对于工地上文物的清理、记录、提取、保存，以及室内整理工作表示满意，他鼓励我们继续做好下一步工作。后来，又随王仲殊先生去向郭沫若院长做了汇报，郭老对帛画很重视，询问画中的一些具体内容，了解了椁室文物和棺内尸体的清理情况，并指示我们要十分注意安全。

一九七三年十一月十九日起，按照预订计划，我们再次前往马王堆墓地，发掘三号墓和二号墓。周恩来总理亲自点将，任命湖南省委书记李振军为发掘工作领导小组组长，王冶秋和夏鼐为副组长，并指派北京科影、中央新影和八一电影制片厂配合发掘过程拍摄纪录影片。揭开三号墓椁盖时，各位领导均在现场，年过花甲的夏鼐先生还亲自到很深的坑下仔细观察，做到心中有数。夏先生在工地指示我们，一定要从地层上把三座墓的早晚关系搞清楚。二、三号墓发掘结束回京后，我向夏先生详细汇报了三座墓之间的打破关系，以及三号墓出土竹简和纪年木牍的临摹记录。夏先生对具有重要文献学价值的帛书出土后运到故宫去揭裱非常关注，为揭取时未能注意记录折叠情况，从而造成整理工作的莫大困难而深感忧虑。

一九八三年夏，广州象岗山发现西汉第二代南越王墓，经国务院批准，由广州市文物管理委员会、广东省博物馆和中国社科院考古所三家组成一支联合考古队进行发掘。国家文物局还派李季同志参与了自始至终的发掘工作。

一九八三年八月，在广州象岗山发掘南越王墓中室时，年逾七旬的夏鼐先生冒着酷暑去工地视察，嘱咐大家要详细做好记录。当时我正和李季等同志负责清理棺椁，夏先生仔细查看了出土的玉衣后对我说，墓中清理难度最大的是这件玉衣，工地工作不方便，要想办法取回室内慢慢清理。后来他又建议，玉衣连同西耳室出的铁铠甲，可以运到北京所里去清理和修复。

当玉衣全部清理出来后，发现装殓墓主人的棺木已腐朽成灰，连贯玉衣片的丝线、丝带已朽，下面紧贴着凸凹不平的砂岩地面，起取十分困难。后经多方考虑，最后采取竹扦密排插入托起再加套箱整取的方法，成功地将玉衣从墓坑中取出，保证了下一步室内的清理和复原。

遵照夏鼐先生的指示，第二年春天，由广州市文管会冼锦祥和李卫华两位同志押送玉衣和铁甲到考古所，并与我和王影伊同志一起进行清理。先用半个月时间复原铁甲，而后用了半年多时间，才将玉衣、玉衣内外的组玉璧、玉衣上面的组玉佩，连同墓主人的残尸骨一一清理出来，并尽量做了详细记录。由于其他工作的不断插入，玉衣的复原拖延两年才告完成。

长沙马王堆汉墓和广州西汉南越王墓发掘，对我又是十分难得的学习锻炼机会。

满城汉墓出土铁铠甲的复原，本以为与其他工作一样，修复之后也就过去了，不曾想到有后来的发展。回想起来，还是由于本身处在这个得天独厚的学习与工作环境中，加上夏鼐先生殷切关怀和鼓励和大力推动的结果。

一九七八年三月至六月，湖北随县发掘曾侯乙墓，在北椁室出土了大量皮甲，但多已被墓中积水漂浮散乱，而在贴近椁底处有两部分皮甲保存情况较好，随即放入两个木箱整取到室内。当时主持工地考古发掘的谭维四队长，与考古所联系，希望派人前往察看，协助清理复原。夏鼐先生派我去随县了解情况，还判断说皮甲比满城汉墓铁甲清理起来可能比较容易，有了前面的经验，继续努力争取把这件事情做好。于是我赶忙前往随县察看皮甲的保存情况，皮胎虽朽而髹漆外壳保存完好，甲片大多排列有序，上面丝带连缀的痕迹也多清楚，于是回京汇报后做了来年运京清理的决定。

一九七九年春，由湖北省博物馆杨定爱和随州博物馆左德田二位同志将标本押运来京，并与我们一道协作，从四月中旬至六月下旬，顺利完成了清理，紧接着复原出十三副皮甲胄和两件马胄，同时整理出简报在当年第六期《考古》上发表。

从曾侯乙墓皮甲复原为始，好像打开了一道闸门，在正常的考古与文物修复工作之外，所内所外的出土甲胄的清理工作接踵而来，陆续复原的有吉林、广东、山东、湖北、河北、陕西、内蒙古、北京、辽宁、江苏等省市自治区的二十多个地点，总计四十余件套甲胄，质料主要包括皮甲、铜甲和铁甲，时代从商周至明代，逐渐形成系列化，为古代兵器史的研究，提供了重要的实物资料。如果当初没有抓住复原曾侯乙墓皮甲这一机遇，很可能就阻塞了出土甲胄复原这条蹊径的开辟。

出土文物的清理与复原是考古研究中不可或缺的组成部分，复杂文物的清理与复原更需要考古研究和文物修复两个方面专业素质的不断提高。出土甲胄，倘若处置不当或未能及时整理，很容易造成无法弥补的损失，而今复原工作目前还是个冷门，在操作上有待进一步规范。我在一九九五年底退休以后，总觉这项工作弃之可惜，与各地同志一道又继续做了十多年，仍未摆脱后继乏人的状况。幸而得到了中国社会科学院老年科研基金的支持，才有条件把多数已发表的有关文章加以整理，进行适当的修改补充，有些未发表的文章也放了进去，并增补了一些新内容，又在中国社会科学院和河南大象出版社的赞助下，二〇〇八年出版了一本《甲胄复原》，至此算是有了个交代。

面对复原起来的这四十多套历代甲胄，以及《甲胄复原》一书，回顾自己五十年来的工作经历，由衷地怀念指导和鞭策自己前进的夏鼐先生。夏鼐先生作为新中国考古学奠基人，学识渊博、治学严谨、豁达大度、精通技术、待人谦和、生活俭朴，可谓德艺双馨，先生毕生献身于考古事业的精神是我们永远学习的榜样，这份宝贵遗产必将世代传承，不断发扬光大。

本文原载《夏鼐先生纪念文集：纪念夏鼐先生诞辰一百周年》。

永远怀念尊敬的夏鼐所长

孙秉根

夏鼐所长离开我们已近二十五年了，但夏所长的音容笑貌，渊博的知识，高尚的品格，却经常浮现在我的眼前。特别是对我工作和生活上的关爱，更使我终生难忘。

一

一九七二年，考古研究所的全体人员从“五七”干校返京，各项考古工作逐步展开。一九七三年春天，我主动要求到安阳队去参加发掘工作，以弥补我对发掘早期“软遗址”经验的不足。

到安阳队后，我先后参加了四盘磨、孝民屯、北辛庄和小屯南地等的商代遗址、墓葬、骨料坑和甲骨文的部分发掘工作，得到了锻炼和提高。当时，安阳队同志的主要精力是发掘和研究殷商文化，对于发掘出土的一些晚期墓葬资料，无人问津。因此，我提出要整理安阳队近几年发掘出土的一批隋墓资料。

这不仅得到安阳队和汉唐考古研究室领导的大力支持，而且，还得到夏所长的具体指导和帮助。一九七四年四月十八日下午，我向夏所长详细地汇报了这批安阳隋墓资料的整理和初稿的写作情况。夏所长非常赞成我整理和研究这批隋墓资料，并嘱咐我:“要用考古学的方法，把这批隋墓的全部资料，完整而系统地报道出来。”同时,要求我“把解放前小屯发掘的隋墓资料补充进去”。他强调说:解放前发掘的资料，其他单位和地方的同志很难看到，一定要把它补充进去。而且，夏所长还具体地指导我怎么去查找这些资料。遵照夏所长的指示，我从解放前出版的著作中，把所有发表的零散隋墓资料，进行了复印和系统整理。发现这些资料太零散，除少数的墓葬外，大多数都没有报道随葬品的种类、数量，也没有墓葬的平、剖面图，更没有把隋墓和唐墓区分开来，只是统称隋唐墓。当我把这些具体的情况向夏所长汇报时，他指示我:可以把这些资料，作为附录来处理。

解放前，在小屯的十二次发掘中，共发掘了一百七十五座隋唐墓，其中大部分为隋墓。我根据墓志或照片等零星资料，对已刊布的墓葬资料，进行了仔细辨认。可以认定为隋墓的，只有八九十座。我把它摘编成“安阳隋墓资料摘要”，并附上十四幅“小屯殷代基址隋墓分布图”，作为《安阳隋墓发掘报告》的附录，刊登在《考古学报》一九八一年第三期上。

该报告是我参加工作以来，第一篇有关考古学的文章，也可说是我的处女作。在整理和写作过程中，得到了夏所长和其他师友的指导和帮助。发表后，曾获一致好评。有的学者还在《中国史研究动态》上著文，评价其学术价值。有的高校，还把它列为考古专业学生阅读的重要参考书之一。

夏所长和所领导历来十分重视新疆的考古工作。一九五六年八月，夏所长亲率林寿晋和刘观民前往乌鲁木齐，协助新疆维吾尔自治区文化厅举办首次文物干部训练班，并亲自讲课。一九五七年九月，又派黄文弼先生率领许景元、赵信和张寅同志赴新疆进行考古调查，用了一年多的时间，先后调查了哈密、伊犁、和阗等五个专区，足迹遍及天山南北的广大地区。后因“文革”和黄文弼先生的不幸去世而中断。一九七五年已到了“文革”的后期，考古所进入了全面“整改”阶段，夏所长和所领导决定开展新疆的考古工作，八月二十六日夏所长找刘观民和我谈新疆考古工作，决定派我们和孟凡人、刘晋祥同志前往新疆进行调查、选点，为重新开展新疆的考古工作做准备。同时，他还同新疆博物馆的有关领导谈妥，要他们予以协助。国庆节后，我们一行前往新疆进行考古调查。我们先后调查了昌吉、伊犁、吐鲁番地区的部分县市，后又去库车调查。因值严冬，库车等地区普降大雪，因积雪太厚，无法进行地面调查而返京。原拟一九七六年继续进行考古调查，后因政治运动而中断。

打倒“四人帮”后，拨乱反正，中央决定成立中国社会科学院。从此，考古所的一切工作，完全恢复正常。一九七八年夏末，夏所长和所领导研究决定，正式重建新疆队，恢复考古所在新疆地区的考古工作。由夏所长提名，经所党委研究决定，由我任队长，成员有孟凡人、陈戈和冯承泽同志。同时，决定我队先赴洛阳，协助汉魏城考古队继续发掘明堂遗址，争取当年结束明堂遗址的发掘工作。新疆队的田野考古工作从一九七九年正式开始。在当时的经济条件下，夏所长和所领导还专门为新疆队配备了一辆“212”吉普车，指派专职司机全程为我队的田野考古工作服务。

在这之后，夏所长多次找我和有关同志谈新疆的考古工作。在业务上给我们进行具体的指导。尤其是一九七九年二月九日上午，夏所长特地会同汉唐考古研究室领导，找我队研究、布置当年新疆队的工作任务。确定主要任务是去库车地区调查、选点，摸清各类遗址的分布、保存情况，为今后发掘和研究龟兹文化做准备。后因车辆受损，经请示所领导，暂不去南疆的库车地区调查，改去乌市附近的昌吉回族自治州。六月至八月，我们先后调查了昌吉、米泉、阜康、吉木萨尔、奇台和木垒六县市的各类古城、墓葬、寺庙、交通线等遗迹；调查和实测了唐代北庭大都护府城址。在调查过程中，新发现了一座位于北庭城西的高昌回鹘时期的王室佛寺遗址，报请所领导批准后，进行了大规模的考古发掘。当年，我们发掘了该遗址北部正殿东面的全部洞龛和南部的五座配殿、僧房等建筑遗迹，发掘面积达三千多平方米，出土了一大批精美的壁画和泥塑像及鎏金铜狮等珍贵文物。返京后，我立即向夏所长做了详细汇报，请他观看了在现场拍摄的彩色照片等。夏所长对我们的考古发掘工作比较满意，并对没有及时派人去临摹壁画表示遗憾。随后，在全所田野考古工作汇报会上，我也代表新疆队做了汇报，并放映了幻灯片等图像资料，获得了大家的好评。一九八〇年，我们遵照夏所长的意见，不再发掘有壁画的配殿和洞龛，只是为了进一步搞清佛寺的平面布局，对佛寺布局的部分细节，做了一些补充发掘，并测绘了平、剖面总图，为今后的保护工作打好了基础。

一九八一年至一九八二年，我队在北京整理发掘资料，撰写了该佛寺的发掘报告。一九八三年起，我队继续开展田野考古工作，并选定在巴音郭楞蒙古自治州（简称巴州）开展工作。出发前，夏所长和研究室领导指示我们：要和地方同志搞好关系，在大规模考古调查的基础上，发掘一些典型的遗址或墓葬，为搞清巴州地区的古代文化打下基础。为此，我队和巴州文管所合作，调查了巴州全境的九县一市，行程达两万多公里，发现各类遗址、墓葬两百余处。国庆节后，我队又发掘了和静县察吾乎沟口一号墓地，出土了一大批陶器、木器、青铜器、石器和少量的铁器等重要文物。墓地属青铜时代和早期铁器时代。一九八四年又继续发掘了一号墓地和二、三号墓地，共计发掘成人主墓一百四十余座和一大批小孩墓及祭祀坑，根据墓葬形制、结构和一大批以带流彩陶罐为主要特征的器物群等特点，将其命名为“察吾乎沟口文化”（也有同志称为“察吾乎沟文化”）。这是新疆境内，首次通过大规模的科学发掘，命名的一种新的考古学文化。这对于研究中部天山南麓地区的考古学文化和年代序列，以及古代少数民族的历史与文化，都有很大的学术价值与历史意义。

总之，在我担任新疆考古队长期间，始终得到了夏所长为首的所、室领导的大力支持和关怀。如果说，新疆队能在短时间内在新疆打开局面，并取得一些成绩的话，首先要归功于所领导，特别是要感谢夏所长对我们工作的具体指导和无微不至的关怀。

二

二十世纪六七十年代，考古所有一批年轻人，因家属户口不能进京，不少同志纷纷要求调往外地工作，我也是其中之一。我曾多次向夏所长提出调到外地去工作，夏所长都没有同意。一九七六年冬天，我回江苏探亲前夕，再次向夏所长提出调回江苏工作。他诚恳地对我说：“现在‘四人帮’已被打倒了，形势肯定会有变化，你不要着急，等等再说。”一再劝我不要调走。一九七七年秋天，我又到安阳队出差，听到自然科学史研究室的华觉明同志说：社科院现在可以解决家属进京的户口问题，只要家属能在北京找到接收的工作单位。第二天，我马上赶回北京，于十一月七日上午，分别找到所领导和夏所长，如实地汇报了这一好消息。当时，一位所领导听到这一消息后，态度暧昧，不置可否。而夏所长听了我的汇报后，很高兴。当场就表示同意，要我马上去人事科和院部了解准确的信息。当我从院部了解到科学出版社可以安排家属工作的消息后，我立即返所，向夏所长做了汇报，并提出可否把韩榕同志爱人的工作问题一起解决。（韩榕同志当时出差在外地。）夏所长都痛快地答应了。我们为了尽快解决家属来京工作，多方找人帮忙。夏所长听说后，还主动给科学出版社的一位老同志写信，叫我们去找他帮忙。在夏所长和有关同志的努力下，我爱人和韩榕同志的爱人，终于在一九七八年五月，先后调来北京工作，安排在科学出版社当编辑。在这之后，经过夏所长和有关同志的多方努力，我所又有好几位同志的家属调来北京工作，有的还安排在所里工作，终于解决了困扰考古所多年的一大难题。假如，没有夏所长对我们晚辈的关爱，没有夏所长亲自出面、千方百计地解决分居困难的热心肠，我们这些人的分居难题，还不知要拖到哪一天！

为了感谢夏所长对我的关心和帮助，我曾去夏所长家表示谢意，并带去了老家的一只宜兴紫砂茶壶和两斤红枣。这说不上是什么礼物，只是表示我的一点心意。就这么一点东西，却仍然遭到夏所长的婉拒。他说：“你的心意，我领了，谢谢你，礼物拿回去。你爱人已调来北京工作，以后，你就安心地工作吧!”我始终牢记夏所长对我的教导。在这之后，我遵照夏所长和所领导的工作安排，勉为其难地担任了新疆考古队长。虽然，这是我力所不能及的重任，但我还是带领和团结全队同志，努力拼搏，每年有六个月至八个月的时间，在新疆地区开展大规模的考古调查和发掘工作，为新疆的考古事业尽了我的绵薄之力。我用这种实际行动来感谢夏所长对我的关心、帮助和培养。

今年是夏鼐所长诞辰一百周年、逝世二十五周年。每当我回忆起夏所长对我的谆谆教诲与严格要求以及帮忙解决家属进京户口、安排工作的种种往事，我的心就久久不能平静。特写就此文，以示怀念。

本文原载《中国社会科学报》二〇一〇年六月十日。

仰之弥高　德音不瑕
——缅怀夏鼐先生

卢兆荫

一九八五年三月一日至六日，中国考古学会第五次年会在北京召开，我有幸参加了这次盛会。夏鼐先生作为学会理事长，在年会开幕式上发表了题为《考古工作者需要有献身精神》的重要讲话，号召大家继承和发扬优良传统，“在马克思列宁主义、毛泽东思想的指导下，发扬实事求是的优良学风”；“一心一意为了提高本学科的水平，而不要计较个人的经济利益”；“保持我们田野工作的好传统，有‘不怕苦’的精神”；“如果我们想把我国考古学的水平提高到新的高度，这便需要我们有献身的精神”。先生的这一席话得到与会代表的热烈赞同，我作为先生的晚辈和学生，聆听之后深受启迪。

夏鼐先生当时是考古研究所名誉所长，又是中国社会科学院副院长，仍然孜孜不倦地从事学术研究，加上所内外和院内外的学术活动，工作十分繁忙。万万想不到竟在考古学会第五次年会召开三个多月后，先生不幸突患脑溢血逝世，年会上号召大家“要有献身精神”的讲话，同志们记忆犹新，而先生竟溘然长逝了！中国社会科学院考古研究所、中国考古学会的《沉痛悼念夏鼐同志》（《考古》一九八五年第八期）一文中说：“夏鼐同志本人正是这种献身精神的榜样，他为中国考古事业的发展鞠躬尽瘁，孜孜不倦地工作到生命的最后一息。他毕生为发扬中华民族优秀传统文化而工作，在他身上就体现了社会主义精神文明的光辉和力量。”这是对夏先生恰如其分的评价。

夏先生离开我们已十余年了，而我对先生的怀念历久而弥深。回想起我从学历史专业转到从事考古工作的过程，一直得到夏先生的关心和教导，当然也得到所内其他先生和同志的许多帮助。一九五八年春，所里派我到西安唐城队学习田野考古发掘工作，不久又安排我与队里的几位同志在田野工作之余，整理存放在西安研究室的一批隋唐墓葬考古发掘资料。因为这是我第一次编写发掘报告，所以先写出两章初稿寄给所里，经夏先生等所领导审阅认可后，才继续编写。该发掘报告定名为《西安郊区隋唐墓》。在报告编写过程中，王伯洪、王仲殊二先生曾提供许多有益的意见，夏先生在百忙中审阅了报告的全稿，并题写了书名。

一九七二年，《考古》《考古学报》和《文物》杂志，由郭沫若院长写报告呈请周恩来总理亲自批准而复刊。当时“文化大革命”尚未结束，在极左思潮的影响下，开展科研工作仍然困难重重，而夏先生在当年十月就开始组织领导满城汉墓发掘报告的编写工作。关于参加编写人员的调配，报告编写的体例，以及编写中应注意的事项等，夏先生都亲自安排、指导，并仔细审阅了报告的初稿。在报告编写过程中，虽然也受到“文革”的干扰，但能在“四人帮”垮台后两年即脱稿付印，这与夏先生的关心和指导是分不开的。

“文革”结束后，考古所的业务工作全面展开。有一天夏先生单独找我谈话，要我去编辑室工作。说实在的，当时我心里不太愿意，一方面是存在畏难情绪，怕工作搞不好，自己一直从事业务工作，对组织管理工作不熟悉，编辑室又是所里的“窗口”部门，我学考古毕竟是“半路出家”，不是“科班出身”，害怕完不成任务；另一方面也确实存在思想问题，认为在研究所从事研究工作是第一位的，做编辑工作会影响自己在科研方面的发展。我虽然在思想上不愿意，但由于对夏先生的敬重，不便断然表示不去，同时自己是个党员，也不能不服从工作分配，只好推说“让我考虑考虑”。当时夏先生已看出我在思想上是不愿意的，但他并不用简单的大道理来动员我，而是耐心细致地给我做思想工作。他对我说，在编辑室工作不会妨碍从事考古研究，研究人员做一段时间的编辑工作对从事学术研究是必要的，也是很有益处的，并说将来所有研究人员都应该轮流到编辑室工作一段时间，过几年让我回研究室。我觉得他的话有道理，但是当时正在编写《满城汉墓发掘报告》，尚未脱稿，我要求等报告完成后去编辑室，夏先生也就答应了。

当时负责编辑室工作的，是一位从社科院院部调来的老干部，过去从事科研组织工作，理论水平高，与室里同志的关系也十分融洽，但因自己不从事考古研究，所以想早日离开考古所，到更适合的单位任职（他离开考古所后到北京市文物局担任领导工作）。一九七八年《满城汉墓发掘报告》脱稿付印，夏先生又找我谈话，要我尽早去编辑室上班。当时编辑室确实需要人，我考虑当时的情况，也没有什么理由再推了，于是就在当年到编辑室工作。

我到编辑室后，起初还想干几年后再回研究室，但由于各种原因，一直在编辑室工作了整整十年，直至退休为止。夏先生先是所长，一九八二年夏天起担任名誉所长。回想在那十年中，夏先生对编辑室的工作始终关怀备至。正如王仲殊先生在《夏鼐先生传略》（《考古》一九八五年第八期）一文中所说的："作为考古研究所的所长，夏鼐先生不仅全面领导学术研究，而且还亲自主持编辑工作。"夏先生对编辑室工作的关怀是多方面的，现就回忆所及，列举有关事例如下。

首先是对编辑室人员的调配和加强问题。我认为，刊物质量的高低，同编辑人员的水平有直接的关系。考古刊物的编辑人员，不仅要随时了解考古新资料以及研究工作的新进展，而且在完成编辑任务的基础上，本人最好也要从事某一方面的专题研究或综合研究。编辑人员只有在不断提高自身学术修养的前提下，才能不断提高编辑的水平，因此编辑任务最好不要压得过重，要有一些自己自由掌握的时间。当时我觉得编辑室存在人员不足的问题，而增加人员的难度却比较大。夏先生也同意适当增加人员，但他对编辑人员的挑选较严格，他曾对我说过，进编辑室的人选必须经他同意。所内适合当编辑的研究人员多不愿到编辑室工作，因而曾想从外地文博单位借调，但因种种原因都没能调成。继而决定从天津调一位长期从事历史教学的同志来编辑室工作，但户口进京问题难以解决，我向夏先生汇报此情况后，他十分重视，亲自去找曾在社科院工作过的北京市领导同志，反映考古所的实际情况，说明确系工作需要，因而这位同志的调动问题才顺利解决。

党的十一届三中全会召开后，全国考古工作蓬勃开展。到七十年代末，编辑部积压的稿件越来越多，原有的《考古》《考古学报》已不能满足需要，压力越来越大。我向夏先生汇报了这种情况，希望能增加一种刊物，得到了夏先生的同意和支持。他曾多次向社科院有关领导建议，终于得到院部的同意。在具体申办过程中，编辑室曾多次向院部有关领导打报告，每次报告的内容都经夏先生亲自审阅、修改。经过近一年的努力，新办的《考古学集刊》终于在一九八一年与读者见面了。该刊的创办，夏先生花费了不少精力。《考古学集刊》出版后，对加快稿件的发表，减轻积稿压力起了积极的作用。

夏先生从《考古通讯》（一九五九年改名为《考古》）创刊起就担任主编。一九七二年《考古》复刊，夏先生和王仲殊、安志敏三人组成小组，负责领导编辑工作，以后《考古》和《考古学集刊》的主编分别由安志敏、王仲殊二先生担任，夏先生仍然担任《考古学报》主编。夏先生对考古刊物始终都非常关心，尽管工作十分繁忙，仍然抽出时间，有时审阅校样，有时检查新出版的刊物，从文字内容到插图、图版以至于标点符号，都认真仔细地审阅，并及时指出存在的问题和失误，帮助编辑人员提高编辑业务和学术水平。正如王仲殊先生所说的："在编辑工作中，夏鼐先生严格要求刊物的质量，本着认真负责的态度，贯彻实事求是的学风。"（见《夏鼐先生传略》）夏先生树立了所领导关心、支持编辑工作的榜样，以后历届所领导继承了这个传统，对编辑室的工作都很关心。

《考古》杂志曾荣获"九五年优秀社会科学术理论期刊奖"，一九九八年一月被评为"全国百种重点社科期刊"之一，并曾两度荣获"中国社会科学院优秀期刊奖"。《考古》杂志所以能获得这些成绩和荣誉，当然是编辑部全体同志共同努力和广大作者、读者大力支持的结果；同时与以夏先生为代表的历届所领导的亲切关怀和严格要求有密切关系。在取得这些成绩的同时，我们更加怀念夏先生为办好考古刊物而付出巨大精力的献身精神。

《诗》云："高山仰止，景行行止。"夏先生的道德文章与谦逊态度，以及毕生献身于中国考古事业的崇高精神，是永远值得我们景仰和学习的榜样。

本文原载《考古》二〇〇〇年第七期。

夏鼐——诲人不倦的导师

任式楠

二〇一〇年二月，为夏鼐先生诞辰一百年，是个值得纪念的时日。至今，离他辞世（一九八五年六月）也有近二十五周年了。夏先生的宏富论著，则与世长存；他的事业贡献，永载学术史册；他的学识、精神品格，始终令人敬仰。总之，夏先生给我们留下了一份宝贵的学术遗产和精神财富。我们长年有幸亲聆他的一些指导教诲，深藏着种种可资怀念的记忆。我手头保存着一份夏先生的审稿书面意见，一张十六开普通白报纸，现已微微泛黄，先生用蓝黑墨水钢笔书写，字小行密，二十多行布满大半页纸面。那是在一九七六年，本所组织数人编写一本普及性读物，意在“从考古文物谈谈祖国历史”。考虑到读物性质，引用考古材料和学术观点都未加注释。我参与其事，并先将一章拙稿送请夏先生审阅、斧正。他专用一纸，逐条写明稿子需修改处的页、行（段），具体提出了不少意见，既讲了要怎样改，还说明为何这样改，这是一份弥足珍重的学习材料。

现将夏先生审稿意见所书内容刊布于下，同时，为便于理解其书面意见，也附登了针对原稿的相关文字。

原稿：[第一段]“狩猎业的迅速发展，有条件将猎获的一些野生动物开始逐渐驯养成家畜，从此人们又开创了饲养家畜的新途径。”[第二段]“在采集植物观察和试种的基础上，妇女发明了原始农业，由扩大驯养动物过渡到了原始畜牧业，这样……标志着生产性经济的兴起。”

夏先生意见：“畜牧业开始与农业开始，在近东及中国几乎同时。并不像欧洲那样畜牧较农业为早。新大陆则农业较畜牧为早。我国亦然，养猪只是农业的副业。”

原稿：“当时，氏族是社会的单位，从这种单位中发展出了氏族、胞族及部落的全部组织。”

夏先生意见：“‘从这种单位（指氏族）中发展出氏族、胞族及部落的全部组织’，可改为‘一个部落包括好几个氏族，有的还有中间组织的胞族’。因为当时（母系氏族制）实行族外婚，一定要有一个以上的氏族同时存在，并组成部落。这表示部落与氏族是同时存在的，部落不是由氏族中发展出来。没有族外婚的原始群，不能称为氏族。氏族是一定历史阶段中与部落同时出现的。”

原稿：仰韶文化住房，“茅草屋面上往往也涂草拌泥以便防水；屋面前坡都开排烟通风口，后来的象形文字‘宫’（宫）就是这种上囱下门对称的建筑外貌的反映，两面坡的房子排烟口开在墙上即成为‘窗’的创始”。

夏先生意见:“‘就是’改为‘可能是’。这象形文字是否系建筑物的写实，尚不能定论，有人以为‘吕’乃指前后两间的房子，也有人以为上口乃门上的窗，不是屋顶上的通风口。可以说得活一点，改为‘可能是’。”

原稿:“粟即小米，我国古代称稷，是一种耐旱作物。”

夏先生意见:“‘我国古代称稷’, 可删。我国古书中的‘稷’是指哪一种谷物，尚有争论，有的说就是粟，有的说不是粟，后者又分二派，或以为是黍的不粘者，或以为就是黍（今日黄米，不是小米），或以为高粱。这里已解释‘粟即小米’即可，不必卷入有争论的稷的问题中去。”

原稿:“至于乌黑光亮的黑陶，先像烧红陶那样，到烧成将近结束时加以烟熏即进行短时间的渗碳。”

夏先生意见:“‘渗碳’乃炼铁学的专门名词, 指渗入碳原子使与铁原子合成碳化铁。这里是指渗入极细的炭末（即烟炱），不能称‘渗碳’。碳指化学中碳元素，不是一般的炭。”

原稿:“仰韶文化的制陶手工业在继承过去水平的基础上，经历了长足的发展。回顾最早制陶术出现的时候，就是与农业的发明同时问世的, ‘神农耕而作陶’的传说，表达了这种历史联系。”

夏先生意见:“加以‘有些地区’（指加在‘就是与农业……’句之前）。因为有些地区, 农业较制陶为早（日本的新石器时代便有先土器时代，秘鲁和近东亦有 Pre-ceramic Neolithic。”

原稿：仰韶文化“还有绿松石和碧玉耳坠更显精美突出。”

夏先生意见：“‘碧玉耳坠’，按‘碧玉’在矿物学上乃Jasper的译名，为石英质，有各种颜色的碧玉（红、黄、绿等），内蒙（古）地区的细石器有碧玉制者，但似乎半坡或仰韶文化中没有碧玉耳坠（有些简报或报告提到的矿物名，常不足信，须要鉴定）。”

此外，夏先生还对一九七六年刚见诸报道的浙江河姆渡遗址考古新发现很是关注，意见中专列出“长江流域增加余姚河姆渡”，又指出了稿中应补充的其他方面内容，“似可由墓葬习俗及艺术品中提出反映宗教信仰的上层建筑意识形态的东西，加以叙述。”

夏先生的审稿书面意见颇为重要，值得好好领会汲取。这里，对专门名词“渗碳”问题再多说几句。按照夏先生强调的观点，检视有些著述包括本人上述未发表的旧稿，都在论及烧制黑陶工艺中使用了“渗碳”一词，均属理解不当。例如，《考古学报》一九六四年第一期的一篇专文详作分析，认为“黑陶的化学组成和一般的灰陶或红陶并无显著差别，只是灼减比较高些。经进一步定碳分析的结果表明，灼减高的原因是黑陶中含有相当高的碳。碳的存在是造成黑陶呈现黑色的直接原因，至于碳的来源，估计是在烧成将近结束时用熏烟法进行渗碳的结果”。该文《结语》中写明：“龙山文化的薄胎黑陶……它的黑色是由于在烧成晚期用烟熏法进行渗碳的结果。”《中国陶瓷史》（第 42 页，文物出版社，一九八二年）中写道:“新石器时代晚期，则可能是靠近烧成末期封闭窑顶，并用渗水入窑的办法，来实现还原气氛使之成为灰陶，或使用烟熏渗碳使之成为黑陶。”有的学者对大溪文化的黑陶、外红内黑陶、上红下黑陶等的成因，都指称为使用了“渗碳工艺”。也有学者注意到这个问题，在论述龙山文化黑陶烧制工艺时，认为“加黑，实际上是在高温条件下隔绝空气进行渗炭黑处理（碳的团粒，与现代工业上所说的钢的‘渗碳’处理有质的区别）”（《史前研究》一九八八年辑刊第 274 页）。这样，在涉及黑陶、外红内黑陶等的制陶工艺领域，实应避免使用“渗碳”一词，或可考虑以“渗入烟炱（炭灰）工艺”短语表述之。

时隔三十余载，重读夏先生的一纸审稿书面意见，不仅有知识上的温故和再思，特别是又一次深切感受到学术前辈求真严谨的科学态度和诲人不倦的高师风范，这种学者本色和精神真是需要我们学习和高扬的。

本文原载《考古》二〇一〇年第二期。

忆夏鼐先生在马王堆汉墓发掘工作中

侯 良

中国科学院副院长兼考古研究所所长夏鼐先生逝世两周年了。他在生前曾对湖南省文物考古工作给予了很大的支持和关注，尤其是对马王堆汉墓的发掘，做了许多具体的指导，凝聚了他的大量心血。

一九五一年秋季，夏鼐先生即以考古所副所长的身份，带领考古专业人员，到长沙来配合基本建设进行了三个多月的田野发掘工作，共发掘战国和两汉墓一百多座，并亲自组织力量编写和出版了《长沙发掘报告》。他们在五十年代的考古调查中，还发现了后来轰动世界的马王堆汉墓。

一九七一年，长沙马王堆一号汉墓的考古发掘工作开始了，这是我国考古学史上的一次非常重要的发掘。当时，正处在十年浩劫中，我省文物考古工作者绝大部分下放农村“劳动锻炼”，仅剩下极少数同志从事这项重大发掘。一九七二年四月，当发掘到揭棺清理阶段时，技术人员严重不足，遂急电告知主持文博工作的王冶秋同志和夏鼐先生。冶秋同志找到夏鼐先生研究后，立即从考古研究所派了经验丰富的王㐨、白荣金等同志到长沙，和我省考古工作者夜以继日地一道工作，很快制订了开椁、开棺方案，千方百计要取得完整的考古资料。从开椁到清理完毕，花了将近半月之久。由于考古所同志的支持协助，马王堆一号汉墓的发掘工作得以顺利完成，墓中出土的帛画、丝织品、漆木器都得到了完好的保存，并拍摄了长纪录片《考古新发现》。

一九七二年十一月，经周恩来总理批准，由王冶秋同志在长沙主持召开西汉古尸解剖会议。在此期间夏鼐先生和王仲殊同志一同前来，他亲自参与并指导了这一次古尸解剖工作。由于古尸的解剖、研究和保护工作，对于我国考古和医学界都是一个新课题，因此，不免有各种不同的意见和看法。例如，解剖好还是不解剖好，如果解剖，是从喉管到耻骨联合大开刀，还是在腹腔上小开刀，以及脑部如何处理等。夏鼐先生每会必到，每到必积极发言，提出一些指导性的意见。

十二月七日下午，女尸解剖座谈会在湖南宾馆举行，在会上夏鼐先生说:“二千多年前的古尸能保存这样好，我们估计不足。这个工作是空前的，我们这次解剖要从各方面去探讨，不仅要把死因探明，而且要通过古尸解剖研究，探明我国古代劳动人民在防腐上的伟大成就。”他还说:“尸体在考古发掘时经常碰到, 但遇到保存这样好的还是第一次。木乃伊是放在沙里,让它干了取出来，去掉脏器，缝合后保存，胃、肺等装入罐子另外保存。北欧挪威等地，过去把活人砍死，用泥包围起来放在水里，现在挖出来还是很好的，解剖后胃中还有青菜等食物。古代内脏取出比较容易，新尸有细菌，古尸没有了，不动也可以。但今天听了大家发言，我认为可以解剖，从考古方面说，一是能保存，二是能增加对古代的知识，如寄生虫等，什么时候开始有，可以考证。从研究方面说，打开来好一些。皮肤不皱和解剖关系不大，主要是看皮肤破裂没有，我们给阿尔巴尼亚修羊皮书，有机化学所主张用高分子，但说会老化，后来认为还是用真丝好。定陵出土的东西用有机物涂了，几年之后，丝织品老化了，碎了。”他的这一席话，既给到会同志增加了知识，也给大家增添了勇气。

座谈会继续进行，夏鼐同志又发表了长篇讲话。他说：“解剖不解剖，哪个有利?一方面是研究，一方面是保存，我想不解剖不一定比解剖好保存，主要是打开了缝合的问题，缝住能否保存二千年、几十年没有把握。有些内脏是否先照一下再解剖，因为可能拿不上手，是否内脏取出，头颅不打开，否则不好参观。也可在脑上打个洞，或者从鼻孔和眼眶进去掏脑内物。若内脏还成形，也要用玻璃瓶保存下来，将来与尸体一块儿陈列，科学材料不一定强求齐全。”

夏先生很谦虚地说：“我是外行，但是我觉得有些工作还是要做的，比如外表观察要做，没打开前，X 光照片再搞一下。

我看到第一次的照片就认为不行，太模糊，当时不知是尸体本身问题，还是照的问题。第二次清楚多了。凡不清楚的地方，这次要更好地拍照。要找好的设备，因为这是表示我们国家技术水平问题。有些骨头小的地方看不出，是否再照一下。有些数字要测量，她身长一点五四米，腿骨多长?比例如何?可以看出是正常发育还是病态?头的长度宽度也不知道，为了保存汉代人的体质资料这是必要的，比如头发可以切片，有不同的类型，可以做些观察。有些组织切片可以加些颜色，这样可能清楚一些，用各种颜色来研究不同的组织，可以显示出我们的水平。”

说到这里，夏鼐同志又举了一些国外的事例，他说:“外国人有古代病理学研究，一是研究死的原因，那是法医学上的问题。这个女尸我们也希望知道她死的原因，也可能是什么传染病，但一般的病理病态是有的，如关节炎等。有些病痊愈了，但还可以看得到，凡 X 光能看到的地方都要研究，这样可以使我们知道什么病在什么时候就有了，比如梅毒在明代末年才有，美洲的印第安人无此病，是欧洲人到美洲后才有的，过去此种病在中国叫广东癌。肺结核也是这样。我们要借此机会都搞一下，积累一些很好的资料。”

他又说:“血型 A、B、O，按说有机体保存得好还可以找到，当然也不一定找得到，但过了这一段以后再搞就不行了。”

他还嘱咐大家说:“希望有关同志多想一下，还应考虑到在解剖过程中能遇到什么问题。”

在夏鼐先生的指导下，在各方面医学专家的努力下，女尸解剖研究任务终于顺利地完成，取得了全面的资料。

发掘工作结束以后，夏鼐先生立即指示我们：要用这一墓葬的资料，趁热打铁地把发掘简报和正式发掘报告编写出来。考古所的同志和我省考古工作者一起用了不到一个月的时间把发掘简报写成了。然后着手写发掘报告。初稿由熊传新、周世荣、何介钧等同志执笔写成，后由黄展岳、王世民二同志修改定稿。还派当时考古所绘图室全体同志（共四位），协助省馆绘图。夏鼐先生对简报和正式报告从头到尾都进行了核审，提出了许多修改意见。这一大型报告《长沙马王堆一号汉墓》在夏鼐先生的指导下，终于在一九七四年由文物出版社出版了。这个报告的编写和出版，是解放以后出版周期最短的一个田野考古发掘报告，也是十年浩劫中，文物考古工作者冲破各种阻力出版的第一个大型考古发掘报告。它的出版对后来的文物考古事业也是一个大的推动。

一九七三年十一月，国务院批准了长沙马王堆二、三号汉墓的发掘计划，并成立了发掘领导小组。周总理指定夏鼐为副组长。他再次来到长沙，亲自指导了二、三号汉墓的发掘工作。

一九七三年十一月十一日，夏鼐先生在二、三号汉墓发掘准备工作会议上说："三号墓要考虑好，一号墓你们能做成那样就不错了。一、有的人不一定去（指发掘现场）即可能解决问题，如色谱可以拿回来搞；二、孢子花粉，给一点土即可化验出来，也不一定有，因为土堆积起来了；三、高压氧舱是否需要?有点氧气就变化这样快?不要往上海运（有人建议如有尸体运到上海瑞金医院进入高压氧舱内解剖），丝织物取下来即动手术。”

就在此期间，夏先生还为湖南省博物馆的同志做过一次重要的学术报告。在谈到考古学的任务时指出:“考古学要达到什么目标?不能光看器物如何漂亮，它的目标是为历史科学研究，为了知道古代的三大斗争（生产斗争、阶级斗争、科学实验），把祖国的历史文化弄清楚，向人民进行历史唯物主义教育和爱国主义教育。”又说:“考古学不能光管自己，许多科学方法都要想法利用，如碳-14测定年代、动植物鉴定、孢子花粉分析、尸体解剖研究等。”当谈到湖南的考古研究时，他说:“一九五一年我到湖南来，挖了一百多座古墓，那时条件没有现在这么好，遇到‘老太婆’还没有办法，现在发现好，领导重视，条件好了。我看过湖南同志的一些报告，工作做得很多，工作还是做得好的，以后要继续提高。”他指出:“湖南旧石器时代的东西还没有发现过”;“新石器时代，湖南发现的遗址特别少，可以主动做些调查工作，保存好的可以做些发掘工作”;“湖南出土的商代铜器不少，别的地方没有这么多，与安阳的铜器差不多，湖南在什么时代进入青铜器时代?这些铜器与北方殷的铜器是什么关系?”“楚墓从春秋晚期开始有，战国的多，与江陵、安徽的楚墓比较有哪些特点?我们要看到地方特点，更重要的是要看到共性。”在这一次报告中，他对马王堆一号汉墓和岳州窑等问题也做了深刻的阐述。他的精辟见解，给我们留下了深刻的印象。

夏鼐先生虽然已经逝世两周年了，但是，他对我们的亲切关怀与指导永远留在我们心中，尤其是他的高风亮节，将永远激励着我们向前奋进。

本文原载《文物天地》一九八七年第三期。

深情怀念夏鼐教授
——教我从事古尸科研的启蒙老师

彭隆祥

一九七二年至一九七四年，长沙马王堆三座汉墓的发掘，是震惊世界的考古大发现。三十多年来，马王堆汉墓出土的千年不腐古尸、十几万字帛书和三千多件珍贵文物，受到全世界的高度重视，国内外多种媒体经常出现有关报道，有关论著的发表不断涌现，每年来湖南省博物馆参观马王堆汉墓出土文物和千年古尸的观众超过一百万人。

为什么马王堆汉墓出土的文物和西汉古尸这样吸引人们的眼球呢?中国社会科学院考古研究所原所长、著名考古学家夏鼐教授生前曾说过，“一个古墓就等于一本古书”。马王堆汉墓的三千多件文物（包括帛书）和古尸，反映了西汉初年的政治、经济、军事、文化、科技和民俗等许多方面的内容，宛如一部西汉早期的百科全书。一九七二年夏鼐教授出访阿尔巴尼亚，带去第一部介绍马王堆一号汉墓的新闻纪录片《考古新发现》，回国后他说:“这个尸体不仅中国注意，外国也注意，我们到阿尔巴尼亚去，放映了《考古新发现》的片子，他们说：以前听说中国很古老，怎么古法也不知道，看了这电影才知道很古老。”日本和光大学教授宫川寅雄发表感想说：“说到西汉初叶，当时日本的历史还处于被朦胧不清面纱所包裹的远古时代。而中国当时能够巧妙地使用朱砂、木炭、白膏泥的防湿防腐技术，绢织物、漆器、陶器等随葬品的精巧程度，鲜明证明了古代的中国文化水平。”

马王堆西汉古尸是一具湿尸，不是木乃伊（干尸），与其他类型古尸都不相同。自然干尸、鞣尸、尸蜡、冰冻尸等类型古尸，都是在特殊的自然条件下形成的。人工干尸制作时，剖开体腔，取出内脏，尸体用热溶的松香浇灌，再用浸透松香的布包裹。干尸皮肉干枯贴骨，肚腹低陷，这样的干尸要检查出致死疾病的病理变化，探讨死亡原因，往往比较困难。然而像马王堆汉墓这样的埋葬措施，深埋在地下，用白膏泥、木炭、棺椁来防腐防湿，达到完好保存尸体的效果。这样的湿尸，保留有较多的软组织和内脏器官，才有检查致死病变和分析死因的可能性。是古人的聪明才智给后人留下的宝贵资源。一九八〇年文物出版社出版的专著《马王堆汉墓古尸研究》中，我国学者将这种中国特有的古尸，命名为“马王堆尸”。

我们湖南医学院与湖南省博物馆发生关联，是从西汉古尸出土后需要保存好古尸时开始的。当时省博物馆向国务院图博口负责人王冶秋同志请示，王说：“两千多年的古尸不腐，这是世界奇迹。尸体和丝绸都要保护好。”一九七二年五、六月份，我院人体解剖教研组主任王鹏程教授与同事对古尸做了防腐处理，其他相关科室做了微生物学、组织学、化学的检测和放射科、口腔科的初步检查。

关于保存古尸，王冶秋同志曾口头传达过周恩来总理的指示：“在两千年前科技那样落后的情况下，古尸还能保存下来，大家研究一下，根据我们现在的条件，能不能保存两百年，让后代人也看一看，不要等我们看完了就完了。”

前阶段我院仅检查古尸的体表，取少量组织和抽取棺液，做了一些初步的研究，要长期保存古尸，涉及病理解剖的问题。我当时是我院病理解剖教研组主任，因而吸收我参加我院西汉古尸研究的领导小组。王鹏程教授和我代表学校起草向湖南省革命委员会（即湖南省政府）的报告。在报告中提出，要将古尸保存两百年，首先要对古尸进行解剖，把内脏取出另行保管，否则药物覆盖不到的地方，内脏会变坏。从开颅和剖开胸腹腔，取出脑和内脏，可以进行病理学、组织学、病原学等多方面更为全面的科学研究。同时在另一份报告中建议，邀请国内病理学、解剖学、组织学等方面的专家教授前来长沙，指导并和我们一起工作。

湖南省革命委员会将我院的报告，转呈国务院。日理万机的周总理对报告亲自做了批示：

王冶秋同志：

请邀有关同志和专家再议一次。如同意，即请提出一个工作小组名单，协助湖南医学院进行报告中所提出的和追加各项安排和调度。

周恩来

一九七二年十一月三十日

根据周总理的指示，在王冶秋同志的组织下，从北京和广州邀请了八位专家教授来到长沙，他们是中国科学院考古研究所所长夏鼐及王仲殊，中国人民解放军军事医学科学院病理研究室副研究员刘雪桐，中国医学科学院张炳常，北京医学院谭增鲁，中山医学院郭景元、陈以慈、沈其卫。从十二月七日起连接几次召开古尸解剖座谈会。除了上述八位专家外，还有我院的科研人员，湖南省的党政领导，以及新闻媒体的人员参加座谈会，到会有四十余人，会议由王冶秋同志主持，中心议题：要不要解剖?是不解还是小解或是钻探?好处何在?怎么解剖法?需要做些什么准备?每次座谈都有重点议题。

这样的座谈会有可能是国内首次，考古学家和医学家坐在一起共同商讨古尸的解剖和研究,因为古尸是一种特殊的文物。夏鼐教授在座谈会上，做了几次重要的发言。他在一九七二年十二月七日女尸解剖问题第一次座谈会上说:“新尸有菌，把内脏取出保存比较容易，古尸没有菌，不动也可以，原来我不主张解剖。今天听了大家发言，我认为还是可以解剖。从考古的角度看是可以保存得长久，再一个可以增加对古代的知识，如寄生虫等，可以知道是从什么时候就有的。从研究方面说，打开来好一些。”

座谈会于十二月八日上午继续举行，先由我和院内另外两位老师详细介绍古尸前段研究的情况。接着会议就要不要解剖的问题再次讨论。王冶秋同志首先发言，他说:“如有不同意解剖的，也可提出意见。这是一件大事，要想周到一点，只能做好，不能做坏。前提是保存尸体，同时也做些医学研究。日本有两个专家提出要一根或半根尸体的头发做研究，我们没有给。我们要争口气，自己研究，不让外国人插手，千方百计把工作做好。”

夏鼐教授在第二次座谈会上又做了长篇发言，他说:“解剖不解剖，哪个有利?一方面是研究，一方面是保存，我想不解剖不一定比解剖好保存。山东鲁王朱檀的尸体还好，他们把它埋了。其实尸体过去历代都有记载，过去没有想到这一方面的问题。医学界能宣传一下，对今后工作有好处。”他还对古尸的体表观察、X 光照片、组织切片的染色及血型检查等方面提出一些具体建议。他着重讲道:“外国人有古代病理学研究，一是研究死的原因，那是法医学上的问题。这个女尸我们也希望知道她死的原因，也可能是什么传染病，但一般的病理病态会有的，如关节炎等，有些痊愈了，但还可以看得到，凡 X 光能看到的地方都要研究。这样可以使我们知道什么病在什么时候就有了。比如梅毒在明代末年才有。美洲的印第安人原无此病，是欧洲人到美洲后才有的。我们要借此机会都搞一下，积累一些很好的资料。”

听了夏鼐教授的发言，我很受启发。我虽然一九五六年从湖南医学院毕业，到一九七二年讨论古尸解剖时，我已经是从事病理工作十六年的人，可是古代病理学我还是第一次听到，研究古尸对医学史、疾病史、法医学和病理学都会有贡献。为了人民的身体健康和医药卫生事业的发展，我们是应该大力提倡病理解剖。这使我想起西方有句话“The dead teach the living”，它的意思是死者贡献出遗体，进行病理解剖，从病理变化中分析其死亡原因，从中吸取经验教训，医务人员增长知识，今后对活着的人们有利。通过座谈会几次讨论，到会者思想认识统一了，既要保存好古尸，又要进行病理解剖，开展多方面的科学研究。紧接着讨论怎样解剖法。

十二月八日下午召开第三次座谈会，中心议题是讨论湖南医学院提出的解剖方案。我代表学校首先做了发言。我说:“对于解剖方案的制订，汇报一些想法。第一，我们印了一个参考文献目录，意图是反映前人古尸科研的成就，但由于占有的资料少，文献收集不全面，恐怕达不到这样的目的，请专家们提出补充。第二，关于解剖方案，共拟了一百零八项，包括了解剖的全过程。方案在会前也印发给大家了，当否，请大家审议。”

十二月九日上午第四次座谈会继续讨论解剖方案，两次会上专家们提出了许多宝贵意见，包括夏鼐教授在会上的发言。最后我院李亭植院长说:“请刘雪桐同志和彭隆祥同志根据大家的意见，写出一个两千来字的新方案上报国务院。”

在古尸解剖前，专门召开了一次解剖由谁主刀的会议。在场的老专家可能认为责任重大，再说名单已被报送周总理，因而互相谦让，谁也不想主刀。见此场面，我当时想“文化大革命”像一场灾难还没有结束，老专家可能还心有余悸，此事经周总理批准，在政治方面不会有什么问题。从技术上讲，毕业后我曾经自主做了两百多例病理解剖，协助别人或指导别人做的尸体解剖不统计在内，完成此任务能力应该有的。因此我在会上自告奋勇提出担当解剖古尸的主刀, 立即得到大家的拥护。

解剖方案和工作人员名单上报经周总理批准后，于十二月十四日下午对西汉古尸进行了病理解剖。十二月十五日下午和十二月十六日上午连续开了两次汉墓女尸解剖后座谈会。夏鼐教授在会上说:“这具古尸保存完好是空前的。原来估计不足。”接着他对进一步研究提了几点意见。针对我前几天印发的参考文献，夏教授着重指出:“参考文献很不够，国外对古代病理学有好几本专著, 还有零散论文, 希多参考。”也就是在这次座谈会后，夏鼐教授找我谈话，并将介绍几篇古病理学文献写在纸条交给我。敏锐的新华社记者何其烈同志看见夏教授找我谈话的场面，马上拍下一张照片。多年来我一直珍藏着这张照片和夏教授亲笔写下文献目录的那张纸条。

这些文献对我的古尸研究工作有很大的参考作用。他一共列出五条文献，都是有关古病理学的专著。例如第一条 Ruffer, M.A: *Studies in the Paleopathology of Egypt*, Chicago 1921（鲁弗:《埃及古病理学研究》，芝加哥一九二一年出版）。这是一本最早的古病理学专著。夏教授注明此书不知中国医学科学院图书馆是否有收藏。我院前身是湘雅医学院，创办于一九一四年，历史悠久，图书馆也有不少古书，但是没有一九二一年出版 Ruffer 关于古病理学论著的这本书。我院图书馆从协和医学院借来这本书，我在《西汉古尸研究》专刊中执笔的论文，引用了这篇文献。

我在论文中写道:"一九一〇年 Ruffer 在埃及一具纪元前十至十二世纪的木乃伊的肾脏内见到已钙化的埃及血吸虫卵，从古尸研究中获得了埃及血吸虫历史悠久的科学证据。据近代研究，在我国流行的是日本血吸虫病，其病原体首先被桂田氏（1904）在日本发现，所以命名为日本血吸虫病。一九〇五年 Catto 在新加坡解剖一例福建籍华侨尸体，在其肠系膜静脉内检获血吸虫的成虫。同年 Logan 在湖南常德的病人粪便中找到血吸虫虫卵，且标本被桂田氏证实。从而确定日本血吸虫病在我国的存在。"以前讲述日本血吸虫病发现的历史都是像上述这样讲的，但我们研究马王堆西汉古尸，在她的肝脏和直肠切片均发现日本血吸虫的虫卵，这说明她患日本血吸虫病。这样的研究结果证明，早在二千多年以前我国已有了日本血吸虫病，这对医学史是一个贡献。文献上讲在木乃伊肾脏发现埃及血吸虫虫卵，无疑对我们的研究有启示作用。

在 Ruffer 的另一篇论文中，他在一九一一年研究埃及木乃伊血管，观察到三千年前埃及人不仅有血管钙化，而且有和现代完全相同的动脉硬化现象，但以前未见古尸冠心病的材料，木乃伊制作时取出内脏，没有心脏标本，当然后人找不到冠心病的证据。而我们从西汉古尸研究，获得了两千年前我国古人患动脉粥样硬化症、冠心病等的现代科学证据。以前有人认为冠心病是现代社会的时髦病，事实说明二千年前的辛追，营养过剩，好逸恶劳，养尊处优，就可以患冠心病。

我从事古尸科研的过程，许多老师和同事，许多外地的专家教授，都曾给予帮助和指导，而其中夏鼐教授是很重要的一位，是他领我进入古病理学的学术殿堂。一张小小的文献目录纸条，你查看哪一页，哪里可能有这本书，都写得清清楚楚，倾注了长者对年青人的关爱，我当年才四十岁，被这位良师益友的人格魅力深深感动，他是有备而来的。

从此我的视野逐步得到开阔，知道美国有一个古病理学会。一九八四年学校送我去美国进修，我争取参加了一九八五年的美国古病理学会年会，在会上介绍了马王堆西汉古尸研究成果。会后一位加拿大的学者写信给我，他说：“在田纳西的年会上，我最欣赏你最有兴趣的报告，你的演讲是这次年会上最精彩的场面和最重要的部分。”从那年起我参加美国古病理学会至今，从此接触了许多国家的古病理学和考古学的学者，也曾利用各种机会宣传我国西汉古尸研究的丰硕成果。一九八五年在美国讲演西汉古尸科研成果，包括参加年会在内，共讲了五次，又两次应邀到日本，在日本先后讲了五次。

“马王堆尸”不仅有马王堆一号汉墓出土的这一具，一九七五年在湖北省江陵县凤凰山一六八号墓的发掘中，出土了一具保存完好的男尸，也是“马王堆尸”。

一九九六年美国古病理学家 Eve Cockburn 邀请我参加《木乃伊，疾病和古代文化》（Mummies, Disease and Ancient Cultures）一书的编写，我与武汉同济医科大学武忠弼教授合写了《中国的马王堆型古尸》（The Mawangtui-type Cadavers in China）一章，我们介绍了马王堆古尸和江陵县古尸的研究成果，在文中强调这两具古尸不是木乃伊化的尸体，不同于以往任何类型的古尸，该书一九九八年由英国剑桥大学出版社出版发行。二〇〇二年在江苏连云港又发现一具西汉女尸，也是“马王堆尸”。二〇〇四年新西兰与我国合作，摄制了一部有关古尸研究的电影，报道上述三具西汉古尸，影片曾在美国放映，去年被译成中文，片名是《汉朝睡美人》，前不久在国内放映。由此可见中外人士仍然关注“马王堆尸”。

当年主持马王堆三座汉墓发掘工作的原湖南省博物馆馆长侯良同志，三十七年来我们成为好朋友。他今年八十二岁，前几天我去看望他，谈到社科院考古所王世民先生写信约稿一事，侯老说：“你是应该好好写一下。”后来他回忆当年的情景，一九七二年开古尸解剖座谈会期间，外地来的领导和专家都住在湖南宾馆，每天清晨他到二楼夏鼐教授住处请他下楼用早餐，他见夏教授早已起床，坐在那里认真看英文书。那时仿佛一位博学多才、勤奋好学的学者形象浮现在我眼前。夏鼐教授在考古学上的卓越贡献，他的光辉业绩深深印在我的脑海里。

本文原载《夏鼐先生纪念文集：纪念夏鼐先生诞辰一百周年》。

夏鼐与湖南文物普查

吴铭生

夏鼐先生是我国著名的现代考古学家，又是一位德高望重和备受尊崇的良师益友。先生已辞世二十年，令人怀念不已。他那种平易近人、诲人不倦的风范，永远留在我的记忆里，终生难忘。

我有幸与先生结识始于一九五三年，那时我在文化部社会文化事业管理局、中国社科院和北京大学联合举办的第二届考古工作人员训练班学习。先生是该训练班的主要负责人，又是我们的授课老师，彼此虽然接触时间不长，但他高才饱学的学者风度，使我们十分敬仰。在训练班结业后的一九五六年，我又出席了全国第一次考古工作会议，在北京饭店再次见到了先生，聆听了他和其他考古学家的学术报告，大开眼界，受益匪浅。然而，天有不测风云，人有旦夕祸福，我不幸于一九五七年十月被错划为右派自此与先生中断联系长达二十二个春秋，失去了向先生求教的机会，深感遗憾。

可贵的一九七九年，国家拨乱反正，在政治上还我清白。本人有幸重操旧业，继续从事考古工作，自此又与先生恢复了联系，鸿雁传书，屡有赐教。一九八一年在北京召开的古代冶金国际学术会议及以后的全国考古学会年会相继见面时，先生对我所遭受的厄运深表同情，并嘱我振作精神，努力工作，再建业绩。先生谆谆教诲，对我晚年的工作起到了难以估量的鼓励和促进作用。

一九八四年，我在湖南省博物馆考古部任副主任时，正值全省开展文物普查工作，省文化厅委我重任，授命为省文物普查办公室副主任（主任由文物处处长熊传薪兼），主持普查日常工作。当时，我对此重任有所犹豫，认为自己年龄已是五十七岁，临近花甲之年，只待三年就要退休，同时感到文物普查任务重、难度大，思想上有一定的畏难情绪。于是，我将此情禀告夏鼐先生，以期指点迷津。信发出之后，不到一个星期就收到复函，如此之快，诚出预料，体现了先生对我的厚爱和关怀。先生来信说："普查工作现下进行得顺利否?此项工作要有耐心，要假以时日，要有愚公移山的精神。我比您还大十多岁，明明知道许多工作都没有法子完成，但是起了一个头，子子孙孙可以继续干下去，终有完成的一天。"我捧读此信，对照自己的思想反思，甚感惭愧。首先，我觉得自己的思想境界不高，年龄还不到花甲，就想坐等退休养老，怕苦怕累，缺乏老有所为的壮志，然而，先生已是七十多岁高龄的长者，仍不辞劳苦坚持工作。这种老骥伏枥、志在千里的敬业精神，值得我敬佩和学习。十分可喜的是，先生在信中为我指出了文物普查工作的艰巨性：一要有耐心，二要假以时日，三要有愚公移山的精神。这“三要”就是搞好文物普查工作的关键，对湖南乃至全国各地都具有重要的指导意义和作用。于是我下定决心，秉承先生的教诲，把湖南的文物普查工作当作晚年的事业。

一九八四年十一月，我即率队到常德地区临澧县进行普查试点工作，从中摸索了一些经验。然后，在各地分批用以点带面的工作方法，开展步行拉网式野外调查。经过各地普查队员三年的艰苦奋斗，终于完成了全省一百零六个县市的普查，共发现文物点一万余处，其中有不少重大的新发现：如旧石器遗存、道县玉蟾岩洞穴遗址、澧县城头山古城址和彭头山文化遗址等。在野外调查后，我又组织队伍进行重点复查，同时在省博物馆举办了“全省文物普查成果展览”。此展览展示了潇湘大地丰富的文物遗存，赢得了正在长沙召开的全国文物考古研究所所长会议与会者的好评，国家文物局原副局长沈竹同志也给予了赞赏。之后，我又不失时机组织各地整理普查所获得的资料，为全省一百零六个县市编写了《文物普查资料汇编》，留下了永久性的档案，并为编辑《中国文物地图集·湖南分册》打下了基础。据说全国类似这样以县市为单位的普查资料汇编，并不多见，仅我省做了这件既系统又细致的工作，传之后代，甚为珍贵。在上述野外调查和资料整理工作阶段，我确实付出了大量的辛勤劳动，既要到各地协助举办普查培训班，参与试点，又要编印普查工作手册和简报，还要召开现场会，总结经验，指导全局。由于我等对工作安排得当，起到了龙头作用，使各地的普查有序进行，没走弯路，如期完成了任务，取得了阶段性成果。

一九九〇年，我省开始《中国文物地图集·湖南分册》编辑工作，我被委任为常务编委兼编辑组长。为了使这本分册具有特色，从内容到形式都力求达到精品效果，我不遗余力提高编辑质量。在丰富县市文物分布图内容时，我和文博同志多次到省图书馆请人查阅志书,并复印明清时期古城邑图作为附图,增色不少，效果颇佳；在编写各类文物单位简介时，为了达到体例规范，要素齐全，我和师悦菊同志冒着酷暑，不辞劳苦到各地巡回辅导达一个多月之久，收到预期的效果。该分册由我负责统编统校，校对工作量特大，仅条目文字就有一百余万，为了尽量减少错误，前后校对过五遍。尤其是索引的校对，更是令人头痛，字小，行距密，只好用放大镜一行一字去查对文字的页码和地图上的坐标网络，看久了头脑发胀，眼珠好像要挤出来，就用冷水洗脸清醒解困。功夫不负有心人，由于校对无差错，获得省新闻出版协会颁发的校对三等奖，为了使重点文物图四十八版彩照的制作达到光彩夺目的理想效果，我在彩印公司与电脑作业人员共同制作，不断修改，在质量上下功夫，最后获得成功。当出版社开机印刷文物地图时，我十分不安，其原因是该社设备老化，两色机要印六色图，连续套印三次，能否成功，没有把握。那些日子，我守在车间检查质量，中午与工人一起在机旁吃盒饭，连续跟班作业。经过工人师傅的努力，终于在设备较差的情况下，印出了高质量具有等高线的文物地图，令人喜出望外。这本分册历时八年，终于在一九九八年十二月面世。从其内容而言，具有自身的特点：一是率先使用等高线，二是增加了县市古城邑图，三是增补了全省文物普查后十年内新发现的文物点，四是增补了我省全国重点和省级文物保护单位的名单。由于这本分册内容较为丰富，印刷较好，且有地方特色，因此受到北京总编委和国家文物局领导的肯定，尤其是对我晚年的敬业精神给予了好评。

星移斗转，马齿加长，如今我已是近八十岁的老人，回顾我参加湖南文物普查工作试点起，到编辑《中国文物地图集·湖南分册》出版的全过程，苦干了十四个春秋，为本省文物界做了一件实事，也获得省文物管理委员会和省文化厅颁发的“全省文物普查特等奖”的殊荣。值得欣慰的是，使我在右派生涯中所虚度的年华，从中挽回了十年，弥补了过去的遗憾。同时也可告慰已故恩师夏鼐先生，学生没有辜负您的教诲，本着您提示的“三要”精神，使湖南的文物普查工作圆满完成，所出版的《中国文物地图集·湖南分册》也荣获了第五届（2000）湖南图书奖二等奖。

本文原载《湖南省博物馆馆刊》二〇〇五年第三期。

夏鼐先生的三封书信
——纪念夏鼐先生逝世十周年

罗宗真

一九八五年六月十九日夏鼐先生突然患脑溢血逝世于北京，这是我国和世界考古学界的一个重大损失。如今十年过去了，对于夏鼐先生的一生评价，在该年六月三十日胡乔木同志于《人民日报》上发表的《痛悼卓越的考古学家夏鼐同志》一文中，做了实事求是的概括，我认为是十分恰当的，我在南方工作四十多年，由于业务上的原因，经常向夏先生请教，得益很多。他曾给我一些信件，至今仍完好地保存在案头，现发表其中的三封，从这些信件中的一些平凡小事，反映出他是一个非常认真负责、热心助人的良师、学者。

一九七六年我在扬州配合防空工程，主持唐城发掘工作，第一次发现唐代手工业作坊和寺庙遗址，出土了大量手工业工具和佛教遗物，证实了唐代文献资料上盛赞“扬一益二”之说，决非虚妄。因此向夏先生报告了这个重要发现，并特地向他请教有关唐代的考古资料和发掘中可能出现的问题。我的信于该年年底发出，他于次年一月七日即给我回信，并推荐由徐苹芳同志给我答复；接着一月二十八日他又将徐的答复寄来给我，徐苹芳同志按照我的要求及夏先生的指示写了一封很长的信，给我们工作很大帮助。

扬州发掘工作到一九七八年告一段落，后来在编写发掘报告中，由于发现了中国瓷器发展史上最早的青花瓷，我又向他请教了若干问题，并写成《扬州唐代青花瓷》一文，请他审阅。于是他在一九八一年六月七日又给我来信，提出文中一些不恰当的提法和应删去的内容。特别使我感动的，是他不主张在学术著作中冠以行政职务，不仅是他自己，其他人也不需要。

我每次去北京，或在其他地方开会都能见到夏先生，他始终对人和蔼可亲，但工作上又要求十分严格，夏先生虽已去世十年，看着他的亲笔书信，似乎其音容笑貌犹在眼前。

书信一

宗真同志：

您的十二月二十四日来信，于年前信已收到。

多年未见，但由熟人处也知道你的一些近况，这几年来，你做了不少工作。我近几年身体还好，不过，年龄大了，已不及你们青年人那样精力充沛，但是，还是可以工作。

你的《宜兴晋墓第二次发掘》，听说决定在《考古》上发表，不久当可付排。扬州的发掘工作，我听徐苹芳同志谈过，这遗址很重要，隋唐的扬州，正像解放前的上海。“腰缠十万贯，骑鹤上扬州”“十年一觉扬州梦”，这些诗句，我们少时多读过的。像你来信中所说的，鉴真和尚赴日本以前，也曾在扬州龙头兴寺为僧，井上靖的说法，可能是根据日人的考据，日人对于鉴真的研究论文和专著颇多，例如：安藤更生所写的《鉴真和上》（1963 年东京春秋社）。徐苹芳同志对于扬州唐代寺庙的史料较熟悉，我将你的信给他看，希望他能告诉你。他答应了，但因为他生病，这几天请假没来所。等他来所时，我再催他一下。叫他写信给你，恐怕你久等回信，所以匆此奉复。

顺致

敬礼！

夏鼐

77 年 1 月 7 日

书信二

宗真同志：

来信及《文博通讯》，均已收到，谢谢！

苹芳同志写了封信，现在附上，即请察收。

扬州唐城是一个重要中古城市，如果有新的重要发现，我和芊芳同志都很愿意来现场参观学习。不过这需要你单位出面致函考古所总支征求同意。总之，预祝你们在工作中有更多更大的收获！

此致

敬礼！

夏鼐

77年1月28日

书信三

宗真同志：

来信及大作《扬州唐代青花瓷》均已收到，谢谢！

扬州会议后，马得志同志直接赴长安，故尚未晤面，但由其来信中，知颇多收获，甚喜。

大作中注（12）提及贱名上冠“中国社会科学院考古研究所所长”职称，似可不必冠以职称，文中提及别的同志，皆不附职称。学术论文不是衙门公文，实不必附上长衔。正式发表时能否删去？

扬州青花瓷片的发现，自是一个有兴趣的发现，值得研究。但正如大作所说的“这片青花，来自何处，还待研究”（7页2行）。

大作第一页说“1957年（原文如此，怀疑是1975年），浙江龙泉金沙塔出土北宋初年青花瓷碎片”。按龙泉金沙寺塔的擅自折毁，确是1957年的事，不会晚到1975年。其事见《文物参考资料》1957年1期52页，1956年1月间折毁崇因寺双塔之后，“又折毁了另一座艺术价值更高的金沙寺塔”。(但是可能发生于1956年,而1957年上交文物到省博物馆)。正式发表时，可以删去你在括弧中的按语。

此复，顺致

敬礼!

夏鼐

81年6月7日

本文原载《中国文物报》一九九五年六月十八日。

夏鼐先生与广州文物工作二三事

麦英豪

一九八五年六月十九日，世界知名的考古学家夏鼐教授，在接待日本考古代表团的学术交流活动中，突患脑溢血溘然去世，这是中国科学界的巨大不幸，是中国文物考古事业的重大损失。

一

夏先生逝世的噩耗我们是二十日获悉的。这天下午，中国社会科学院历史研究所中国古代服饰研究室主任王㐨同志和我正在谈论工作问题，王㐨同志已到广州多天了，他是来帮助整理研究南越王墓出土大量已碳化的丝织品工作的，快到下班的时候，市文管会考古队长黄淼章同志拿着一封急电从市文化局赶来，电报是服饰研究室一位同志拍给王㐨的："十九日夏鼐逝世，速返。"这一突然而来的凶信把我们吓呆了。"这是真的吗？"王㐨同志喃喃自语："不可能，绝对不可能！我离开北京前，还见过先生，他身体气色都很好。我知道他要陪同一个日本考古代表团到偃师参观商城遗址，现在该回到北京了。”如果消息不确，谁敢开这么大的玩笑，拍来这份急电?是真的话，难道先生是在旅途中突然去世的?我打了满肚子疑团，急切想知道个真相。王矜同志赶往电话局打了个长途电话回研究室查问，得到的回音:夏先生因脑溢血，经多方抢救无效，于十九日去世了。先生逝世的凶信看来是真的了。但我对电报也好，对王矜同志查询得来的回音也好，一时还未敢相信，也不愿意相信，这到底是出于我对先生一贯的敬仰心情，还是因我的固执脾性所然。第二天大清早，我到广州火车站接湖南省博物馆高至喜等同志的车，我们见面的第一句话就是探问有关夏先生的消息，高至喜说:“夏先生逝世的消息是确凿的，二十日的《湖南日报》已有报道。我们因赶着去香港筹备马王堆汉墓文物展览，昨天先给考古所发去一个唁电。”夏鼐先生果真离开我们而去了，我们一时相对无言，心里难过。

夏先生为建立新中国的现代考古事业，工作到生命的最后一刻。生命不息，战斗不止，先生用自己的实践为我们树立了一个光辉的榜样。人生七十古来稀，先生终年七十六岁，仅从年寿上来说，是无憾了，但在党的事业，特别是正处在黄金时代的中国考古学，多么需要有先生的领导。先生匆匆而去，中国知识界痛失良友，我们这些战斗在文物考古工作岗位上的后辈，更深深地感到痛失良师。

《光明日报》以《夏鼐的足迹》为总题目连续发表了十篇关于先生事迹的专题报道。我每读一篇感到接受一次教育，先生的先进事迹足以教育后人，激励来者。高山仰止，景行行止。先生对党对人民事业鞠躬尽瘁，永远是我们学习的好榜样。

二

我不是诗人，不会写悼念先生的诗篇，又不是文学家，涩于言辞，表达不出自己的内心情感。但每想到自己无论工作上或学习上都得到先生的指导和帮助，广州市的文物考古工作得赖先生的大力支持。我想：这些从先生的德业来说，实在算不得什么。古人说，见微知著，我们还是应该把这些往事写下来，以表怀念。先生真是终生辛勤，致力于考古事业；一世淳朴，培育文博人才。

我是一九五三年参加第二届全国考古工作人员训练班学习时开始认识夏先生的，时光易逝，屈指已三十多年了。五十年代初期，国家基本建设工程在全国各地开展，配合动土兴工保护地下文物成了一项最紧迫的任务，但何来那么多考古人员？一九五二年至一九五五年由中央文化部文物事业管理局、中国科学院考古研究所和北京大学历史系三单位联合举办了四届考古工作人员训练班，以应急需。夏鼐同志除了分担训练班的筹组、领导等任务外，还负责讲授田野考古课程。第一届，广东省没有人参加学习，因为招生时，省文物管理委员会曾派去一名六十多岁的工作人员，当时的中南区文化部认为年龄过大退了回来。二届至四届，省、市都派人参加学习。第二届，省、市合派了市博物馆梁振雄、市文管会黎金和我，还有省文保会的区家发共四人。我们的学习课程是高度浓缩的。当时北大历史系考古专业要念五年，训练班按考古专业的主要课程安排，浓缩为五个月，到第二届更减缩为三个月，真是超级浓缩课啊！记得我们课堂学习理论阶段，郭沫若、郑振铎、翦伯赞、梁思成、裴文中、贾兰坡、陈万里、苏秉琦、阎文儒、宿白、安志敏等前辈都亲自授课，夏先生的田野考古课是搬到河南郑州、洛阳的发掘实习工地讲授的。来自广东的四个学员，听普通话的能力数我最差，夏先生是浙江温州人，他讲话的乡音很重，语调时高时低，真难听懂。北方的九月已届秋凉，先生讲课认真，看着他已讲得满头大汗，但坐在下面听讲的我，越听不懂就越心急，笔记无法做，更急得大汗满头。我耳朵里听得最清楚的是"马刀"这个词，但"马刀"是个啥，不明白。等到油印的讲义发下来了，才恍然大悟，我认为听得最清楚的"马刀"，原来是夏先生讲的"墓道"。记得好多年以后和先生谈起我当时的窘况。先生反而很认真地说：我的乡音难改，很对不起啊，听不懂的也许不光你老麦一人。

训练班学习结束，回到广州后，我们马上又参加发掘龙生岗五十三号东汉木椁墓。这墓出土一件楼船模型，木船板都有彩画。因墓早被盗过，船板散乱朽坏不全。汉代楼船是很有名的，在考古上还属首次发现。这件彩画楼船能否复原，我们全无经验，又无参考材料，一时束手无策。后来想到可以求教于先生，我抱着试试看的心情，向先生写了一封长信，汇报了木船的出土状况及复原上遇到的困难。不久,先生的复信寄来了，他给我们详细介绍了考古所在长沙发掘的二〇三号墓出土的一件木船的资料和照片，还详列了有关汉代舟船各部分名称的文献材料。先生办事的认真态度，扶掖后辈的真情实意，使人感动。记得有一回考古所黄展岳同志告诉我：凡属学术上的问题请教到先生，他是有求必应，有问必答的。我到编辑部工作，先生教导我们，凡来信中有问题要答复的，最好尽快回信，如果问题一时不能解决，也要先回个信，说明一下情况，好让对方明白，免得人家焦急，这也是个礼貌问题。夏先生平日写信答复别人的提问，就占用了他不少时间。他还习惯在来信中批注上答复的要点及日期。我们的编辑工作做得还算可以，这与学习先生办事认真的态度很有关系。

《广州汉墓》这本专刊,从编写到出版都得到夏先生的关心和具体帮助。五十年代，我们在配合广州郊区基本建设工程中发掘了几百座古墓，有几处是很有代表性的南越王国时期的墓群。曾引起过研究秦汉史学者注意的《华侨新村汉墓》发掘报告，即其中之一。一九六一年，我们计划先把一九六〇年以前发掘的四百余座两汉墓材料进行整理发表，我把这个打算函告夏先生和黄展岳同志，他们很快就写了回信，对我们的计划表示赞成和支持。先生鼓励我们一定要把这个报告写好，还建议可做专刊安排到科学出版社出版。

在整理这批汉墓资料的过程中，我们碰到了出土珠子不好鉴认的难题。虽曾跑过文物店、珠宝商行以至地质局等单位，向不少老行尊请教，都未能解决。后来先生答应帮助我们鉴认，黎金同志把标本送到北京，夏先生边鉴认边解说珠子质料的特点，除写上中文名字外，还逐项加注外文学名。有个别学名先生怕自己记不准，翻出他那本批注得密密麻麻的英文词典一一核对。当他看到一种药蚀花的肉红石髓珠子时，笑着说，这种珠子可能来自海外，与海交史有关，我要写文章研究它，我们提出可以向他提供材料，他摆手说，不忙，我不能抢先，等你们的材料发表以后，我才写文章。这虽然是一点小事，亦反映出先生对他人劳动成果的尊重。

一九六三年底我们把《广州汉墓》油印稿寄请先生审阅，他指定请陈公柔先生审稿。一九六六年春，我们接到公柔先生的来信，所提意见绝大部分属技术性问题，容易修正，只有一条意见，即不同意我们叫“木椁墓”这个词，更不同意以之作为一种墓型分类。对这一条我们是有保留的。而且照此修改亦牵动甚大。来信催促我们赶快把修改稿寄回，以便早日发给科学出版社安排付印。当时，我去搞“四清运动”，一时是回不来的，事情就这样搁下了。怎知未过半年，“文化大革命”开始了，这个油印的稿子也成了为死人服务的“黑书”而受到批判。一晃十年过去。一九七五年夏先生与黄展岳同志商谈恢复专刊出版的事情，并提出《广州汉墓》可以先上。碰巧这时我们正集中力量试掘广州市内发现的秦汉造船工场遗址，修改稿子的工作只得再次暂搁了。一直拖到一九七七年秋，在夏先生的支持下，黄展岳同志在所长办公室隔邻腾出一间房子给我们作为改稿的工作室，他考虑到只有这样才能使我和何民本同志得到一个可以日夜工作的环境并不受干扰。这是多么不容易啊。因为考古所的办公用房是够紧张的，很感谢夏先生给我们的特殊照顾。关于书名，我们一开始是用《广州汉墓》的，后来有人提议改为《广州秦汉墓》。我们请教了夏先生，他认为还是照旧为好。因为西汉前期在概念上已把秦王朝最后这一段时间也包括在内了。一九七八年初，我被派赴香港工作几个月，只剩下何民本同志一人在处理插图及图版的编排。有一天，夏先生特意拿来一本英文的外国发掘报告给民本同志做参考，当他知道民本同志不懂英语，就详细地向何介绍了该书编排的特点，并提出：如果图版多了，书的成本就贵，只要图像清晰，照片可以缩小一点，宁可排得密些，也要尽量多发表一些插图和照片，这些对读者很有用。《广州汉墓》的插图和图版做密集式编排，就是根据夏先生这个意见来处理的。但当我们看到样书后，才发现不妥。因为我们只考虑压缩图版，不增加篇幅，影响出书成本，没有多收入应该发表的照片和插图；仅着意于技术性的密集编排，结果把大约三分之一的发掘现场和器物照片以及一些插图压缩删减了。这显然是因为我没有全面理解夏先生意思的结果。

三

一九八三年六月八日，广州解放北路的象岗山上发现了一座汉代大型石室墓(即南越文王墓)。六月十五日我们奉命赶到北京,上午先到文物局汇报发现及勘查情况。下午再到考古所，王仲殊、安志敏、王廷芳、徐苹芳、乌恩等几位所里的领导同志正等着我们。汇报以后，王仲殊同志对我们说，夏鼐同志参加全国人大会议去了，今晚我们要找到他。请你们明天上午十时再到所里来一趟，听听夏先生的意见。十六日我们按时再到考古所，王廷芳、乌恩、徐苹芳三人接待了我们。王廷芳首先向我们转达了夏先生的意见，他说，昨天你们走后，我们开了个短会研究过，晚上找到夏先生，我们向他汇报了这个重大发现，先生听了很高兴，他指出:“这是一个重大的发现，不下于马王堆和满汉城墓，因为已经暴露出来了，要及时清理保护，我们要从中国考古事业来考虑这个问题，一定要把这座汉墓的发掘事情办好。考古所要尽量运用我们现有的技术水平，尽我们的最大力量投入这项工作中去。考古所要参加发掘工作，而不是去做客，要跟广州的同志一道把这件事情办好，不要把它看成是个额外负担，要看作是考古所义不容辞的责任。如果人力上一时有困难，有的工作要停就停，要抽的人就抽，一定要把这墓的发掘做好，请通知广州的同志，赶快写个材料通过省报上来，由文物局、考古所会衔上报国务院，待批准后进行正式发掘。考古要选派人与地方的同志联合组成发掘队，但队长要由地方同志担任，所的同志也可参加。发掘的出土物，考古所一件不要。为了保证质量，早日把发掘报告出版，所里派人参加编写，出版时考古所的名字要排在后头。”听了廷芳同志传达夏先生的谈话，我们感到十分高兴。因为先生的决定是解放后三十多年来考古所队伍第一次越过五岭。五十年代初只到了长沙，以后的重点放在黄河流域。这次把队伍拉到广州来，也是岭南考古史上的一桩大事。同时，我们还觉得先生对问题看得多深，考虑得多全面周到，连最细微的事甚至发掘报告出版时署名的排列先后也想到了，体现了他作为中国考古学界最高学术研究机构的领导者所具有的眼光、胸怀和谦逊的态度。他对地方工作的关心、支持，广东省的党政领导都深表感谢。

一九八三年九月中旬，南越王墓发掘工作进入关键时刻——打开主后室大门，着手清理墓主棺椁遗物的阶段。文物局沈竹副局长和夏鼐先生，还有王廷芳同志一同到了广州，他们深入发掘现场检查、指导工作。夏鼐先生在工地蹲了两天，详细询问了前一段时间的发掘和发现情况，他看到墓主的棺椁已朽，一再叮嘱我们要注意板灰痕迹和棺椁饰物的出土位置和方向，这对以后推测复原棺椁的式样、大小尺寸等都是重要的依据。在内棺位置处已露出玉衣，已见到有散乱现象，他及时提醒我们，可考虑采取分层揭取或整取的办法，要勤记录、多绘图，尽量取足取齐玉衣形制、穿结方式等资料。已出土的实物，夏先生都认真地逐一查看，有时打开小本做些记录。他看了出土的大批墨丸后，又提到化验问题，指出墨的主要成分是碳，容易鉴定，要弄清楚它是松烟或油烟的墨，化验的难度就大了；还有，要制成墨丸得加入胶质东西，当时是采用植物的还是动物胶，经过了二千年之久，看来已起化学变化，胶质可能不存在了。在内棺足箱处出土一件盛药丸的银盒，这个银盒的造型及纹饰都很别致，与中国古代器物的传统式样迥异。我们直觉地认为这是“进口货”，是目前所知我国海交史上最早的一件海外舶来品。夏先生对此持十分慎重的态度，经过前后两次仔细观察，他才说这有可能是来自西亚地区的银制品。他还承诺为我们查找可与之对比的外国材料。遗憾的是，病魔一下子夺去了先生的生命，我们的要求与期望落空了。

象岗南越王墓是用红砂岩石砌筑的。在广州黄埔港斜对面的莲花山港一带散布着由红砂岩组成的大小山岗，这里有一处古代采石场。南越王墓的石料是否采自这里，然后从水路运来？此地属番禺县辖，县文化局领导陪同夏先生到莲花山实地考察，我和黄展岳也跟随同往。这处采石场遗址引起了先生的很大兴趣，一个紧靠一个的开采面，一层接连一层的斧凿痕，组成了人力与自然巧合的一个悬崖峭壁、千沟万壑的奇特景观。先生要求我们要调查清楚这个石场的规模与开采年代，还有石料运出的码头位置所在等问题，写个调查报告在《考古》上发表，这是很有意思的（后来我们调查过，遗址内并未发现任何题记和碑刻，连片言只字的文献材料也找不到，故老相传始自明代，何时停采，未能究明，先生交托的任务，至今未得完成）。

莲花山是近年来广州开发的一个风景游览区，而石场的景观是游览区一个重点参观项目。县文化局领导请求夏先生给遗址命名题书，先生很谦让，说自己不是书法家，又不是什么名流。当我们建议从考古角度命题，先生答应了，亲笔写了"莲花山古采石场遗址"的题书，因为没有随身带备图章，回北京后还记着把钤了章的纸函寄给我们，这是先生在广州留下的唯一墨宝。可以告慰于先生的是，先生的遗墨已经放大成直径数尺的大字，精刻在采石场遗址区当眼的峭壁上，永留景仰。字如其人，先生的学风，先生的高洁品德，先生对党对人民事业的献身精神，后之来者，得睹先生遗墨，如见其人，风范长存。

本文原载《广州文博》一九八五年第四期。

谨以此书纪念亡友夏鼐教授

陈正祥

在被隔绝的三十多年间，我不少朋友都对祖国做出了巨大贡献，例如夏鼐和钱穆。可惜都死得太早了些，这明显和他们的生活环境有关。我知道他们有许多研究计划没完成，想写的东西未能出版。苍天何独惩苦难重重的中国，不该死的人偏要他们早死！

夏鼐是中国最著名的考古学家，现代考古学的奠基者之一。他学识渊博，人品高尚；安贫乐道，生活极度简朴。所睡的木板床，坐上去会吱吱地叫。一九五〇至一九六二年任考古研究所副所长期间，他负责田野工作；也就是领导发掘工作。其后接任所长，还亲临指挥监督发掘；几乎所有重大珍贵文物的出土，皆在他主持策划下完成。一九八二年退休，转任中国社会科学院副院长，并兼国家文物委员会主任委员。但每天仍到考古所的那间研究室工作。他对中国考古事业的发展和人才的培养，成绩是无比的；国际学术界公认此项卓越贡献，颁授他许多荣誉头衔。

一九七五年底，我寄赠一册刚出版的《真腊风土记研究》，据说过了三年才收到，他读后想写书评，认为我对自然方面的注释超越任何人，但考古和当地方言尚有可商酌之处。我鼓励他写，可假设自己不认识我，要做彻底的批评，勿因友谊而失公正，因为中国正需要建立健全的书评制度。过了几年，我收到他寄赠的《真腊风土记校注》，他竟把所说的书评变成了一本书。我去柬埔寨做过实地考察，他没有；我就把所有照片都给了他，因为我书上印出来的不到十分之一。

他掌握的学术面很广，对中外交通史、中国古代科技发展史等皆有造诣。他为学孜孜不倦，工作实事求是。“文化大革命”期间他被迫下放息县劳改，回来后又“靠边站”。我想多知道一些这类怪事，他说事已过去，少说少气愤，我们只是谈学问。一九八三年夏，我应国家邀请到大西北考察，过北京时有较长时间停留，我们见了五六次面。一次他问华北的原始植被到底是什么?我答主要是草原。这引出了这本小书《草原帝国》；另一次谈古代丝路，我说这路有好几线，青海的一线常被忽视，他表示同意。最近我增订《中国文化地理》，决定加入《丝绸之路》一章。志同道合的人会谈，受益的不限于对谈双方，尚可牵动学术的进步，导致文化的升华。

又一回他严肃地说了几件无法弥补的文物损坏事故，托我向日本朋友询问保护出土文物的新科技，我答应尽力去做。我同京都大学教授贝冢茂树谈过几次，他说这是对双方都有益的事，应该合作。他极热心，立刻用电话叫他的两位老学生，现在的当权派，来看我。在这一方面，我深信日本人是真心想同中国合作的，因为这对他们有更多好处。

日本人对夏鼐考古学的业绩很欣赏，想把他所主持的主要发掘成果都翻译成日文，贝冢茂树不止一次同我谈起此事，我说最好是通过学术振兴会邀请他作三个月或半年的讲学。他赞成我的建议。不过他说日本广播协会（NHK）更实用，可通过它的电视网向日本全国广播，可使对中国有兴趣的人皆能得益。我也觉得很好，因此一九八三年初，日本著名的NHK就请夏鼐到东京、福冈、大阪三地作巡回讲演，贝冢茂树还亲自跑到大阪去听讲。

这回讲稿合成为《中国文明的起源》出版，不久就售出了一万两千多册，影响很大。这同我一九八二年在东京出版的大型《中国历史与文化地理图册》，竟在不到八个月的时间卖完第一版一样，被日本有关学术界传为美谈。

美好的中华大地亟须重吹清新和暖的学风，恢复尊师重道的优秀传统。一切知识分子都应向夏鼐学习。我这样说，并非因为夏鼐是我的好朋友，而是十多次内地讲学考察观感积累的反应。

本文原载《草原帝国——拓跋魏王朝之兴衰》，香港中华书局一九九一年九月版。

聆听教诲沁心脾
——记夏所长两次视察偃师商城发掘现场

赵芝荃　徐殿魁

一九八五年六月初，正值洛阳地区麦收季节，禾麦枯焦，骄阳似火。尊敬的夏鼐所长又一次来到偃师商城发掘工地，视察刚刚显露出大体轮廓的商城五号宫殿基址。谁能料到，从洛阳返回北京不过旬日，夏所长竟突发脑溢血，在北京医院抢救过程中不幸仙逝，噩耗传来，全队震惊，难道十几天前的商城视察，竟是先生辞世前最后的田野考古之行。夏所长登车前笑容可掬地跟我们一一握手，竟成最后诀别。

莅临商城　宫殿增辉

一九八四年和一九八五年的春季，夏所长连续两年视察同一处考古发掘工地，这在夏所长的出行安排上是极少见的。我们知道从一九八二年开始，夏所长已经担任中国社会科学院副院长，兼考古研究所名誉所长。夏所长是全国人大代表，又是文化部国家文物委员会主任委员、中国考古学会理事长，还在国际学术交流中担任着重要的角色。因此，夏所长在他办公室辛勤工作的身影，考古所是尽人皆知的。夏所长在如此繁忙的情况下，连续两次安排偃师之行，实在是难得可贵的。当然这两次视察，也凸现了偃师商城在当时重大考古发现中的突出地位。

偃师商城，是一九八三年春考古所洛阳汉魏故城队为首阳山电厂选址过程中发现的。发现以后，考古所领导极为重视，立即组织起考古所河南二队（也称偃师商城队），负责这处遗址的发掘、钻探与研究。首任队长赵芝荃是原二里头队队长，黄石林、徐殿魁、刘忠伏等队员，也来自二里头队，还派遣田野考古能手钟少林前往协助。偃师商城队在一九八三年秋，对城址范围进行了密集的钻探，并开始发掘西面的一座城门。一九八四年春发掘宫城东北部相对独立的四号宫殿基址。一九八四年秋开始发掘东面的一座城门。一九八五年春又发掘宫城东南部的五号宫殿基址。由于偃师商城发掘与研究的突破性进展，使得偃师商城在中国考古学界关注度极高，一时成为夏商考古学领域最热议的学术课题。

偃师商城的地理方位、使用年代和文化内涵，与古文献中的商汤都城“西亳”相当吻合。

《汉书·地理志》河南郡偃师县条下班固自注:“尸乡，殷汤所都。”《后汉书·郡国志》河南尹:“偃师有尸乡。”《尚书·立政》:“三亳阪尹。”孔疏引皇甫谧说:“三处之地皆名为亳，蒙为北亳，谷熟为南亳，偃师西亳。”以上类似记载尚多，由于地点记述准确无误，“西亳”之说几乎已无可辩驳。那段时间，我们还在与偃师商城邻近的杏园，发掘三十多座有明确纪年的完整唐墓，其中八方墓志有葬于“西亳”或“亳邑乡”的明确记述，使“西亳”方位更加准确，为“汤都西亳”说提供有力的旁证。

我们知道，夏先生对待考古研究中的历史地理考证极为严谨。关于夏文化问题，始终持审慎态度，直到去世前不久谈到二里头文化，仍然说：“在考古学的范畴内，我们还没有发现有确切证据把这里的遗迹遗物和传说中的夏朝、夏民族和夏文化连接起来。”但是对于偃师商城的性质，夏所长从开始发掘便充分肯定，他亲自把关的第一篇新闻报道（见一九八四年三月各报），即已明确指出“很可能是商汤所都西亳”；一九八五年三月在中国考古学会第五次年会开幕式的主席台上，当社科院马洪院长询问偃师商城是不是汤都西亳时，他又曾当众亲口回答“很可能是”。

经过了二十多年的不间断考古发掘与研究，进一步证实夏所长对偃师商城的判断。“夏商周断代工程”的研究中，偃师商城作为夏商文化的界标，得到有关专家的广泛确认。这是近年夏商考古学研究中一次成功的突破。偃师商城大城、小城、宫城布局合理，城墙高大宽厚，大道纵横有序，护城河与给水、排水系统完备，宫城范围内宫殿高大密集，错落有致，园囿齐聚，堪称中国目前所知时代最早、规模最大、功能完备，保存最好的一座城址。

关注布局 察看细节

夏所长一九八四年看到的是偃师商城宫殿区东北部四号宫殿基址。这是一处以正殿为主体，三面有廊的封闭式建筑。而一九八五年视察的是宫殿区偏南东南部的五号宫殿基址。五号宫殿同样是一座以正殿为主体，三面有廊庑的封闭式建筑，很像一座四合院，院门开在南墙中部。但它的堆积比四号宫殿复杂，有修补重建的上下叠压关系。

夏所长视察四号宫殿和五号宫殿，都着重察看整体布局、柱洞间距、台基进深与夯土结构。夏所长对台基之南的四条台阶踏道，察看得十分仔细，尤其是台阶侧旁殉葬的狗坑，一一察看究竟。夏所长对我们的田野发掘技术给予肯定，尤其是看到我们将宫殿台基周边下部残存的片泥皮也清理出来的时候，更是倍加赞扬，夏所长说:“宫殿发掘中任何一个细节都不能放过，除了柱础、台基之外，宫殿的倒塌堆积也一样值得重视。这对宫殿的复原研究有重要意义。”值得庆幸的是,我们几名发掘队员，还有几名熟练的技术工人，都是二里头一号宫殿发掘的亲历者。他们在发掘偃师商城四号、五号宫殿的过程中，把发掘二里头一号宫殿的经验充分地发挥出来，因而这里两座宫殿的发掘得心应手，没有出现太多纰漏。从另一角度来看，这也说明夏所长将偃师商城发掘的重任，交由原二里头队的骨干成员来承担，是十分正确的。

影响至大 意义深远

夏所长对偃师商城两次视察影响至大，这不仅表现在学术研究方面，还表现在对考古宣传和遗址保护的力度上。由于夏所长是中国社会科学院副院长，又是全国人大代表，所以夏所长的偃师商城之行，河南省、洛阳市和偃师县各级领导极为重视。特别是洛阳的市委书记、市长、文物局长，河南省的文物局副局长、偃师县委书记，以及洛阳市的著名考古学家蒋若是等，都一同来到工地。夏所长一路宣讲之下，各级领导领悟颇深，对偃师商城此后的遗址保护影响深远。一九八四年秋，洛阳市委书记就曾亲自来到偃师商城考古队驻地，慰问队员，参观标本，商谈保护方案。偃师县委书记吉炳轩（后调河南省任团委书记，又调中央任宣传部副部长，现任黑龙江省委书记）则更是我们发掘工地的常客，对我们商城发掘的进度了如指掌。由于吉炳轩同志的多方关照，此后对偃师城市规划的影响十分巨大，偃师商城在其后的县、市远景规划中被划定为遗址保护区，不准许搞任何永久性现代建筑。偃师商城考古队为了从根本上保护四号和五号宫殿基址，不再受到现代农业耕作的破坏，决定花钱买下这块十五亩的土地。购置农村耕地手续十分繁杂，在办理各级审批手续及商谈地价的过程中，许多十分棘手的问题都在各级领导的关照之下迎刃而解，使得商城队购地事宜在两三个月之内就全部办理完毕。试想如果没有夏所长两次视察的影响，没有夏所长亲自大力宣传，我们购地的事宜是不会这样顺利的。

奉献终生 高山仰止

夏所长一九八五年六月十九日离我们而去，就在三个多月之前，也就是一九八五年三月初的中国考古学会第五次年会上，夏所长发表题为《考古工作者需要有献身精神》的语重心长的讲话，受到与会学者的广泛赞誉。夏所长多次强调，考古工作者就要有不怕吃苦、不计名利的理念，考古工作者需要有献身精神。这篇讲话成为这次年会热议话题，给广大考古工作者一次极大的激励。其实，夏所长在激励大家的同时，也在这方面亲自做了表率，他是最具献身精神的典范。夏所长多年来的野外考古足迹，就是我们敬仰的楷模。

下面请允许我讲一件感人至深的事迹。

二〇〇一年徐殿魁等同志应国家文物局之邀，前往宁夏协助清理西夏王陵。工作告一段落，随西夏王陵考古队去敦煌学习古城址保护技术。其间，接待方特意安排我们去敦煌以西一百六十里的古玉门关和方盘城遗址考察，这正是一九四四年夏所长与阎文儒先生一道亲自考察发掘，并获得带有“玉门都尉”等字样汉简的地方。夏所长在《新获之敦煌汉简》一文中写道：“是年冬，余与阎文儒冒雪冲寒，入漠探险，访两关遗址及烽燧遗迹，掘得汉简数十片。”五十多年之后，当我们驱车前往时，映入眼帘的仍是沟壑纵横，道路漫漫，沙丘横亘，枯木摇曳，风沙骤起，人迹罕至。玉门关和方盘城的夯土城墙依然矗立在风沙之中，我在夯土墙边默然伫立，怎么也想象不出二〇〇一年尚如此荒凉的不毛之地，一九四四年冬该是何等模样？这一百六十里的行程夏先生是怎样前行的？当年这里有路吗？生长在富庶浙东海滨的夏先生，刚由海外回到“天府之国”不久，他在这里的食宿又是如何安排？简单朴实的“冒雪冲寒”四个字，包含多少不为人知的磨难？是什么样的信念在支撑着他们“入漠探险”？我们称夏所长为一代大师，而大师就是用这样的坚实足迹，书写着自己的艰苦历程。这是大师给我们心中树立起的一座丰碑，而丰碑上突显着两个字，那就是“奉献”！

梳理哀思 昭示后人

先生离我们而去已渐行渐远，他留给我们的话语沁人心脾，永世难忘。每每思忆起先生的只言片语，都似乎让我们觉得先生音容笑貌恍如昨日。先生留给我们的财富确实是多方面的，敬业、品德、修身、操守、学识等，有待我们进一步梳理。先生简简单单一句“考古所的工作人员不得购买、不得收藏历史文物，避免有瓜田李下之嫌”，考古所的每位同志都视之为座右铭，至今没听说哪个同志在金银玉石的珍贵文物面前丢过脸。每年冬季先生亲自主持田野队年终汇报会，全所业务人员齐聚一堂，先生对每个田野队的汇报都有简短的点评，言语虽然不多，却是点睛之笔，每每切中要害。由于先生学识广博，见多识广，所以每年的年终田野汇报会，都会成为全所业务人员业务提升的难忘时刻。

今天，考古所即将迎来建所六十周年，已经构建一支高水平的科研队伍，肩负着包括历代都城在内的一系列重要遗址的考古重任。这支科研队伍至少具备三个特点：一是有多年实践锤炼的田野考古人才，具备过硬的发掘清理技能；二是有一批不同研究领域的优秀人才，其中不乏众多的学科带头人；三是有异常丰富的图书资料，作为各方面科研的坚实支撑。这三个方面其他兄弟单位难以比拟的优势，哪一点不是先生亲自缔造的?多少年来，从具体的田野发掘技术，到重要考古报告和学术专著的完稿，我们哪一位学者没有从先生那里获得教益和启迪?考古所的图书资料，从数量到质量，从国内到国外，哪一部分没有凝聚着先生的心血？

今天，全国各地的考古队伍都已经茁壮成长，颇有建树，不断涌现出各种优秀的科研人才。在新的形势下，我们面临着新的机遇和挑战，必须牢记夏先生身体力行的教诲，坚定不移地踏着巨人的足迹，秉承不怕吃苦、不计名利的献身精神，牢牢把握重视田野发掘的特点，不动摇，不懈怠，不折腾，认真读书，严谨治学，实事求是，扎实进取，使考古所继续拥有一支高水平的考古科研队伍，才能真正成为中国考古学领域的排头兵。这也才是对夏鼐先生的最好纪念。

本文原载《夏鼐先生纪念文集：纪念夏鼐先生诞辰一百周年》。

我心中的夏鼐先生

刘庆柱

今年是夏鼐先生诞辰一百周年，尽管夏鼐先生离开我们已经二十五年了，但是我总觉得他时时刻刻还在我们身边，看着我们在工作，看着考古研究所在发展，看着中国考古学事业在前进。回想我在自己的考古学研究中、在过去的工作中，夏鼐先生的事功与为人始终被我当作楷模、奉为圭臬！我想将我与夏鼐先生接触过的几件事情写出来，作为对夏鼐先生百年诞辰的纪念。

二十世纪八十年代前半叶，夏鼐先生各种各样的重要学术活动、社会活动非常多，但是每年的田野考古工作年终汇报（上一年度工作），他十分重视。当时的田野考古工作年终汇报时间比较长，一般是一周时间。从史前时期到汉唐时代的各个田野考古队汇报，他场场必到，从头到尾认真做着笔记。那时我看不出还有谁比他更关注着考古研究所的田野考古年终汇报工作。由于夏鼐先生对这项工作的重视，作为参加年终汇报工作的我，心里既高兴又紧张，高兴的是夏鼐先生在百忙之中听取我们的田野考古工作汇报；紧张的是怕汇报不好，既怕重点不突出、抓不住要害，又怕被听讲者提出问题而不知如何应答，更怕田野考古工作汇报内容出现意想不到的“硬伤”，无法交代、没法收场。那些年我先后主持着秦汉栎阳城遗址和汉宣帝杜陵陵寝建筑遗址考古发掘，每年的田野考古工作时间都在十个月以上，田野考古的工作量是很大的，都是大型城址、帝陵陵寝建筑遗址等，田野考古的平面图、剖面图贴满讲台前面的黑板。回忆当时我的田野考古工作汇报，既汇报考古发现的成果，又汇报田野考古遗址的选择、确定过程中的学术设想，以及采取的田野考古方法。比如，在秦汉栎阳城遗址的汇报中，我提出在水位高的遗址区考古勘探时，采取以勘探古代道路为主，以路土、路线寻找城门遗迹的方法，以路网结构判断城址分区问题。又如，在汉宣帝杜陵田野考古工作中，我确定以帝陵和皇后陵的陵园及寝园、陵庙等陵寝建筑遗址为主要田野考古对象，以究明上述陵寝建筑遗址形制布局为主要学术任务，以探索从王国时代到帝国时代帝王陵寝建筑遗址发展变化为学术研究目的。我记得在一九八二年、一九八四年和一九八五年的田野考古工作年终汇报后，夏鼐先生在汇报会散会的路上或在早晨到考古研究所后面“四合院”的北屋前，几次他都询问我下一步田野考古工作的设想、计划，多次谆谆告诫我主动性田野考古工作的关键，首先是选准考古发掘对象，“选准”的标准是发掘对象不要雷同，发掘对象要有典型性、代表性，要能够反映学术研究的本质性问题。夏鼐先生对我讲，在田野考古工作中要根据不同发掘对象、不同研究目的，采取不同方法，他鼓励我要多想新方法。对于我在汉宣帝杜陵陵园及陵寝建筑遗址的考古发掘，夏鼐先生与我讲，秦汉时代以后帝王陵墓很多，这时的陵寝建筑自然也很多，但是我们不能对每个陵墓的陵寝建筑遗址都进行考古发掘，一是对于一个人的时间来说没有那种可能，二是对于学术研究来说也没有那样的必要，要争取把汉宣帝杜陵陵寝建筑遗址考古工作做得完整一些，不留遗憾。夏鼐先生这些话，坚定了我把汉宣帝杜陵陵园及陵寝建筑遗址田野考古基本做完的信心，也是对我的鼓励和信任。如果那时没有按照夏鼐先生所说的那样去做，现在再去进行某一秦汉帝陵陵寝建筑遗址的全面田野考古发掘与研究，至少可以说在可以预见的时间里，是不可能进行，也进行不了的。

记得一九八三年八月下旬，夏鼐先生在西安主持由中国社会科学院考古研究所、中国考古学会与联合国教科文组织举办的“亚洲地区（中国）考古讨论会”期间，在西安人民大厦举行宴会，作为西安研究室负责人，我参加了宴会，在宴会前见到夏鼐先生，他关心地询问我杜陵考古工地的情况，嘱咐我既要抓紧工作，又要注意关中夏季天气太热，不要中暑。在他旁边的陕西省副省长孙达人同志与夏鼐先生讲：“我刚刚到杜陵考古工地参观过，庆柱同志在工地上详细讲解了考古发掘情况，收获不小。我搞秦汉史的，过去秦汉帝陵陵寝制度好多说不清楚，看到他们的考古发掘成果就一目了然了！”夏鼐先生又叮嘱我，建筑遗址群考古发掘不好做，一定要慎之又慎，我们没有时间表，不要着急。夏鼐先生在考古研究所多年来那样重视一年一度的田野考古工作汇报，在外面出差、开会又心中时刻挂念田野考古工作和田野考古第一线的同志，使我深受感动！这充分反映了夏鼐先生对田野考古工作的重视。

夏鼐先生对杜陵陵园及陵寝建筑遗址考古的关注，是有着深层次的原因与学术背景的。二十纪八十年代初，他曾经就秦始皇陵兵马俑坑的考古发掘质量问题，提出过尖锐的批评。一九八五年三月在北京参加中国考古学会第五次年会时，石兴邦先生与陈全方、巩启明同志到夏鼐先生家看望夏先生，谈到秦始皇陵兵马俑坑发掘问题时，夏鼐先生说：“不是不让你们挖，要慢慢挖，一部分一部分地挖，不要全面挖，那样会造成破坏。”夏鼐先生建议：“可以挖秦始皇陵的地面建筑，如宗庙殿堂遗址，那容易遭到破坏，挖去也容易，且能解决有关制度的一些问题。”当石兴邦先生将夏鼐先生关于秦始皇陵兵马俑坑及秦始皇陵考古工作的上述意见告诉我时（后来石兴邦先生也写成文章），我更深切领会了夏鼐先生就杜陵陵园及陵寝建筑遗址考古与我几次谈话的深层含意与期盼，夏鼐先生希望我们考古研究所在帝王陵墓考古方面要做出好的样子、走出新路子。

夏鼐先生是国内外公认的著名考古学家，他学贯中西、博古通今，在当今学术界罕有出其右者。就是这样一位伟大科学家，他在学术领域的谦逊美德，现在显得越发崇高！一九七九年四月，我正在秦咸阳城遗址的秦咸阳宫第三号宫殿建筑遗址考古发掘，当时在宫殿遗址的通道两侧坎墙之上发现了保存甚好的宫廷壁画。夏鼐先生听到这个消息，在百忙之中安排时间来到考古工地。那天他兴致很高，我陪同他参观，边走边介绍田野考古情况。对于考古工作者来说，新的考古发现是振奋人心的，又是令人头痛的。因为许多新发现属于未知领域，而要使“未知”成为“已知”，需要努力、需要时间，而考古工地又不能“等人”，当然平时的学术积累成为这时的重要资本。然而每当这时，一些著名学者到考古工地参观，是我们询问释疑的好机会。可是当我向夏鼐先生请教一些工地现场的有关考古发现时，他总是说，要查阅相关资料，要进行相关研究以后才能谈。一路上他很少发表意见，只是不时地问我发现的遗迹现象。类似情况我还听高星同志与我谈过，夏鼐先生和裴文中先生参观考古工地时，在工地走过来走过去，参观了好长时间，竟然没有说任何话，考古工地主持人感到压力很大，以为二位先生不满意、有意见。于是通过其他同志询问二位先生意见，他们异口同声说，这些是考古新的发现，自己不熟悉，也谈不出什么意见。夏鼐先生、裴文中先生等老一代科学家的上述平平淡淡的言行举止，更令我对他们倍加敬重！

夏鼐先生长期担任考古研究所所长，但是他从不以领导、大学者自居，他对待国内外同行的热情有口皆碑。国内外考古学界都知道，夏鼐先生在涉及国家文物考古事业的权利、利益、荣誉等诸多方面，有着很强的原则性。但是在对待国内外学者之间的学术交流时，他又是千方百计地为人提供方便。一九八三年九月二十二日，夏鼐先生给我一封亲笔信，“介绍美国友人夏含夷先生”，“到西安来参观访问”，夏鼐先生嘱我“予以协助”，并明确指出“主要说工作方面”的“协助”。夏含夷先生何许人也？夏鼐先生在信中说，夏含夷“系美国加州大学研究生，专攻中国古铜器研究，此次前来我国进修”。不仅如此，夏鼐先生还专门让乌恩同志打电话给我，唯恐安排不周。当时作为中国社会科学院副院长、考古研究所名誉所长的夏鼐先生，为了一位年轻的国外研究生，做到如此细致入微的工作安排，使我十分感动！我想夏鼐先生在安排我协助夏含夷先生参观访问上，绝不是为了他自己，而是为了考古研究所、为了国家的学术形象与事业发展！夏鼐先生在国际学术交往中，获得那样崇高的威望，与他的待人之道是密不可分的！

本文原载《考古》二〇一〇年第二期。

忆夏鼐先生二三事

郭大顺

能够参加夏鼐先生百年诞辰座谈会，感到非常荣幸。

我直接向夏先生请教的机会不多。印象比较深的，是八十年代初辽西红山文化考古发现前后的几件事。

一九八一年十二月，中国考古学会第三次年会在杭州召开。我和孙守道同志向大会提交了一篇《论辽河流域的原始文明与龙的起源》的论文，被小组会推荐作大会发言。由于文章所引用的材料，包括内蒙古翁牛特旗三星他拉出土的玉雕龙，都不是正式考古发掘品，题目又比较大，是否能够在大会上讲，定不下来。就在大会发言的前一天午饭后，夏先生在宾馆小卖部前找到孙守道同志。由于夏先生说话声音较轻，老孙又因耳背一时没有反应过来，好在因为五十年代初孙守道同志主持西丰西岔沟西汉墓葬发掘清理工作，夏先生对那批资料很重视，《考古学报》编辑部曾给辽宁省博物馆发函，希望发掘报告以《考古学专刊》系列编写发表；一九五九年孙守道同志参加中国历史博物馆通史陈列时，与夏先生也有所接触。夏先生知道老孙耳朵有毛病，于是就用手比画一个大圆圈，老孙一下子就明白了，马上请夏先生到房间里，拿出三星他拉那件玉龙的黑白放大照片，并向夏先生汇报了有关情况。到了下午，会议通知我们，可以在大会上讲。

夏先生在那次年会总结讲话的最后，专讲了一段古代玉器问题，虽然未直接谈到红山文化玉器，但较多地谈到新石器时代的玉器和玉料的来源。以后得知，夏先生那一年在国外就以汉代玉器为题做过讲演，并提到刚刚发表的江苏草鞋山出土的良渚文化玉琮。草鞋山遗址是一九七二年底到一九七三年初发掘的，在第一九八号墓中发现的玉琮，是良渚文化玉琮首次正式考古发掘品，材料于八年后的一九八〇年发表在《文物资料丛刊》第三辑，当时尚未引起更多注意，就是在那年以东南沿海新石器考古为主题之一的杭州会上，也很少谈到。但夏先生在那篇汉代玉器的文章中，三次提到草鞋山出土的带兽面纹的玉琮，以说明中国玉器的悠久传统和汉代玉器对传统的延续。

再一件印象比较深的事就是牛河梁遗址刚发现时。牛河梁遗址于一九八三年秋冬开始发掘，当年底，我们将发掘材料拿到社科院考古所，向夏鼐先生和苏秉琦先生汇报。夏先生对这次发现十分重视，尤其是女神庙和女神头像，他要求将年代把握准确。第二年开春，考古所技术室负责人王孖和科研处负责人乌恩、岳思图两位同志到牛河梁工地。王孖同志是我们聘请的技术顾问，行前夏先生叮嘱，一定要将地层反复验证。乌恩同志将现场提取的三个木炭样本亲自带回所里做碳-14年代测定。得知测定结果的一九八五年三月，正是在北京大学召开中国考古学会第五届年会期间，于是会议提出第六届年会要在沈阳召开。我未参加第五届年会，辽宁省参会的徐秉琨同志打来电话，向我转告会议决定，我觉得辽宁工作基础较薄，缺少系统考古资料，又从未承办过这样大型的学术会议，就告诉徐先生，能推就推，过不一会儿，徐先生又来电话，说在沈阳开会是夏鼐先生建议的，于是事情就定了下来。

夏先生对待重要考古材料的使用，十分慎重，对田野工作的要求非常严格，通过以上接触，我和我的同事们对此都有切身体会，并常向年轻同志谈起，希望能共同继承夏鼐先生和老一辈考古学家身体力行并一再关注的考古界的好传统。我的又一体会是，夏先生学术视野开阔，在坚持严谨学术作风的同时，对重要考古材料特别是牵涉到重大课题的考古发现，始终保持着高度的学术敏感性，以不断指导和推动着学科的发展，并且对后学总是给予热情鼓励。

一九九一年三月，我参加了在日本京都泉屋博古馆召开的有关中国文明起源的讲座。那次会是樋口隆康教授亲自安排的，会上见到小南一郎先生。我们共同回忆起八年前也是在三月份，夏先生应日本NHK电视台邀请，做中国文明起源的讲演的事（小南先生是那次讲演稿的翻译者）。重温夏先生关于中国文明起源要靠考古学解决、中国文明起源与新石器文化的关系、中国文明起源是土生土长、有自己个性和特色，同时又吸收周围文化因素包括域外文化因素等著名观点。由此我想到，夏先生在辽西红山文化刚刚发现时就予以特别关注，是胸中已有大课题。正如夏先生在中国考古学多个领域所起的指导作用一样，在中国文明起源这一领域，夏鼐先生是指导者，也是开拓者和引路人。

本文原载《中国社会科学》二〇一〇年三月二日，为作者在二〇一〇年二月九日在中国社会科学院考古研究所“夏鼐先生百年诞辰纪念座谈会”上的发言。

我所知道的夏鼐先生

徐苹芳

一

我第一次见到夏鼐先生是在一九五二年三校合并以后。原来我是燕京大学历史系二年级的学生，三校合并后，我进入北大历史系考古专业。新成立的北大历史系考古专业，集新中国考古学教授之萃，由夏鼐先生讲考古学通论，裴文中文先生讲旧石器时代考古学，安志敏先生讲新石器时代考古学，郭宝钧先生讲商周考古学，苏秉琦先生讲秦汉考古学，宿白先生讲魏晋南北朝至宋元考古学，郑振铎先生主讲中国美术史，徐邦达先生讲中国绘画史，阎文儒先生讲中国雕塑史，宿白先生讲中国建筑史，唐兰先生讲古文字学，王振铎先生讲博物馆学。夏鼐先生的考古学通论课，不但是考古专业的必修课，也是历史系的必修课，学生众多，在文史楼阶级教室上课，教室大，没有扩音设备，夏先生讲课声音小，又有浓重的温州口音，我虽然是坐在前排，也只能听懂三分之一的话。后来为纪念夏先生八十诞辰，北大考古系于一九九二年将夏鼐先生一九五四年至一九五五年讲授考古学通论的记录稿全文印发于《考古学研究(一)》(文物出版社一九九二年十月，21—64 页)。

一九五五年夏天我从北京大学毕业后，分配到天津南开大学历史系，跟郑天挺先生做助教，辅导明清史和史料学的课程。第二年，我从天津调回北京，进入中国科学院考古研究所，一直工作至今四十余年。这个调动是决定我一生命运的事，也成为我能跟随夏鼐先生学习工作数十年的一个转机。

“文化大革命”前，夏先生患胃溃疡，身体不好，这是从事田野考古工作的职业病。六十年代初，夏先生的溃疡病突发为胃穿孔，十分危险，幸亏邻居颜訚先生及时抢救，护送至医院施行手术，才转危为安。夏先生胃切除以后，效果极好，身体康复，为他在“文化大革命”中承受被批斗和强迫的劳动的耐力增加了强度，平安地度过了那个史无前例的时期。

“文化大革命”期间，夏先生被作为“反动学术权威”而劳改。据我所知，他没有承认不符合事实的任何审查；也没有屈服外调人员对他人怀疑的事实之歪曲。这在当时决不是一件小事，是要有很高品德才能做到的事。

一九六八年配合北京地铁建设，我正在主持发掘北京西直门元大都和义门遗迹。有一天，夏先生来西直门劳动，他边清土边观察和义门遗迹，趁没有人注意之时，向我小声嘱咐在发掘时应注意哪些事情。这一举动在当时是很危险的，如果被工宣队知道，肯定是要批判的。夏先生真是一位心怀坦荡、大公无私的人，他不顾个人安危，只为了考古事业和学术研究，这种精神令我十分敬重。和义门遗迹发掘完毕后，究竟保护不保护，要报“中央文革小组”，陈伯达批示叫郭沫若同志决定。那天，是我陪郭老去看和义门遗迹的，郭老看完后未置一词，过了几天，“中央文革小组”决定拆除，不予保护。后来“四人帮”垮台后的一次宴请外宾的宴会上，郭老惋惜地对夏先生说，真不应该把元大都和义门遗迹拆毁，当时他不敢说这种意见，现在后悔不及。这是夏先生亲口对我说的。

“文化大革命”后，我与夏先生接触的机会多了，从七十年代中期到八十年代中期这十年之间，协助他编写《新中国的考古发现和研究》和《中国大百科全书·考古学卷》。我深深感到夏鼐先生的道德文章，也就是他为人处世和治学方面的成就，确定了他是新中国考古学的奠定人之一的地位。

二

在回忆夏鼐先生时要说他为人处世的原则。夏先生是一位学者，他为人处世的最高原则是维护学术研究的独立性。给我印象最深刻的是，夏先生对中国社会科学院建院方针的意见。“文化大革命”后，中国科学院哲学社会科学部从中国科学院分离出来，成立中国社会科学院。夏先生认为中国社会科学院虽然受中宣部的领导，但它不是中宣部，中国社会科学院各研究所不是在舆论上做宣传的，人文科学有它自身的研究目的和方法，有它自身的发展规律，要充分尊重人文科学自身的特点和发展规律。这在当时是一个十分敏感的问题，涉及是否为政治服务的事。夏先生明确地表示了他的意见，这是要有相当的勇气和魄力的。

另外一件事便是中国社会院成立研究生院的事。夏先生反对中国社会科学院成立研究生院，他认为社科院是以研究为主的，而研究生院却是以教学为主的，两者目的不同，社科院不能办学。这是夏先生自己的看法，是非暂且不论，但他表里如一，有话便说。我听说当时胡乔木院长是要请夏先生出任研究生院院长的，曾去说服夏先生，没有说通。不久，夏先生便猝然病逝。

我举这两个例子，是要说明夏先生是光明磊落、表里如一的人，他决不会阿谀奉承，趋炎附势。“文化大革命”后期“评法批儒”时，夏先生已从干校返回北京，《考古学报》《考古》和《文物》三大杂志（因当时许多杂志皆已停刊，只有这三种杂志先复刊，故称这“三大杂志”）复刊。为了维护《考古学报》和《考古》的生存权，夏先生写了《沈括和考古学》这篇文章。从这篇文章中，我们丝毫看不出它政治上的任何倾向性，它却是一篇有关中国科学技术史上的有分量的学术著作。夏先生之用心良苦可以想见。

夏先生在私生活上也是令人尊敬的。夏师母是没有进过学堂的旧式妇女，夏先生与夏师母相濡以沫，情感笃厚。抗战时期，夏先生在后方，夏师母在沦陷区，她承担了亡国之民的一切困苦。解放后，夏先生来北京工作，接夏师母到北京。夏师母不会说普通话，一口温州话，没有办法请帮工的保姆，买粮买菜全是夏先生的事，从居住在大佛寺开始，一直到住干面胡同，即从五十年代到七十年代皆是如此。后来，夏师母精神欠佳，夏先生亲自服侍，令人十分感动。八十年代初，夏先生访问美国时，夏师母随访，我记得在英文版《中国妇女》上有一篇写夏师母与夏先生伉俪情深的报道，其中有一张照片便是在美国拍的。

三

夏先生的学术贡献，已有很多文章做了阐述，如王仲殊《夏鼐先生传略》（见《中国考古学研究》第 3 页，文物出版社一九八六年八月）、石兴邦《尽瘁于新中国考古事业的忠诚战士——夏鼐同志的学问、道德和事功》（见《中国考古学研究论集》第 1 页，三秦出版社一九八七年十二月）、张忠培《中国考古学路上不会消失的足迹——悼念夏鼐先生》（见《中国考古学——走近历史真实之道》第 18 页，科学出版社一九九九年

六月)。从中国考古学学科发展的高度上来评论夏先生对中国考古学的贡献，我认为有下列几点是最重要的:

第一，一九四五年甘肃宁定阳洼湾齐家文化墓葬的发掘，从地层上确认仰韶文化的年代比齐家文化为早，夏先生发表《齐家期墓葬的新发现及其年代的改订》一文（一九四八年)，纠正安特生关于甘肃新石器时代文化的分期，为建立黄河流域新石器时代文化年代序列奠定了科学基础。这在中国新石器时代考古学上有划时代的意义。

第二，在中国史前考古学方面，夏先生另一个重要贡献是通过大量碳 -14 测定的数据，对全国各地区的史前文化年代做了全面系统的研究。他在《碳 -14 测定年代和中国史前考古学》一文（一九七七年）中指出，中国各地史前文化的起源不是一元的，不是起源于黄河中游中原地区，然后再向四周传播的，而是各有不同的来源和发展过程的。这个科学的论断，对中国史前考古学的研究有深远的影响。

第三，一九五八年“大跃进”时期，“左”倾浮夸之风泛滥，也影响到学术界，在考古学界出现了违反科学操作规程，盲目无知地批判考古学研究的现象。以尹达为首的老一辈考古学家抵制了这一思潮。就是在这种时代背景之下，夏先生发表了《关于考古学上文化的定名问题》一文（一九五九年)，回答了什么是考古学文化，划分考古学文化的标准，考古学文化定名的条件和时机，以及如何定名等问题，这都是考古学的基本问题。夏先生在这样的关键时刻，纠正了考古学上的“左”倾思潮，保证了中国考古学的健康发展。

第四，关于中国文明起源的问题，考古学的研究是起决定性作用的。夏先生在《中国文明的起源》一书（一九八五年）中首先指出：中国文明的产生，主要是由于本身的发展，虽然并不排斥在发展过程中有时可能加入一些外来的因素和影响，但是考古学的发现证明，中国文明是土生土长的文明。夏先生认为，安阳小屯殷墟文化是一个高度发达的文明，如果认为这是中国文明的诞生，那么未免有点像传说中的老子，生下来便有了白胡子。他认为中国文明起源的探索的主要对象是，新石器时代末期或铜石并用时代的各种文明要素的起源的发展，例如青铜冶铸技术，文字的发展和改进，城市和国家的起源等，都是今后中国考古学上的重要研究课题。他的这些论述是一九八三年在日本讲演时说的，一九八四年四月日本的小南一郎译为日文，樋口隆康和冈崎敬解说，由日本放送出版协会出版，中文本由陈公柔先生整理，夏先生亲自校订，可惜文物出版社出版时，夏先生已逝世，没有看到中文本的书。这是夏先生亲自整理的最后一本著作，中国文明起源的研究是中国古史和中国考古的重点课题，夏先生对中国文明起源的考古学研究的意见十分重要，至今仍有很大影响。

第五，夏鼐先生对中国历史考古学也做出了杰出的贡献，他对东周车制的研究、对汉代以前玉器的研究、对中国古代科学技术史的研究、对中国古代中西交通和文化交流史的研究，都写出了开创性的论著。

夏鼐先生在给张忠培先生的信中说:“不必再称师了，我是但开风气不为师。”“不为师”是夏先生的自谦之词，“开风气”则是夏先生有意识地要引导中国考古学的研究方向，并以身作则地做出示范。我想，他是完成了他的历史使命的，他不愧是中国现代考古学的奠基者之一。

四

夏鼐先生是中国二三十年代培养出来的学者。这个时代正是中国社会相对繁荣的时期，不论在人文社会科学或自然科学方面，都出现了一些被公认的国际学者，夏鼐先生便是其中的一位。

夏鼐先生是我国著名的考古学家，同时，也是著名的历史学家和古籍整理专家。这三个不同的学科为什么都落在了夏先生的肩上?这是我国学术发展中不同学科有机联系的必然结果。我国现代考古的前身是金石学，金石学是历史学的一个组成部分，金石学的研究是以金石证史为目的。上世纪二十年代中国现代考古学诞生以后，才从历史学中分离出来，考古学成为独立的学科，所以，我国老一辈的考古学家多是学历史。夏鼐先生自然也不例外。他生于一九一〇年，一九三四年清华大学历史系毕业，他学的是近代史，导师是蒋廷黻，毕业论文的题目是《太平天国前后长江各省之田赋问题》，发表于一九三五年《清华学报》第十卷第二期。毕业后正好有公费留学的名额，但只有考古学的名额，于是他便先在国内考古实习一年，参加了中央研究院历史语言研究所梁思永先生主持的安阳殷墟西北岗墓地的发掘。一九三五年夏鼐先生到英国伦敦大学攻读考古学，跟从著名考古学家惠勒（M.Wheeler）学习，在埃及和巴勒斯坦从事田野考古，并在耶路撒冷会见著名考古学家彼特利（W.F.Petrie）。一九四一年初返回昆明。后获伦敦大学埃及考古学博士学位。回国前，夏先生曾在埃及开罗博物馆做过一年的研究工作，因此，夏先生不但是考古学家，还是我国少有的埃及学专家。

夏鼐先生先入燕京大学社会学系，后又转入清华大学历史学系，受过良好的历史学教育，他能从中国近代史的研究转而从事考古学的研究，说明他有广博的扎实的史学基础训练，能够完全适应不同研究方向的转变。同样，他也能够从考古学的研究兼做古籍整理工作，这是我们前辈学者在学术研究上的优势，他的《真腊风土记校注》（中华书局一九八一年）便是古籍整理方面的杰作。

夏鼐先生在学术上的优势，除了历史学本身古今贯通之外，还有人文科学与自然科学和中外学术之沟通的优势。夏先生上大学的时候，学校规定学人文科学的学生必须修一门理科的基础课，其用意是要让学生通过理科学习，从思维逻辑和方法论上接受科学的训练，这是十分重要的措施。同样，理工科的学生也必须修一门文科课程。当时大学生的文史程度由于在中学时已有良好的基础（我在四十年代上初中时的国文课本仍以文言文为主，中外历史初、高中各学一遍），所以，前辈学者中虽然是学理工科的，但其文史的基础是极好的，能写很优美的文章，诗词歌赋皆通。人文科学的学者对自然的基本知识也都通晓，他们的思维逻辑严密。夏先生具有丰富的自然科学知识。现代考古学是研究古代人类遗留下来的遗迹和遗物的，这里面既包括属于人文的和社会的遗迹遗物，也包括生产方面的，特别是人类为改造自然而进行的科学实验的遗迹遗物。夏先生的自然科学基础知识，为他从事考古学的研究奠定了坚实的基础，他能够进行古代天文文物、纺织技术、冶金、琢玉、制瓷，乃至对沈括所进行的各种科学技术实验记录的研究。

夏先生的另一个优势是他对西方历史和考古学的学识，他通过各种渠道了解国际上关于汉学研究的最新成果，他为社科院考古研究所收集了许多重要的世界考古学书刊，形成了国内极富特点的学科图书资料中心。他关于中外交通和文化交流的一系列考古学论著，构成了夏鼐考古学研究的一个显著特色。

五

夏鼐先生既是一位很严谨的学者，也是一位极有文采的文学家。中国考古学界有三位文学家，一是郑振铎先生；二是裴文中先生，他写的散文曾被收入鲁迅等人编辑的《中国新文学大系》；三是陈梦家先生，他是新月派的健将。我认为夏先生的散文也是极优美的，他写的《浙江新石器时代文物图录序言》（浙江人民出版社一九五八年）和《九山乡梦绕师门》（温州《浙南日报》一九八五年一月十二日）两篇文章便可做证。前者是他抒发乡情之作，从他渲染的那种清醇的乡思之中，我们几乎可以闻到了夏先生家乡的泥土的芳香。后者是他回忆少年时代师生感情的炽热之作，师生如父子，这种珍贵的情感在夏先生的笔下是令人极为动情的。文学是人类心灵的窗口。夏先生的这两篇文章，不但是他文学技巧上的上乘之作，同时，也是他情感的真实流露。

六

夏先生和国际上的学者一样，在学术活动中特别重视书评。我所说的书评不是如今只褒不贬的捧场之作，而是从学术和学科发展的高度做出的评论。当时，夏先生主持了两个学术刊物，一是《考古学报》，二是《考古》杂志，他对这两个刊物上发表的论文或考古报告，有时便要加“编者按”，把论文或报告中不确实的论述和观点，加以澄清。夏先生主张在《考古》杂志上多刊登书评，因为好的书评是可以起到学科研究方向和学风的导向作用的。夏先生一直用他的字“作铭”为笔名写“编者按”和书评，对中国考古学的发展起到了十分重要的作用。譬如，关于江苏宜兴晋周处墓出土的“铝带”问题，一九五七年他在《报告》之后写了跋语，提出不同意见；一九七二年他又在《考古》上写了《晋周处墓出土的金属带饰的重新鉴定》一文，说明在东晋时期（公元四世纪）中国不可能有铝金属的出现，因为这是违反世界冶金史的一般规律的。中国历史考古学必须充分尊重中国历史发展之规律和文献记载，不能仅凭考古学的“发现”，片面地做出不符合历史实际的判断。我记得有位先生曾根据泉州圣墓两廊石刻棱柱，提出圣墓建于初唐；夏先生坚决反对，他认为不能用一个时代不可靠的孤证，来否定文献上记载的史实。这件事看起来像是一般的学术争论，实际上是夏先生坚持历史考古学基本原则的大事，他近乎严厉的态度使那位先生下不了台。这充分表现了夏先生为纠正不正学风一丝不苟的态度，是很值得我们学习的。

七

夏先生逝世于一九八五年六月十九日。六月初日本考古代表团正在中国访问，我全程陪同以坪井清足为团长的日本考古代表团。夏先生不辞劳累，去洛阳陪日本考古代表团参观偃师商城二号宫殿遗址；日本考古代表团返回北京以后，在考古所做学术报告，夏先生亲自出席，这是上午的事情，晚上日本考古代表团要举行宴会，不幸在下午夏先生突然患病住进医院，不能出席宴会。当晚便病情恶化，昏迷不醒。夏鼐先生是倒在工作岗位上的，可谓“鞠躬尽瘁，死而后已”。事出意外，夏先生没有遗言。但是，他在三月一日中国考古学会第五次年会开幕式上的讲话中谈的几件事，现在看来似乎是可以把它作为最后遗言的。我如实摘录如下（讲话全文见一九八五年三月十日《光明日报》第一版和《考古》一九八五年第六期）：

（一）考古学研究要坚持“实事求是”的学风。

（二）考古工作者不许搞古物买卖。

（三）我们要学习居里夫妇，一心一意为提高本学科的学术水平，不计较个人的经济利益。

（四）考古工作者在做田野考古时要不怕吃苦。

一九八五年是刚刚改革开放的年代，夏先生已经预感到在商品经济巨浪的冲击下，将会对中国的文物考古事业造成不可估计的破坏，所以，他才在中国考古学会第五次年会上做了有针对性的讲话。他的这个讲话已经过去十五年了，我认为它并未失效，对今天的中国文物考古学界仍有现实意义。

夏鼐先生不愧为中国现代考古学的一代宗师。当我们回顾他的学术生涯时，我们能从中汲取些什么有意义的经验教训呢？这确实是值得我们深思的。

一九九九年初写初稿

一九九九年九月改订于北京

本文原载张世林编《学林往事》下册，朝华出版社 2000 年版。

记张家坡出土的西周璇玑
——怀念夏鼐先生

张长寿

一九八四年十一月初，我沣西队在发掘长安张家坡西周墓地的 M129 时，发现了一件带齿的五牙玉璧，即所谓的“璇玑”。这件玉璧（M129:21）为透闪石软玉，豆青色；圆形，周边有五个突出的牙，各牙之间又有一组三枚细齿；底面平整，光洁无纹，正面略略隆起，上有数周阴刻的同心圆线纹；中央有小孔，孔由两面钻成。器的直径 4.3 厘米、孔径 1 厘米、厚 0.7 厘米。

M129 是一座较大的土坑竖穴墓，长 4.9 米、宽 3.5 米，葬具为一椁重棺。由于此墓在早期被严重盗扰，随葬器物大都不存，而在二层台上还保存有一些漆器的痕迹，这件玉璧就出在东侧二层台一处漆器痕迹的下面。

由于上一年夏鼐先生在《考古》五期上发表了《商代玉器的分类、定名和用途》一文，讨论了所谓“璇玑”问题，并绘制了所谓“璇玑”渊源图，所以，我就写信给夏先生，报告了上述发现。很快我就收到了夏先生的回信，他在一张考古研究所的便签上，以他惯用的小字写了满满一页。

夏先生在信中说：

承告诉我以84SCCM129中出土的“带齿五牙玉璧”，谢谢。我今天刚收到我的拙作的抽印本，在图三（406页）中关于这类玉璧，从新石器时代到商代都有出现，我认为西周时代也应该有的，所以在图上的西周时代栏中填入此项而作一问号（“？”），以待证实。您这次发现，恰巧填补上这一空白，甚喜！

夏先生所说的抽印本是他在《考古学报》一九八四年四期上发表的《所谓玉璇玑不会是天文仪器》，该文的图三为牙璧的谱系图即所谓“璇玑”的渊源和演变图。这图是商代玉器一文中所谓“璇玑”渊源图的发展。《殷墟妇好墓》一九八四年第二次印刷时，在附录中转载了《商代玉器的分类、定名和用途》，夏先生就该图在文后的补记中说，他“曾就玉制‘璇玑’问题，另写专文发表于《考古学报》一九八四年四期，这个‘渊源图’也增添新材料，重新改绘过。改订过后的图，似乎更为惬意”。而这个改订后的牙璧谱系图中的问号，也由于M129的发现而被证实，所以夏先生非常高兴。他在赠给陕西省博物馆的抽印本上亲笔在该图的问号下填写了张家坡M129字样。现在，我根据夏先生生前的意思，把张家坡M129出土的带齿五牙玉璧补入牙璧谱系图中，使之成为一张完整的图。

张家坡西周墓地的发掘是从一九八三年开始的。那年八月，夏先生主持召开亚洲地区（中国）考古评论会来到西安，在陪同外宾参观西安考古研究室的陈列室时，曾抽暇看过该墓地当年出土的玉器标本。一九八四年冬，我们发掘了井叔墓并获得井叔钟、牺尊等一批重要文物。年终回所汇报且展示了上述文物，颇得夏先生的赞许。一九八五年春，我们继续发掘了另外几座井叔墓，又有一些新的收获。六月上旬，收工回所。当时，夏先生正忙于接待来访的日本考古代表团，我本想在外事活动结束后再向夏先生汇报，不想夏先生突然发病，以致不起。天不假时，徒呼奈何。

夏先生去世已近九年，去年岁末，夏先生的夫人又不幸病逝，每念及此，不胜感慨。遂以补足牙璧谱系图寄托对夏鼐先生的悼念之情。

本文原载《文物天地》一九九四年第二期。

随夏鼐所长一九七八年和一九八〇年两次出访

张长寿

一九七八年四月和一九八〇年四月我曾两次跟随夏鼐所长出访，第一次是访问希腊，后一次是参加在美国举办的中国青铜器学术讨论会。

“文革”以来，我国的对外文化交流，考古发现一枝独秀。希腊之行是应希腊外交部的邀请，由中国社科院考古研究所单独组团，夏所长任团长，成员有石兴邦、赵芝荃和我，另有一名翻译。当时正是改革开放初期，这种派遣所内多名业务人员组团出访是前所未有的，大概是改革开放的新举措。我当时已是知天命之年，是个一般的助理研究员，从未出过国的，这次有机会随夏所长出访，当然是一个极好的学习机遇。在宣布名单之前，研究所的人事部门找我谈了一次话，指出此次派遣出国人员打破了原有的传统观念，组织上担了很大的责任，要我严守外事纪律等等。当时我在兴奋之余只想到用这个机会学习一点新的知识，压根儿没有任何其他的想法，大概一直到我如期随团回所，组织上才如释重负。

在出访之前，我找了一些资料，熟悉希腊的历史和考古发现，王俊铭先生也介绍了好几本英文图书，其中有很多精美的图版，增添了不少感性认识。

这次出访纯粹是参观、学习，没有安排学术活动，也没有讲学、演说，所以比较轻松。参观日程是由希腊文化教育部安排的，由我大使馆派一名参赞全程陪同。参观地点基本上分为雅典和特尔斐；萨洛尼卡；伯罗奔尼撒半岛，包括科林斯、斯巴达、奥林匹亚；克里特岛等四个地区。

参观从雅典卫城开始。全希腊以古典时期的遗迹最多，而以建筑和雕刻最为突出，雅典卫城是这个时期有代表的建筑群。它包括山门，雅典娜胜利女神庙，以山花雕刻群著称的帕特农神庙，以少女像门柱闻名的伊瑞克特翁神庙。山下还有两座半圆形的露天剧场，狄奥尼苏斯剧场和希罗德·阿提卡库斯音乐场，据说音响效果奇佳，后者已经修复，夏季已可上演。奥林匹克是国际奥林匹克运动会点燃圣火的地点，我们参观了宙斯神庙、赫拉神庙和竞技场，竞技场入口处有拱形门，有长达一百九十米的跑道，两侧有看台。在特尔斐，参观了阿波罗神庙，还残存了六根柱子；在神庙之上也有竞技场，有马蹄形的看台。在当地博物馆的附近还参观了工艺精细的彩色人物鸟兽镶嵌画地面。在克里特岛，我们参观了克诺斯宫殿遗址，中央有广场，四周有房子，上下数层，结构复杂，素有“迷宫”之称。在萨洛尼卡，会见了发掘据称为马其顿王菲力二世墓的考古学家安德鲁·尼库斯教授，他向我们展示了墓中出土的金骨灰匣等珍贵文物。在希腊各地有很多博物馆，各个遗址都设有各自的博物馆和陈列室，就地陈列当地出土的文物。雅典国立博物馆是藏品最丰富的，很多精品都陈列在这里。

希腊是一个文明之国，文化遗迹极多，我们在希腊参观了两周，几乎是马不停蹄地跑，也只能得其大概，但对于第一次出国的我来说，已是大大开阔了自己的眼界。

一九八〇年访问美国，正值我国在纽约大都会博物馆举办“伟大的中国青铜时代展览”，展品有二里头文化、妇好墓、微氏家族等青铜器，以及秦俑坑的陶俑、陶马约百匹。大都会博物馆的方闻教授和哈佛大学的张光直教授发起，借机举行中国青铜器学术讨论会，邀请中国组团参加，而加州大学伯克莱分校吉德炜教授组织的青铜器铭文讨论会随后在旧金山召开，故邀请一并参加。我国代表团由夏鼐所长任团长，团员有历史张政烺先生、上海博物馆马承源先生（先期赴美负责展览事务），我附骥随后。事先，夏所长让我准备一篇论文，写成后，送呈获准。夏所长并将方闻寄来的外文论文交我阅读准备，我自己也一边熟悉展品一边搜集美国各著名博物馆收藏的中国青铜器目录。

纽约讨论会的与会者约二百人，会场满座，出席的除中国代表团外还有许多美国的和国际的知名学者，也有中国台湾的学者。讨论会分两天上下午各一场，分别讨论考古新发现、青铜器的装饰、青铜器铭文、青铜器铸造技术。讨论会正规、有序，有报告人宣读论文，有评论员的评议，还有听众的提问。加州讨论会的规模较小，是业内学者之间的内部讨论，涉及的问题有商代和周原的甲骨文、史墙盘和裘卫铜器铭文、西周年代学等问题。讨论会不拘形式，比较轻松，但提交的论文较多，讨论是很认真的。

在美期间参观了一些著名的博物馆。在哈佛大学福格博物馆看到温索普旧藏的玉器和德簋、庚嬴卣等铜器。在波士顿美术馆观赏了陶立本《历代帝王图》、宋徽宗摹张萱《捣练图》等名画。在纽约大都会博物馆的中国展室中看到“帝后礼佛图”石刻，在另一室看到了端方旧藏的柉禁铜器；特别是在博物馆的库房内，看到萨克勒暂存其处的藏器，除青铜器和玉器外，萨克勒博士还出示其收藏的长沙子弹库楚帛书。在华盛顿，参观了弗利尔美术馆，看到大保簋等青铜器，并在库房观察了西周初年的铁刃铜兵。此外，还参观了国会图书馆。在旧金山，参观了东亚美术馆的布伦戴奇藏品，看到了小臣艅犀尊和“周公东征”方鼎等重要铜器。

在美期间，还抽暇在华盛顿参观了白宫，在纽约游览了自由女神像，登上世贸大厦第一百零七层，俯览全市。九一一事件后，大楼灰飞烟灭，不可复见矣。

去冬今春，我从王世民先生处得见即将出版的《夏鼐日记》

整理稿，翻到一九七八年出访希腊和一九八〇年出访美国部分，不胜感慨。在希腊访问，每参观一处遗址，夏所长对每一座遗迹和每一件文物都要认真观察，有的还要寻根求源，然后详细记录。他不放过每一个参观的机会，甚至在临离开希腊之前还挤出时间，去参观日程安排之外的两个专业的私人博物馆，一个是陈列犹氏旧藏中国陶瓷的比拿基博物馆，另一个是拜占庭博物馆。这种对考古事业一贯的执着和敬业精神，足够我学一辈子的。在美国参加讨论会，是我第一次参加国际学术讨论会，我从未经历过这般阵势，心中自不免紧张和不安。好在有夏所长的指点，又有夏所长亲自压阵，幸未出现大的差错。在讨论会中，得知国际学术界研究中国青铜器的概况和焦点，获益良多，使日后的研究工作得以稍稍与国际接轨。我随着夏鼐所长两次出访，距今已三十年，而往事历历在目。这两次出访让我开拓了眼界，初涉国际学术活动，结识了很多知名的学者，使我在考古学的研究上走上新的起点。

俗话说："师父领进门，修行在自身。"我自知此生修行不果，但我还是时时铭记引领我进入世界考古学术之门的夏鼐所长。

本文原载《夏鼐先生纪念文集：纪念夏鼐先生诞辰一百周年》。

永远的怀念
——写于夏鼐先生百年诞辰之时

叶小燕

夏鼐先生在七十六岁时离我们走了，走得那么突然。真的很突然，在此以前一点征兆也没有，这使我们非常痛惜和难过。

人生七十六岁，在当年应该是高龄了，但先生仍居于事业的巅峰，为考古事业而操劳，忙碌。先生的离去，无疑对考古事业是莫大的损失，而且久久难以弥补。

我惊闻噩耗之时，正出差山东曲阜。当我匆匆赶回北京，来到干面胡同先生的家时，夏师母正坐在床上，面容憔悴，悲痛万分，见到我就悲声诉说这不幸的经过，这发生得太突然，太意外，叫她没法接受。我知道，这个时候任何劝慰都是无力的，但我也还得劝慰几句，请她节哀和保重。这不是客套或应付，她和夏先生恩爱相伴近六十年，感情笃深，过度的悲痛会使她的生活难以为继的。果然这导致她半个来月饮食不思，不几年因积哀成疾，也追随先生去了。

时光逝去虽然已经二十四年有余，但先生的音容笑貌和对他的深刻记忆却是永远抹不去的。我和先生的关系是多重的。既是师生关系，我在北大学习考古时，先生曾亲授我们考古学的基本理论和方法，并且手把手地带我们实习。又是领导和被领导的关系，我在他领导下的考古所工作学习了三十多年。更为特殊的是，我们还是温州的老乡。温州地处浙东海滨一隅，方言独特，在异地老乡见老乡的亲切感情是他乡人所不能体会的。我最初见到夏先生是在解放初，我尚在温州中学念书，为了大家的政治觉悟和思想认识，掀起学习社会发展史的高潮。当时夏先生正退居温州家中，先生是著名的历史考古学家，在温州享有盛名，学校当然不会放过这难得的机会，于是就请先生来温中做报告。那时条件不好，几百师生在大礼堂听讲，大家都挤坐在长条板凳上，虽然很累，但先生从考古角度所做生动讲演，有具体史实，有理论分析，着实使我们感到新鲜，闻所未闻，受益匪浅。

在北大学习时，夏先生给我们讲授考古学通论，得知我是温州人，他很高兴，还特别勉励我一番。上课时大家对他温州口音的普通话听不大懂，而我对他的这种乡音（如将“关系”读作“gāxì”）却感到特别亲切。

夏鼐先生对故乡温州充满着深深的爱，他于甲子冬（1984）七十四岁时，曾写下《忆故乡温州》七律一首:“故园自有好山河，羁旅他乡两鬓斑。昨夜梦中游雁荡，醒来犹觉水潺潺。”先生少年时，在温州就读于浙江省立第十中学附属小学和初中，第十中学的前身是一九〇二年经学大师和金石学家孙诒让创建的温州府学堂,数易其名,现称浙江省温州中学。二十世纪八十年代在北京的校友组织了温中校友会,夏先生自然是我们的校友,每次校友开会,只要他有时间都会积极地参加,从来也不会因为自己位高名显而小视它。记得有一次要开校友会,他叫我和他同车前往,我因家事所累,匆匆忙忙赶到干面胡同先生的家时比约定的时间晚了五六分钟,见先生非常焦急,二话不说立即上车前往。后来师母告诉我,在我们约定的时间之前,他已经早就准备停当,来回踱步焦急地等待我的到来,这真令我十分愧疚。从这也可见他对校友会是那么重视和认真,诚信君子之风令人钦佩。校友们对夏先生都非常尊重和崇敬,一九九二年当温州中学九十周年校庆之时,北京的校友开会商议如何庆祝,拿什么去献礼来表达我们对母校的祝贺呢?意见纷纷,莫衷一是,不是礼太轻,就是太俗气,或是太无特色。后来我提出,中国社会科学院为夏鼐先生立了一尊铜像,我们可否仿铸一尊作为北京校友的献礼?这一建议获得了大家一致的赞同。在考古研究所的协助下,这尊铜像如期运送到了温州,现陈放在温中校园里,与孙诒让、朱自清等先贤的铜像一起,以他们勤奋的精神和伟大的人格对温州中学的学子们起着表率和教育的作用。

夏先生对故乡有深厚的感情,对故乡的人也是乡情满怀的。无论是对待温州的贤达,还是一般的朋友、老乡,都是非常尊重、友善和平易近人,这在乡亲中有口皆碑。我听父亲说过夏先生无私助人于危难之中的事，在温州传为美谈。我的父母曾多次来北京，他每次都来看望。我住在崇文门宿舍的时候，有一次他偕师母同来，使我们感动不已。一九八二年我因母亲病重，回到温州尽女儿的责任，在床边服侍。其时适值先生和师母也在温州，没有想到一天他们突然降临寒舍，来到了我母亲的床前问候。我是他的晚辈和学生，只因我父母和他们有同乡之谊，他们就不辞辛劳屈尊来探视我母亲的病，这一份乡情和情谊使我终生不会忘记。

夏先生为人正直，一身清风。我深知他不收他人的礼物，如在他不知的情况下，有人替他代收了，他也要叫人退回去。他更不收藏文物，他一再在考古所全体职工的会上告诫大家不许收购文物，并作为一条纪律。这在一定程度上使我们考古所保持了纯洁，以免成为滋生犯罪的温床。不仅如此，他甚至连文物的仿制品也不收藏。大约在上世纪八十年代初，陕西省考古研究所一位同志找我，说他们研究所烧制了一批唐三彩仿制品，想送给夏先生一件仿自懿德太子墓出土的三彩马，让我陪他去先生家，我欣然同意。始料不到在送这件“礼品”时，先生竟然拒绝，说：“我不收藏文物。”陕西同志加以解释：“这不是文物，是一件我们烧制的仿制品。”“那也不能要，别人会误会为是文物。”“那没有关系，在三彩马的底托上盖有陕西省考古所仿制的戳。”“别人若认为是文物也不会问，问了我还要翻开底托给他解释，多么麻烦。”结果他还是坚决不收。因此之故，一位著名的考古学家，与文物亲密接触一辈子，在家里不仅没有真文物，就连一件仿真的假文物也找不到，师母和他的子女亦曾与我说起过这类事。在此之前，我还住在考古所后面的旧屋里，夏先生来看我的父母亲，突然他看见柜子上的一件马厂彩陶罐的仿制品，就追问它的来历，待我解释后，他虽已释然，但隐约似仍然面有不悦。潜台词应该是，虽然是仿制品，搞考古的人也不应收存，但当时我并未领会。

夏先生长期担任考古所所长的领导工作，除全盘的业务领导外，对我们这些晚辈的工作和学术水平的提高，也十分关心，而且悉心指导。

一九七二年我参加了《满城汉墓发掘报告》的资料整理和报告编写工作。该报告的整理从缘起、计划、人员的组成、报告的体例、提纲、附录设置、署名，乃至完稿的审定、出版、文物的处理等，都是在夏所长的亲自制定、安排和指导下进行的。考古所有不成文的规定，参加整理和编写报告通常都是要参与发掘者，而我当年并未参加河北满城中山靖王刘胜夫妇墓的发掘，我能参与这一重要发掘的整理编写工作是我学术生涯中的一大幸事。《满城汉墓发掘报告》有一大特点，就是附录比较多，而且是采纳多学科，尤其是自然科学的研究成果，这是与夏先生在学术研究上的广阔视野分不开的。先生学通中西，而且兼容社会科学和自然科学，考古上曾有对江苏宜兴晋代周处墓带饰为“铝”和河北藁城商代铁刃铜钺为“熟铁”两次错误判定，都是先生慧眼察觉可疑，重新进行缜密的自然科学测定而得到纠正，从而避免了中国科学技术史上的混乱。在考古学中要结合和运用自然科学是先生的一贯主张,并且身体力行，这样的例子不胜枚举。在先生的指导下，我们对满城汉墓出土的各类金属、玉器、兽类骨骼、植物和度量衡等物品，都请专家做了鉴定，并写出鉴定报告。这一方面深化了对满城汉墓文物的了解，加深了对汉代社会历史的探索，另一方面也提高了我们的学术研究水平。我们在整理和编写报告的过程中，遇到了困难就去请夏先生指教，一般他会立时答复我们，但碰到他也不甚清楚的问题，他会不作声，待他有了答案就来告诉我们，甚至拿着书指给我们看怎么解决，这种一丝不苟、严谨求实的精神令我们肃然起敬，是真正大学问家的作风。我有时写了论文请他指教，他会很认真、很仔细地看完，并提出修改意见。由于他实在太忙，我们也不忍心常去打扰。

一九八四年的某一天，夏先生突然在考古所的院子里找到我，送给我一本日文版的《中国文明の起源》，说:听说你在自学日文，这本书你可看看。这书是夏先生一九八三年应日本广播协会（NHK）的邀请，在东京、福冈、大阪三地做公开演讲，通过电视向日本全国广播的演讲稿，翌年在日本出版的。我从先生手中接过这书，心中甚为感动，他的工作这么繁忙，还惦记着我们学习和业务的进步。该书的中文版，于一九八五年夏先生去世后才在国内出版，考古所发给我们人手一册，作为重要的参考书来学习。

与我并肩在考古所工作和生活数十年的谢端琚同志，对夏先生的渊博学问和严谨的学风也深有感受和体会。夏先生早年与向达先生一起负责西北科学考察团在甘肃河西地区进行考古调查和发掘工作，取得巨大的研究成果。如发掘宁定县阳洼湾齐家文化墓地时，夏先生在墓葬填土中发现了仰韶文化彩陶片，从地层关系上可确认仰韶文化比齐家文化要早，从而推翻了瑞典人安特生所建立的甘肃新石器时代文化的六期说。这在甘肃考古研究中是重大的突破，具有划时代的意义，意味着由外国学者主宰中国考古学的时代从此结束。又如他发掘了临洮寺洼山遗址，在《临洮寺洼山发掘记》中，首次将甘肃仰韶文化改名为马家窑文化，否定了安特生等人含混不明确的提法。马家窑文化的命名获得考古界的赞同，一直沿用至今。由于先生在甘肃工作过，洒下过汗水，因此对甘肃的考古工作有浓厚的兴趣，也很关心。谢端琚自上世纪五十年代后期开始，一直从事甘青地区的考古工作，夏先生多次予以指导，对他谈到要了解前人包括安特生等人的工作，了解他们的成就和待解决的问题，在此基础上将甘青地区考古工作推向前进，还亲自送给他三本先生大作的抽印本《齐家期墓葬的新发现及其年代的改订》《临洮寺洼山发掘记》《兰州附近的史前遗存》（原分刊于《中国考古学报》第三、四、五册），他视为珍贵赠品，装订成册，时时研读，以便指导工作。

一九六〇年甘肃队发掘了临夏秦魏家齐家文化遗址，谢端琚撰的《甘肃临夏秦魏家遗址第二次发掘的主要收获》（下称《主要收获》，《考古》一九六四年第六期）报道了该遗址发现的成年男女二人合葬墓，男性直肢居中仰卧，女性屈肢偎依于侧，这是父系社会的表征。夏先生获知这一重要发现，立即转告郭沫若院长，郭院长根据《主要收获》一文，针对成年男女合葬姿势随即用毛笔写下《对临夏遗迹合葬墓的一点说明》，提出了对男女合葬姿势属于女子自愿殉死的看法，随信寄与夏先生，《考古》编辑部将影印件发表于是年的第八期上。此文一发表，随之引发了争论，并逐步引向有关齐家文化社会性质等问题的讨论，取得了较多的研究成果。

夏先生治学严谨，引用的资料如稍有怀疑，一定千方百计、不厌其烦地予以核实。他曾趁我去历史博物馆之便，让我找史树青先生核实某书内容。他也曾找过谢端琚，写便条问："甘肃武山县和甘谷县，在一九六〇年左右，曾合并为一县，叫作武山县。但现在是否分为二县?如果已分开，则灰地儿遗址是仍旧归到甘谷县呢，还是在武山县境内呢?"又一次问：他拟引用的甘肃永靖莲花台遗址黑头嘴出土的骨哨标本资料是否无误?从旁人看来，这些问题都不算大，但夏先生却是一丝不苟，要求确实无误，这种科学的治学精神值得我们认真学习。

我们都在考古所工作数十年，在学术研究上有所进步和提高，与夏先生的领导和关怀是分不开的。值此夏鼐先生百年诞辰之际，我们深表哀思和缅怀。先生永远是我们敬仰、怀念的师长和乡亲！

本文原载《夏鼐先生纪念文集：纪念夏鼐先生诞辰一百周年》。

怀念夏鼐先生对图书分类工作的关怀

叶常青

六月二十日,“我国著名的考古学家夏鼐先生逝世”的噩耗传来,使我震惊。这突如其来的不幸消息使我深感哀痛。夏老先生对我们的谆谆教诲又展现在我的眼前。

那是一九八二年底,我在图书分类工作中觉得《中国图书馆图书分类法》在有关“考古学”“文物事业”的类目设置上以及各种“历史文物研究著作”的归类上不够合理,既不符合图书分类的科学性原则,又不便于应用。在查阅了有关文献资料后,我写了一篇题为《再谈“中图法”G261/264类目设置问题》的文章。由于牵涉到“考古学”“文物事业”的关系问题,是否会由于自己水平低、学识浅薄,以致理解错误而导致全篇立论的错误呢?为此我去请教温州市历史学界老前辈王祥第先生。王先生很热忱地给予指导,并建议我写信请教夏鼐先生。这,我实在不敢想。夏老是学术界的权威学者。工作这样忙,要考虑研究的重大课题那样多,还经常出国考察、讲学。

我这个从图书分类的角度去考虑的问题也去打搅他，怎好意思开口!王先生似乎猜出我的心思，他很有信心地说:“夏先生很关心爱护后辈，从不欠文债，有信去总会很快回复的。”隔几天他又告诉我已在元月四日代我去信了。这样，我心里更不安了。我想:我提的问题面这样泛，这不是要浪费夏先生的时间吗?不行!我应该集中一点，干脆把自己的想法、观点讲出来请夏老先生批评。我计算一下时间:王先生的信四日发出,邮路辗转，到达北京最早四五天，或许要一周。夏老公务忙，这些小事自然不必立即回信，即便是最快在半个月内给我回信，那至少也在十五日到二十日了。于是我便于九日匆匆又赶写了一封信。心想在夏老回信前寄到，也好让夏老对症下药，少花费点时间。不料我寄出信件不到三天，一月十一日就收到了夏老先生的回信。他从“考古学”“文物”的本义到我国现代“文物”二字含义的演变以及“考古学”研究的范畴、“文物事业”的管辖范围等做了详细的解答。回信时间是一月八日!夏老先生是在收到第一封请教信后就当即给我回信的。收到夏老的复信，我知道我的基本观点是对的，问题也基本解决了，决定着手修改原稿。然而就在我基本定稿的时候，十八日又意外地收到了夏老的第二封回信。对我九日去信中提出的其他问题又做了大量的事例补充解释。前后仅一个星期，为了同一个问题，一个从图书分类角度提出的问题，夏老先生竟是如此不厌其烦地给我这个素不相识的无名小辈以精心的指导，这深深感动了我。我觉得这不是一般的两封信，这是老一辈专家、学者对于后辈的热诚的关怀和爱护，是对我们的鼓励，凝聚着对我们后辈的期望，也是对图书分类工作的关心。于是，我又反复修改我的文章，直到自以为满意了，便又爹着胆子索性将稿子寄给夏老先生，请他审阅。这期间，夏老先生出国到日本讲学考察，旋又到西德考察讲学，回来后又忙着参加全国人大会议。可就在人大会议期间，夏老先生还是百忙中挤时间审阅了我的文章。待我捧读夏老寄回的修改过的原稿和回信时，我禁不住热泪盈眶、思绪万千，久久不能平静。

夏老在我的稿上删了一句，改了两处。他删去了稿中“就考古学与文物方面问题专题请教了夏鼐先生”一句。夏老说：“你文中不要提到贱名，因为你文中说理已够清楚，足以服人，添入贱名，反而发生副作用。故将文中提到贱名一句删去。”夏老先生是这样谦虚，对后辈是这样爱护，考虑是这样周到、细致。此外还修改了我对“文物事业”管辖内容的具体解释。更使我铭记不忘的是文中一个入侵的“侵”字，我写成“亻 彐”，夏老用红笔给我端端正正地改过来了。这三千多字的稿件中，一个错别字也没能逃过夏老睿智的眼睛。夏老给我指出的哪里只是一个错别字啊！夏老指给我的是严谨的一丝不苟的治学态度，使我终身难忘。

夏老离我们去了，学术界一颗巨星陨落了。然而，夏老的谆谆教诲，热情扶持；不计辛劳，分秒必争的忘我工作精神；一丝不苟严谨的治学态度，对于图书分类工作的深切关注将永远激励我奋发努力，为祖国图书馆事业振兴而竭诚工作。

本文原载《图书馆研究与工作》一九八五年第四期。

学界泰斗
——怀念夏鼐先生

周笃生

夏鼐先生归道山已五载了，但先生仍活在我们心中。

记得先生最后一次回家乡温州是在一九八二年国庆期间，他不辞辛劳地视察了家乡的文物工作。我当时作为温州文管会负责人，有幸结识并陪随他去江心屿、赴雁荡山，相与朝夕，亲聆教诲。

那年十月十三日，先生在江心屿参观了市博物馆主办的温州地方史文物展览后，又跟我们进行了座谈。

十月十五日，先生以古稀高龄去雁荡，跟我们一起翻山涉水，并随处描绘文物图、抄录碑刻，一丝不苟，还拍了不少照片，边视察边指点我们的工作。他说："牡丹虽好，务须绿叶相扶，风景区的建设，必须万分重视文物的保护。"当他看到能仁寺大锅在露天，任凭日晒雨淋，十分痛心地说："文物破坏容易，再生是不可能的，一定要加以保护呀！"（据悉现已建亭保护）。先生在瞻仰雁荡山乐清县烈士墓后，动情地说："温州是革命老区，有着光荣的历史，要加强对革命文物的保护。还应向尚健在的革命前辈征集文物和回忆录音，这是向子孙后代进行爱国主义教育的瑰宝，要抓紧进行。”其实，先生历来十分关注温州文物保护工作。正是在先生的催促、指导下，我市于一九五二年建立了全省最早的地区级文物管理机构。

十月十九日，先生不顾劳累，又为故乡的文物工作者和各界人士做了《文物考古与保护》的学术报告。那天盛况空前，不少不懂文物的同志也踊跃参加，目的是一睹饮誉国内外的这位大考古学家的风采。

先生原是中国社会科学院副院长、文化部国家文物委员会主任委员、中国社会科学院考古研究所名誉所长，他以这样身份视察温州文物工作，当然是公务活动，可是先生谢绝我们在市区对他的一切应有接待，甚至连三轮车也不乘，更别说小汽车了。我们邀请先生夫妇一起去雁荡，我们本打算将夫人的食宿费用跟先生的一起报销，可是先生坚持自理夫人的费用，不留任何含糊余地。

先生去世不久，有一篇纪念文章中这样写道：

他是一位卓越的考古学家，在考古学的领域里，他给他的祖国乃至世界留下了一笔巨大的财富，树立一座高大的丰碑；这座碑的一面，记载着他终生的辉煌劳绩，另一面镌刻着“献身精神”四个大字，揭示了他那水晶般的内心世界。

我曾经想：在先生的故乡，在我们温州，确乎应该矗立一座这样的丰碑，为了纪念先生，也为了激励后人。

原载《温州日报》一九九〇年五月二十六日。

重读夏鼐先生鉴定洛阳出土东罗马金币的信

赵振华

近日整理书房，在一沓信札中看到一封夏鼐先生用毛笔书写的信面，抽出信笺，细读一遍，于是记忆将我带回二十多年前发掘唐代安菩墓的情形和请夏鼐先生鉴定墓中出土东罗马金币的经过。

一九八一年四月，位于洛阳龙门东山北麓的龙门煤矿因地下蕴煤掘尽而转产，拟利用优质地下水资源改为洛阳龙门啤酒厂。建厂初期裁山平场，爆破施工，点放排炮。其中一炮声音闷哑，工人预感有问题，扒土探视，一批唐三彩碰倒于地，这炮炸塌了一座土洞墓。工厂保卫干部当即收集部分文物妥为存放，保护现场，同时电话报告市文物工作队。队里指派赵振华前往调查发掘，清理出唐三彩、白瓷、钱币等随葬品一百二十九件和一批石刻。数日后文物全部运回，进一步整理修复。蒋若是等考古学者认为这是新中国成立以来洛阳发现的随葬文物最为丰富的一座唐墓。墓志记载墓主安菩为西域安国人，唐朝廷定远将军、六胡州大首领，葬于景龙三年（709），其子安金藏两唐书有传。因墓主人身份特别，有绝对纪年而益显重要。为及早向学术界公布材料，文物队让我们共同整理，撰写简报。随葬品中有一枚圆形金币，两面有人物和外文字母，是洛阳发掘出土的第一枚外国金币，前所未见。在研读了夏鼐先生研究外国钱币的有关论著后，知道这可能是一枚东罗马金币而不晓其详，就萌生了请夏所长鉴定的想法。于是，给夏所长写信，汇报墓葬发掘情况，金币发现经过，恳请鉴定。由于与先生素昧平生，就去中国科学院考古研究所洛阳工作站找熟识的高天麟先生，请他返京时将信和有关资料顺便带上，面交夏所长，以示诚意。

次年初，高先生返京述职。他在一九八二年一月六日给我们写信说："两位托我捎给夏所长的金币照片和拓片以及书信，我于到北京的第二天就交给了夏所长。夏所长对你们的请求非常重视，在听完一天的全所工作汇报之余，给你们查资料并当即回了信。今天傍晚他对我说，他已给你们写了回信，我才知道上述情况。"没想到夏所长如此认真，炽热的话语使人深铭五内，同时收到了夏所长的亲笔信。夏先生于百忙中抽暇鉴定，解释外国古代钱币之谜。他说这是一枚东罗马皇帝福克斯的铸币，其铸造年代为公元六〇二年至六一〇年。为了便于我们理解，他在信上随手绘出圆形金币正面的人像与文字，背面的十字架图案与文字，打箭头写说明。引用外国钱谱，注明先后版本页码，严谨而精确，并指示我们撰写简报，公布材料。后来我们的文章发表于《中原文物》一九八二年第三期，学术界十分关注新资料，引发学者们写了多篇研究文章。

时隔二十多年后公布这封学术信件，我们从中看到老一辈学者学识渊博治学严谨和事不隔夜当天做好的朴实学风。同时也看到了夏所长为保护国家的文化遗产，长期和各种破坏文物的错误言行不懈斗争的精神。正由于此，才使我国的文物保护工作取得显著成效。现代中国考古学的奠基人之一、尊敬的夏鼐先生（1910—1985）辞世二十三周年了。捧信思人，铭记教诲，激励我们为文物考古事业奋发工作。

本文原载《洛阳古代铭刻文献研究》，三秦出版社二〇〇九年十二月版。

忆夏鼐同志为文物工作题词

王建中

我国卓越的考古学家夏鼐同志与世长辞了。我们在怀念之余，回忆起他关心我国文物、博物馆事业的发展，支持基层文物干部工作的情景倍感亲切。

一九八三年春天，南阳地区文化局为了配合文物保护法的宣传工作，决定编印一期《文物宣传资料》，请夏鼐同志题几个字。五月，夏鼐同志出席中国考古学会在郑州召开的第四次年会期间，省文物局傅月华处长引导我见到了夏鼐，当我们说明来意后，他爽快地答应了，当天晚上便在宣纸上写了“保卫文物，人人有责”八个大字。第二天我接到他的题词后，心情十分激动，但又感到“保卫文物”好像是一新的提法。于是，我找到夏鼐同志问：“您把人们通常提到的‘保护文物，人人有责’改为‘保卫文物，人人有责’是不是有新的含意?”他接过题词一看说：“不，我写错了，口号是不能乱提的，还是‘保护文物，人人有责’这个提法好。”接着他说：“现在我已经没有时间给你们修改了，等我回北京后，一定再给你们写一张寄来。”不久，我们收到了夏鼐同志的重新题词：“保护文物，人人有责。”署名夏鼐，一九八三年五月。

夏鼐同志治学之严谨是考古界所公认的，正如胡乔木同志在《痛悼卓越的考古学家夏鼐同志》一文中所指出的那样：“夏鼐同志的毕生心血，部分的凝聚在他的许多第一流的考古学论著中，更多的凝聚在新中国考古事业巨大发展的事绩中。他是当代中国考古学人才的主要培育者，考古工作的主要指导者和考古学严谨学风的主要缔造者。”

本文原载《中国文物报》一九八五年九月二十六日。

求实、踏实、朴实
——纪念夏鼐同志

吴德铎

光阴真快，夏鼐同志(1910年2月7日—1985年6月19日)离开人世，不觉已经两周年了。

去年这个时候，在澳大利亚悉尼大学举行的中国科学技术史第四届国际讨论会,特地安排了一次“夏鼐纪念会”。许多来自不同国度的学者，以不同的语言和内容，表达了他们对这位蜚声世界的中国杰出考古学家的崇敬和景仰。如此隆重地纪念一位中国科技史研究者，在中国科技史国际讨论会的历史上还是第一次，这说明夏鼐同志在国际学术界的地位。

我和夏鼐同志分处两地，接触不算多，虽然如此，还是有些往事值得一提。英国勃莱克说,从一粒沙可以看出一个世界。这里所说的往事，或许多少可以反映一些夏鼐同志的风貌。

近年来国外有人提出，明末以后我国人口急剧增长，粮食却没有出现大问题，原因之一是明末从海外引入了玉米、甘薯等高产作物。这个结论是经过广泛、深入的研究才取得的，有很强的说服力。早在六十年代初，同样的论点，夏鼐已公开提出过。限于当时的客观条件，这一极重要的意见，没有、也不可能引起人们的注意。夏鼐同志是在《文物》一九六一年八月号上展开的关于甘薯的来历的讨论时提出这一看法的，并以此作为甘薯是明朝引入的论据之一。我也参加了这场讨论，论据虽然不同，所得出的论点却和夏鼐同志是一致的。那时，“众人拾柴火焰高”的烈火正烧得人们头脑发烫。夏鼐敢于提出人口增长与粮食消费等当时十分敏感的问题，说明他坚持实事求是和不肯随俗浮沉。

一九八四年，中国科技史第三届国际讨论会在北京举行，我提交的论文是《再论达尔文与“中国古代百科全书”》。这届会议规模很大，中外学者来得不少，夏鼐同志是会议的主要组织者，十分忙碌。即使如此，他还是挤出时间向我坦率地提出他对我那篇论文的意见，他的那些意见，我未能接受。他见我如此坚持，便十分诚恳地告诉我，他即将去巴黎，到了那里，他一定设法再找些原始材料来，看能不能说服我。我本以为他不过说说而已，像他那样忙的人，不可能将这些小事记在心上。一九八五年春，席泽宗同志来上海时告诉我，夏鼐同志在法国找到一些材料，并说他不久会直接来信，谁知，不久后我收到的是夏鼐同志逝世的消息。夏鼐同志的热情关怀和亲切教导，我永远也不可能再获得了，他的诲我不倦，我永远是不会忘记的。

夏鼐同志是学术界的大忙人，除了承担许多行政事务，他本人的专业是考古，中华书局的《中外交通史丛刊》中有一本他校注的《真腊风土记》。我起初以为整理古籍的工作，他进行起来未必也和考古发掘同样得心应手，当我收到他的赠书细读之后，不禁深为他的精深、勤奋所感动。他的校注工作决不比任何一位专业古籍整理者逊色，从质量上来说，他的这本校注在众多的古籍校注本中，是出类拔萃的。他代表了我们当前这方面所能达到的水平。我拜读之余，除由衷地敬佩之外，还深为自己的不学和懈怠而惭愧。

夏鼐同志的治学态度是不满足于已有的成就，不停顿地追求真知灼见，他的待人处世，更是步步踏实。为了满足我的愿望，他甚至亲自去邮局为我购买《考古学报》和《文物》。至于他生活作风的平易近人，朴素无华，更是人所共知，有口皆碑。他的求实、踏实、朴实的学风永远是我的榜样。

〔附〕

一九八四年一月十三日夏鼐同志的来信摘要

×××一文，来函谓“值得注意”，不知尊意何指？此文的结论，以为番薯［由］美洲输入中国以前，中国古籍中的“甘薯”，即今日的 Ipomoea batatas，以为我们二人（及其他作者）否定 I.batatas 在我国古已有之的说法。是站不住脚的。我细读后，觉得站不住脚的是他的说法，而不是我们的说法。

我们古籍中的所谓“甘薯”是何物，现仍难确定。可能不同的古籍中所谓“甘薯”也不都是同指一物。我以为最可能是指有甜味的薯蓣植物的块茎(或块根)。像×氏所说，有的古籍中“甘薯”决不是指山药。但是以为可能有的是指甜薯(D.esculenta)一类，但决不是指I.batatas(番薯)。明末番薯传入我国后，有的书中将“甘薯”“番薯”同指一物，分别指番薯的两个品种。至于番薯由美洲输入以前，我国古籍的“甘薯”决不是指I.batatas(番薯)。墨西哥野生植物中各种异生的IPomoea sp，可以驯化成I.batatas。据×氏之说，我国南方有野生的所谓‘甘薯’近缘植物，如野生番薯、南番。但是我以为它们似乎不会驯化为I.batatas的，并且也无法证明它是否古代即原生该地，也不能证明曾驯化过。

至于×氏屡次引及的嵇含《南方草木状》，他认为是公元三〇四年的作品，而不知这实是一部伪书……。

注:夏鼐同志之所以写这封信,是因为一九八三年《中国农史》有一篇议论甘薯的文章，其中认为所有主张甘薯是外国引入的人，都是错误的，其中有我，也有夏鼐同志。夏鼐同志看了这篇文章后,给我寄来一信,再次阐明他对这个问题的看法,今天公布这一私人信件，一方面是想再次证明夏鼐同志的诲人不倦，同时，他的这些意见，也许对读者有一定的参考价值。

本文原载《文汇报》一九八七年六日二十三日第三版。

书夏鼐先生讲演集后

冈崎敬

我第一次见到夏鼐先生是在一九五七年的五月。我是作为以原田淑人先生为团长的日本考古学协会中国视察团的成员而去的;加之，我是第一次去中国，因而所见所闻，一切都感到新奇。当时的考古研究所所长郑振铎先生出差不在北京,第一副所长尹达先生由于病（译者按:原文误以当时的所长为尹达），所以由副所长夏鼐先生代行联系一切事宜。先生娴于英语，使我们得以畅所欲言。就是在这一次，杉原庄介先生做了关于《日本农耕文化之生成》的讲演。

北京参观日程终了以后，乘飞机经包头飞向兰州，目的是奔向敦煌，夏鼐先生和苏秉琦先生一直送我们到飞机场，我们一行都是非常感激的。

从中国旅游归来，我转到名古屋工作。以后，由于设在福冈的九州大学创建考古研究室，我到了福冈，在该校工作。

一九六三年秋天，夏鼐先生作为中国学术代表团的成员之一，第一次访问了日本，基于目加田诚先生的竭诚争取，邀请代表团到了九州。代表团到九州后，首先访问了九州大学文学部，由镜山猛、谷口铁雄先生陪同参观了太宰府，敲了观世音寺的古钟。当年的六月间，恰巧在饭冢市立岩下边的遗址中，从弥生式瓮棺里发掘出了六面前汉时期的铜镜，便将其照相制版并附以简单解说，赠送给先生一份。到现在为止，这是日本出土的最早的中国铜镜。

其后，先生忙于国内各地考古调查，几年来写了：

《十年来的中国考古新发现》，《考古》一九五九年十期。

《新中国的考古学》，《考古》一九六二年九期。

《我国近五年来的考古新收获》，《考古》一九六四年十期。

《五四运动和中国近代考古学的兴起》，《考古》一九七九年三期。

《三十年来的中国考古学》，《考古》一九七九年五期。

上述文章，都是按年度对全国考古调查发掘的收获与研究成果做了综合的论述。

先生担任所长，站在最高层指导青年学者们的工作，因而能写出这些有分量的文章。

一九七四年八月间，应中国科学院考古研究所的邀请，我和宫川寅雄、关野雄先生一起，游历了北京、安阳、郑州、洛阳、西安等处，在北京，见到了王冶秋、夏鼐先生，并在历史博物馆见到了“汉唐壁画展”的原本陈列品，这就是以后在日本北九州市立美术馆处举行的“汉唐壁画展”。

一九七七年七月至八月，我们的学术代表团（团长蜡山道雄氏），被首次允许进入新疆维吾尔自治区。这期间，参观了吐鲁番的高昌古城、石河子、伊宁等处。在进入新疆维吾尔自治区之前，拜会了夏鼐和王仲殊先生。这是我第一次去新疆。蒙先生在百忙之中和我们会面，回想起来实在觉得太叨扰了。

一九七八年十一月，我和佐藤雅彦、长谷部乐尔氏等参观了上海、南京、扬州、西安、北京；一九七九年五月，我和三上次男先生一起游历了兰州、敦煌、西安、上海等处。当时，日本人已逐渐地可以结成团体到中国参观访问了。

一九七九年五月，应京都的日中学术交流恳谈会的邀请（译者按：原书误以东道主为京都大学），夏鼐先生作为学术代表团的成员来到了日本。这一次，学术代表团到了东京、仙台、金泽等处，进行了实地考察。末永雅雄先生还提到了希望尽快实现交换留学生的话。

一九八〇年，日本广播协会订立了“丝绸之路计划”（有井上靖先生等），承蒙中国方面给予了协助和支援。三月间，我参加了铃木肇氏等的摄影队。因为楼兰地区不对外开放，所以该地区的调查工作由中国方面单独进行，我们则担任了自酒泉以北汉代城墙和西夏的黑城故址的调查工作。遗址全都在沙漠之中，中国方面曾做过调查。但迄今为止，外国人在该地区进行过调查的，只有斯坦因和瑞典的斯文赫定等人，日本人有机会来进行调查，这还是首次。这次踏查的情况，在日本广播协会电视节目上和《梦幻般楼兰·黑水城》(日本广播出版协会，一九八〇年）一书中，曾有详细的报道。

这一次，一到北京，立刻就到了考古研究所拜访了夏鼐先生，以倾听他的意见。这个地区，即便是中国学者，也并非轻易就可以进去的。

先生在中日战争期间，曾经在敦煌的沙漠之中调查发掘过古代墓葬。我还记得，他当时怀着昔年的体验，在我的笔记本上签名题词："丝绸之路为旧游之地。冈琦先生此次前往调查，预祝工作顺利。夏鼐一九八〇年三月二日。"令人难忘的是夏鼐先生的签名题词，在旅途上对我发挥了极大的鼓舞作用。在归途中，我路经宁夏，参观了内蒙古自治区的呼和浩特。

一九八一年十月，我作为日本的日本、朝鲜、中国考古学家访问团团长，周游了中国东北地方。这次是先到北京，即日转赴大连。然后赴辽阳、沈阳、长春、哈尔滨、吉林，由吉林又回到了长春，从长春乘飞机回到北京。北京的街道，正披上了新装，非常美丽。

回到北京以后，首先拜访了考古研究所，在一九五七年时曾经盘桓过的会议室里，见到了夏鼐先生、王仲殊先生、安志敏先生以及其余诸位先生的风采。旧友重逢，甚觉亲切。首先，我介绍了日本方面的成员。在我报告《东北考古学的道路》以后，夏鼐先生说：二十四年前曾经到过考古所的先生中，现在作为团长率领年轻人来这里访问，这还是头一个人。当时，恰巧在北京大学留学的日本留学生也在座；晚上，我们大家和先生一起吃了中国饭，围坐畅谈，不觉夜深。

一九八二年秋天，由日本广播协会丝绸之路调查队中担任“敦煌”工作的田川纯三氏联系，计划邀请夏鼐先生访日，并着手进行了准备工作。一九八三年三月间，先生偕夫人到了日本。对于将考古研究所所长的职务让给年轻的同志而担任科学院副院长的先生来说，长期以来，真是难得有这样偕夫人从容旅行的余暇。先生在东京、大阪、福冈先后举行了讲演会；在福冈，我曾出面帮忙招待，自从先生初次到福冈，已经过了二十年。回忆先生初到福冈时，为了警卫，让学生住满了中国代表团下榻的旅馆。现在，旅馆已非常安全，和中国之间的文化往来也日益顺畅了。这次，先生参观了饭冢市立岩历史资料馆中展出的前汉铜镜和太宰府的县立九州历史资料馆。而这些建筑物，在先生上次到福冈时都还未建成。

在福冈，先生做了《汉唐的丝绸和丝绸之路》（本书的第二章）的讲演，其内容具有相当高的水平，而且是向济济一堂的听众，借助小南氏的精彩翻译而进行的。有人说：“讲得实在太好了，赢得了满堂称赞。”先生平易而又娓娓动听地向日本听众介绍了中国考古的成果。谨向先生致以感谢之忱，并祝愿先生永远健壮，为考古事业多做贡献。

本文是作者为夏鼐著《中国文明的起源》日文版所写跋，中文版由文物出版社于一九八五年七月出版。

悼念夏鼐先生

三上次男

长期领导中国考古学界的夏鼐先生逝世(一九八五年六月)以来,已经半年多时间过去了。时间虽然过得很快,但他为人的伟大却不断地重新浮现在我的脑海里。这正是由于他的足迹是美好、鲜明和坚强有力的关系吧!

实际上,通观半个世纪来,他在考古研究上的范围之大,视野之广,对研究队伍和机构的建设和扩充,在文物保护工作方面实施富有成效的方略等业绩,正值得称为巨人。他对这些工作,总是一步一步地、不声不响地、坚韧不拔地,而且又是广泛、深透地注视着周围的情况而进行的。他为中国考古学铺下了前进的轨道,确定了前进的路途。

他身材并不高大,看起来有些纤弱,而且总是以谦虚的态度对人,但他内心的信念之强,判断之冷静和正确,则是常人所不能及的。否则,他也就不可能在那狂风暴雨的噩梦般的“文革”时期,作为所长,使考古研究所少受伤害,完成了可称之为坚守不渝的那种困难的事业了。

夏鼐氏一九一〇年二月出生于浙江省温州府永嘉县。浙江自古以来是产业丰富的地方，以此为基础，文化的芬芳也很浓郁，而且很早就有繁盛的海外交通，是开放之地。作为他的特长之一的视野广阔，无疑是生来就从这样的风土环境中得到的。

少年时代在上海的学习，接着在北京的国际性燕京大学和清华大学的学生生活，更在养成这种特殊的品质上给他以力量。一九三四年清华大学历史系毕业后，在梁思永氏的主持下，他在安阳殷墟从事调查发掘。从次年的一九三五年起，又到英国伦敦大学去留学。在此期间，他参加了中东地区的考古调查发掘，又在 W.M. Flinders Petrie 教授的指导下研究埃及考古学，获得伦敦大学的博士学位。他的视野，在考古学方面也开阔了。后来他的研究目标多指向中国和中东地区的文化关系，以及科学技术史的考古学研究，这决不是与年青时的学习和研究无关的。

在他突然逝世的大约一个月前，我有幸在考古研究所和他晤谈。那时他拿着宁夏回族自治区固原县北周李贤墓出土的极为珍贵的萨珊时期的镀金银瓶的彩色照片给我看，高兴地说今后要专心研究这个瓶子。最后的研究对象和初期的研究对象结合在一起，不能不使人感到其间有某种因缘。

一九四一年在抗日战争中归国的他的心，深深地向着国内。但是，在中央研究院历史语言研究所任职时，作为他的研究对象地，地域仍然是以与西亚相近的甘肃为中心的地方，这是很有意思的。

新中国成立时留在大陆的他，于一九五〇年进入新设的中国科学院考古研究所，在郑振铎所长之下，与梁思永氏一同就任副所长，一九六二年至一九八二年的二十年间又承担了作为所长的重任。在这期间，他指导国内各地区的许多遗迹的调查发掘，给史前时代和历史时代的中国考古学的研究以极为明亮的光照，同时，通过考古研究所的工作，培养了许多优秀的考古学家。建设富有特色的国家性研究体制，也是在这一过程中进行的。

一九八二年，辞退了考古研究所所长之职，成为名誉所长，并成为社会科学院副院长之后，先生仍然以考古研究所里的一个房间作为研究室，经常在这里继续从事研究，并为指导考古学界的全局而献身。作为一九七九年成立的中国考古学会和其他学会的理事长和会长等，并作为一九八三年开始活动的文物事业方面的最高委员会——国家文物委员会的主任委员，他的工作或许是面对国际性的学术界的。一九六三年、一九七九年和一九八三年，他三次访问日本，特别是最后一次是偕夫人同来的。著书的一册，也在日本翻译出版（《中国文明の起源》，小南一郎译，日本广播协会发行，1984）。在日本，他的亲密的友人很多，这是最使我们感到高兴的。

就我个人而言，从他一九六三年第一次访日以来，通过晤谈、通信，加深了友谊，尤其是一九七八年以后，每年都能在北京或东京，有时也在青岛等地见面。作为老友，每次都能很高兴地进行毫无隔阂的谈话。但是，在这期间，我有几次谈到日本和中国双方进行共同的调查发掘，他每次都笑着说法律不允许，加以严峻拒绝。对帝国主义时期的事情知道得很清楚的他，在这一问题上是强硬派。

先生真是一个真诚的人。一九八四年春，文物管理局和考古研究所的诸位先生，出乎意外地在北京为我举行七十七岁的庆祝宴会。那天下午，夏鼐先生刚刚从法国回到北京机场，就马上赶来参加。我胸中充满感激之情，非常感动。仅仅是为了异国的一个老年研究者，如果没有诚心，谁又能这样做呢?同样的事在别的场合也可以见到。

如今，这位身材不高的巨人从地上消失了。他在天上，从天空继续发出强烈的光，照亮着中国考古学前进的道路。作为他的后继的中国优秀的研究者们，得到这个亮光，正在开辟更大的道路。

本文原载日本《考古学杂志》第七十一卷第二号，中译文刊《考古》一九八六年第七期，宗述译。

悼念夏鼐氏

末永雅雄

在关心东亚考古学的人们中，大概没有不知道夏鼐氏和他的业绩的吧?无待于言，只要与夏鼐氏有过接触，谁都知道他在中华人民共和国学术界有崇高的社会地位，并感受到他的人品是温厚、稳重的。我在橿原考古学研究所向中国派遣留学生的事情上，特别受到他非常友好的关照。这不是私人的交际，而是奈良县受到他的巨大的关照。

这件事，是直接受到恩惠的橿原考古学研究所永远不能忘记的。人们容易把这种公事方面的恩义忘掉;就我长期所见，在学术界和从事学问的人之中，往往有这种事例。但是，由奈良县派遣的三名考古学留学生在中国受到许多人的指导和帮助，那是不能忘掉的。为这事打下根基的，便是夏鼐氏。为了永不忘记，我要把中国方面接受留学生的经过记录下来，留交给橿原考古学研究所。

昭和五十三年（1978），为了向中国派遣留学生，以及作为交换，接受来自中国的留学生，我先悄悄地和奥田县知事商谈。

得到县知事的谅解之后，我便寻求与中国考古学界取得联系的机会。昭和五十四年六月九日，接到夏鼐氏准备访问橿原考古学研究所并参观高松冢的通知，我便和石野博信君一同前往近铁八木车站迎接，在陪同他参观高松壕的途中，我恳求他接受日本留学生并派遣作为交换的中国留学生。夏鼐氏虽然没有明确答应，但在他所说的话中表示了回国后要设法实现我的希望意思。

其后，朝日新闻社社长上野淳一氏率领参观团去中国，我向他说了上述的计划和希望，请他协助。上野氏参观完毕将要回国时，也为传达并促进此事做了联系。经过以上那样的过程，以后终于得到实现，所员菅谷（文则）、河上（邦彦）、前园（实知雄）君相继在中国留学各两年，在北京大学进行研究和学习。第一次菅谷君出国时，奥田知事曾因县内其他事业的关系，主张留学仅限菅谷君一人。但是，我坚决恳请派出三人去留学，并在以后接受作为交换的中国留学生。奥田知事因病引退之后，由继任的上田现任知事实行三名留学生的派遣；接受来自中国的留学生则以苏哲氏为第一次，如今正在研究所学习。今后要继续与中国学术界进行密切的交流。我期待以所长为中心的所员诸君要为提高中日两国的学术和文化而努力。希望不要忽视夏鼐氏的恩义。

最后，我对夏鼐氏谨表追悼之意。

本文原载日本橿原考古学研究所编辑的《青陵》第五十六号，中译文见《考古》一九八六年第一期，宗述译。

忆夏鼐先生二三事

李汝宽

去年（一九八五年）初夏，夏鼐先生知道我将要回国访问，来信邀我在北京会见，约定六月下旬共同探讨夏少康时的“漆驾轼”问题。我于六月中旬到达东京，参加六月十八日至二十一日在东京召开的漆艺研究者讨论会，拟定会后即去北京。不料在十九日清晨，日本著名漆艺家西冈康宏先生匆惶见告：报载夏鼐先生仙逝。我顿时悲痛万分，说不出一句话来。万万没有想到距离预约会见只有一个星期，他竟溘然离去，怎不使我无比伤感！感谢蔡斯（T.W.Chase）先生，在当天的东京漆艺研究者会议上宣告这一不幸消息，带领大家为夏先生默哀祈祷。会后，我到北京，承考古研究所告知：夏先生遗体告别会定于六月二十九日在北京医院举行。这天上午，我和北京钢铁学院柯俊教授同车前往吊唁。见到这位正直学者安静仰卧，不禁悲感交集，痛切于“是非依然在，万事皆成空！”我默默为夏先生祷告：虽然我们不能如期面谈，但我一定尊重你对夏文化的意见，把你的文章尽可能早日在《李汝宽考古美术讲座论集》上发表。愿你瞑目安息吧。

时光如流，转眼已快一年。在这近一年里，我时常想起这位我所敬佩的学者给我的勉励。我同夏先生在对待夏代问题上存在不同看法，但我们做到各抒己见，互相磋商，从不伤害感情。我尊重夏先生对夏代问题所持的审慎态度，他也理解我对夏代的求知心情。根据我的了解，夏先生并非“疑古派”，也不是“无夏论”者。他在一九七七年十一月二十二日“登封告城遗址发掘现场会”闭幕式上提到夏文化问题时指出:“首先应假定我们探讨的夏王朝是历史上存在过的，不像有些疑古派认为可能没有夏王朝。”(《河南文博通讯》一九七八年第一期，32页)他所不同意的仅仅是目前已能从考古学上加以证实。他说:“有人认为我们已找到夏代遗址，包括两处夏代都城遗址。就考古学的证据而言,这结论未免下得过早。”(《考古》一九七九年第五期，388页)他在一九八四年七月二十二日给我的来信中又重申这一见解。他说:“尧舜禹则属传说，在考据学未能加以确定以前，考古工作匆匆加以联系，未必可行，还以审慎为是，未悉尊意如何?”谨此上述三文，就足以说明夏先生治学谨严，一丝不苟。

夏先生立足中土，并不“崇洋”，这也是我所敬佩的。

一九八五年春，我寄给夏先生一篇文章副本，文章用Sammy笔名。他在同年三月二十日的复信中，对此署名不以为然。他坦率指出:“程尊函副本，实则报道先生时，何不用‘汝宽’大名?不仅沙米伤牙，而且读之实觉洋味过重。”(宽注:沙米——Sammy，因报上误李沙木为沙米)杨钟健，译其洋名Dr.C.C.Young为杨格博士。这种情况,几乎成为华人久居外国者之习俗，但在夏先生看来，用汉文音译才是正道。从这件小事上即可看出他的不“崇洋”的品质。

有些外国学者，抱住“西方文明”的优越感不放，对中国青铜器又缺乏研究，便奢谈“中国青铜工艺是由国外发展成熟后才输入的”。夏先生根据考古发现和科学检验,论定中国青铜器是在中国本土独立发生和发展的。他说:“解放后不久，我们发现了殷代中期的郑州二里岗文化中便已有青铜业作坊和许多青铜器。……后来我们又发现了偃师二里头遗址，年代较二里岗更早，但这里也出土了少量青铜小件。最近发掘到青铜戚、戈、爵等中型的容器和武器，时代属于二里头三期，与该遗址早商宫殿遗址同时，可见中国青铜工艺自有其发展的过程，并且铸造时使用多片合范法，也自具特点，不仅只成品的形状和花纹具有中国的特征而已。”(《考古学和科技史》，10页，科学出版社，一九七九年)最近几年来的考古新发现，进一步证实夏先生论断的正确。

一九七三年中国有一批文物在伦敦展出，其中有一串石寨山出土的玛瑙珠,伦敦出版的文展说明书认为它“可能是从远处输入的”。为此，夏先生写了《我国出土的蚀花的肉红石髓珠》

一文，详细论证这种蚀花石珠的年代和地理分布，指出：“我国出产玛瑙石的地点不少，云南省境内便有好几处，保山县玛瑙山出产的尤为有名。……所以，石寨山出土的这些石珠，其原料实在不必远远地取材于海外的南洋地区。”（《考古学和科技史》，133、134 页）这种实事求是的态度，只有正直严肃的人才能做到。夏先生对李约瑟教授 (Prof.Joseph Needham) 是很尊敬的，但他并不盲从。他同意李约瑟教授在他的大作《中国科技史》第一卷序言中提出要写出像他所计划的那样一部中国科技史的学者，必须具备六个条件，但他又说：“而中国的这方面的学者，所需要具备的条件可能也有些不同。”（《考古》一九八四年第五期，428 页）虽然他没有把不同的“条件”说出来，但含义是不难理解的。

他十分重视中国科技史的研究，认为考古学和科技史二者有密切关系。“科技史是社会科学中的历史科学。在许多方面需要依靠考古学提供实物标本和涉及标本的有关资料；有时需要合作，共同进行研究。”（《考古》一九八四年第五期，427 页）他身体力行，建树甚丰，这是有目共睹的。在考古学的其他领域，夏先生也有许多杰出的贡献，已有不少文章介绍，我就不再重复了。

我长期居住国外，但心怀祖国，不“崇洋”，大概就因为这个原因，夏先生特意把他的大著《考古学和科技史》送给我（一九八五年五月二十四日收到）。这是我感念不忘的。

我和夏先生私交甚笃，彼此赤诚相见。我很佩服他为人正直，品德高尚，待人温和、诚恳、谦逊。他的去世，使我从此失去一位挚友，唯有他的音容言行，将永远留在我的记忆中。

本文原载《燕都》一九八六年第三期。

我们的心是相通的

李秀君

我的童年

我于一九〇八年十一月二十五日（阴历戊申年十一月初二日）出生在温州郊区的一个乡绅的家庭。我们住的乡村叫双屿山，这是温州旧城南门外的一个小村落，离市区并不远，只有六七里路，它并非是山区，只是因为村外田野上，东西方向各有一座小丘陵，酷似海上的两座岛屿，故称双屿山，村子就以双屿山命名。解放后，因位于附近的温州发电厂扩建，一举炸掉了这两个山包，从此，“双屿山”这个地名也就有名无实了。温州城历史上是一座江南水城，早年城里城外河道纵横，小桥密布，主要交通工具是一种叫舴艋舟（温州方言：jimieyun）的小船，从乡下到城里往来多是乘船，老家院子的东北侧即是一条走船的无名小河，不远处有一个石砌的小码头，人们除了在这里洗衣、洗菜，也在这儿上下船。从这里乘小船，一直可以到达城内仓桥街的婆婆家。老家老屋原是一个由数间木屋组成的院落，住着一家十几口人，有曾祖母、爷爷、父母和我们姐弟七人。老屋门前有一座长满瓯柑树的果园，院落四周基本都是农田，春天来到的时候，绿油油的田地里，黄灿灿的油菜花开成一片，像一幅美丽的江南风景图画。到一九四五年，日寇第三次入侵温州时，老房子被日寇抢掠一空，又被一把火烧成了废墟。

在家里我是长女，从很小的时候开始，我就要帮助母亲做家务，照顾弟妹，还要护理年迈的曾祖母，她到七十八岁那年，患了中风病，手足开始不方便，后来更严重了，只能躺在床上，完全要人服侍了。她在世的最后一年就是由我来护理的，直到她八十岁时去世。当时，我爷爷尚健在，他略通医术，尤其擅长治白喉症，在四乡邻里有一定名气。他还曾捐款在乡里修了一座石桥，也算利民的善举。通桥的那天，是他第一个走过去的。在爷爷三十多岁的壮年时，奶奶便去世了，之后，爷爷执意不续弦，一直过独身生活。爷爷年轻时嗜好喝酒，六十岁左右即患轻度中风，六十四岁就去世了。

我的童年正处于民国初年，广大中国农村还很落后，女孩子从六七岁就要开始裹脚，那是一件很痛苦的事情，尽管自己不愿意裹脚，跟母亲苦苦哀求，也不济于事。所幸孙中山领导的革命风潮很快波及东南沿海，其中就包括废除妇女裹脚的陋习，我可以不再裹脚了，这才得以解放了我的双脚。但是，这时双脚已经由于裹脚而致残，无法恢复正常了，给我日后的行走和买鞋都带来不便。旧社会歧视女子，我一直到九岁以前都没有念书，后来由于弟弟到了读书年龄，爸爸才请了一位私塾先生到家里教书，这样，每天我在照顾弟妹之余，也可以陪着弟弟念书了，我的启蒙教育就是那段时期获得的。但是过了不久，我父亲的结核病逐渐恶化，家里不再请私塾先生，让两个弟弟去学校念书了，我便又失去学习的机会，只能在家从事家务劳动了。当时，父亲的病也是越来越重，每年到五月的时候都要吐血。开始时，他精神还可以，便开始操持安排我的婚事。我订婚后不久，父亲的病更重，口舌和喉咙溃烂，腿脚也不灵便了。在当时的医疗条件下，已是无药可医。随着我的婚期越来越近，父亲的心情也越来越难过，一个人时常暗暗哭泣。此时，我的内心也是万分割舍不下，我想真不应该这个时候离开父亲，我不在身边，谁来照顾他呀?在父亲病重的这五六年里，由于母亲家务事多，根本忙不过来，都是由我在护理他，几乎每天夜里十二点多，我还没有从父亲住的楼上下来回屋休息，第二天早晨五点又要起床上楼照料。爷爷见我每天上下楼不知要跑多少趟，心疼地对我说:“好孙女，你每天这样护理父亲，真是太辛苦了。”临结婚前，我知道他很难过，就托表叔对父亲讲，叫他放心，女儿结婚后还会来照顾他的。但是，仅仅在我们结婚后一个多月，父亲的病情突然恶化，那天，妈妈叫人来接我，待我晚上九点多赶到家，父亲已经连话也讲不出来了，当天夜里和大弟商量，待天亮后，马上去请医生抢救，到了第二天早晨，刚刚请来医生，还没有来得及号脉开药，父亲便去世了。那年，他才四十岁。在那个年代结核病还是一种绝症，无药可医。父亲当晚即出殡了，母亲一边哭，一边叫我当天不要回去，陪陪她，但是，出来时公公、婆婆是要我当晚回去的。尽管心里很痛苦，也没有办法，只好告别母亲回去了。当时的封建礼教就是这样，妇女在家庭中和社会上是没有地位和自主的。后来，母亲就一直住在双屿山的老家，含辛茹苦将六个弟妹，先后拉扯大，并都成家立业。除二弟和我住在城里，其他几个弟弟都和她住在一起（四弟为逃避抓壮丁而出走上海，约三年后病死他乡）。抗战胜利后，老家在被日寇烧毁的废墟上，重建了部分住房。一直住到现在。我嫁到城里后，弟妹们经常有来往。我也隔三岔五地回去探望母亲。

解放后，一九五二年我与夏鼐举家迁往北京，看到母亲的机会就少了，一九五六年、一九五九年都曾回去过，住的时间都不长。一九七四年四月第三次回乡探亲，最后一次见到母亲，当时，她已是八十七岁高龄，但依然体格硬朗，精神矍铄。看到我回来，她默默地坐在床沿上，用她那双青筋毕露的硕大双手，紧紧拉着我的手，凝视着我，半天也说不出一句话来。在漫长的岁月里，隔着千山万水，她是多么惦念着女儿啊！返乡后的第二年三月，辛劳一生的母亲就离我们而去了。由于路途遥远，我没有办法回去。听妹妹说，母亲临终前还在念叨我，非常想见到我，收到我的信，知道我回不去，不禁落下了眼泪。现在几个弟弟的生活都大大改善了，如果母亲在天之灵有知，也一定会很高兴的。

结婚前后

我们的婚姻大事是父母包办的，根据那时的风俗，先要把小女的“月甲”（写有生辰八字的帖子），托媒人送到男家，然后去问佛合婚。结果，他母亲去问佛合婚回来，说很好。当时，夏鼐年方十五岁左右，尚是一初中学生，自己对相亲一事也浑然不知，我父亲和媒人曾一起去温州第十中学（现温州中学）的校园中看他，只能远远望见夏鼐在操场上与同学玩耍的身影，但这最初的印象，已使我父亲看完回来，感到很满意。他母亲和大姐则乘赶庙会看戏的机会，偷偷来相面，被我发觉了，我当时非常不好意思，匆匆离开戏场回家，戏也没看成。于是，双方很快将婚事定下来了，并通过媒人开始具体商量嫁妆的事宜。按照当时的风俗，女方在订婚后，就要准备嫁妆、嫁衣了。女方要准备的嫁妆条件是“二间面”，就是要可以摆满两间房间的家具。于是，我父亲去订购了木材，准备打制圆木和方木家具（温俗，女方的嫁妆要包括一应日用器具，圆木指木盆、木桶等，方木指床、柜橱等），还有十二对锡台。同时，家里还请了裁缝师傅来做嫁衣，但嫁衣的花饰是要新人自己绣的。这样一来，我除了照顾父亲，还要招待裁缝师傅吃饭和晚上加班的夜宵，事儿就更多了。后来，绣花的活儿实在太多，我忙不过来，请了表婶来帮忙。结果，两人忙了两年，才将八对枕头、八对方枕、几条绣花被面做完。

当年练就的绣花技艺，后来伴随我终生，还专门求人做了一个木框架，为家人绣了许多婴孩的围嘴、新婚用的枕套，大家都非常喜欢，赞赏我的手艺高超。直到晚年，戴着花镜仍能从容地绣出各色花样来。这样，准备好陪嫁的绣花衣物后，到临结婚前几天，还要请裁缝来打“铺陈”，即将床上铺设的被枕等摆成花样，我记得做了两个“铺陈”，一个是鹿鹤同松，一个是麒麟送子，都很漂亮。嫁妆中有两张床，一张雕花红漆木床，一张铜床。当时的风俗就是这样铺张的，温州有句俗话说：“女儿是赔钱货，一赔（剩）一条裤。”

订婚时，夏鼐还只有十六岁，我十七岁。结婚前我们没有见过面。当时，我大弟守恩和他在一个学校念书，听弟弟回家对母亲讲，姐夫不肯多讲话，就喜欢看书。还说，姐夫衣服穿得很朴素，但有点邋遢，布袜子经常忘记打结。一九二七年结婚时，他尚在上海光华大学附中念高中，十一月二十八日结婚，他直至二十六日才赶回来。把他的父母急坏了，埋怨他就知道看书，连结婚大事都给忘了。下面说说当年结婚的场面。

结婚前一天的晚上，女方家里要吃随嫁酒，摆了好几桌，还有吹班，客人来了很多。吃了随嫁酒后，连夜叫未婚的小姑娘陪我一起做上轿鞋。第二天，我穿好蟒袍，戴好珠冠，头盖红绸巾，一直坐在那里，等到晚间夏家的花轿来接。花轿启程的时候，母亲哭得很厉害，父亲在楼上没有下来，但能听到他在那里痛哭。我的心真是痛苦极了，完全没有了结婚的喜庆和愉快，只有骨肉分别的痛苦和无奈。亲朋好友拿着红蜡烛一直护送轿子到南门头才返回，花轿则一路吹吹打打把我送到夏家门口。轿到时，要撒五色米。新郎身穿长衫和马褂，头带学士帽，胸前挂红球，在门前迎候。下轿时，我已是昏头昏脑了，一切听人摆布。后面便是入洞房，然后出来拜天地、拜父母、夫妻对拜；再进洞房，夫妻对坐，吃“合卺饭”。第二天早晨，婆婆来到洞房，打开随身箱，由娘家陪来的陪妈帮我戴好珠冠，穿好蟒袍，然后端正地坐在客厅，等着客人来致贺。这样，要一直闹到半夜三点才能回洞房休息。第三天早晨先去佛殿拜佛，回来后，坐轿回到娘家去。到了娘家后，父亲却不肯和我们二人见面，说看见女儿、女婿心里难过。只好叫妈妈上楼与爸爸商量，最后父亲同意让我一个人上去看他。我一进门，父亲看见我就哭了，我也难过得一句话也讲不出来。劝慰了好半天，父亲脸上终于露出了笑容。这时，我问父亲：“夏鼐一定要上楼看看您，行吗？”他同意了。他们见面后即讲长讲短，话很投机，一直谈到中午该吃饭时才下楼。在娘家一直逗留到晚上五时多与父母告别，返回城里。当晚七八点是会亲，我的二叔、大弟、舅舅、表叔一起去夏家，与夏鼐的父母会面，晚上十点多他们才回去。十二点多钟，公公、婆婆叫陪妈带我“出间门”，各处点起红蜡烛，楼上楼下转一圈，然后拜祖先牌位，又拜神佛，最后拜公公、婆婆，拜亲友客人。到此，婚礼才算结束了。记得当时还在照相馆照了一张结婚照，装扮还是蛮传统的，夏鼐是长衫马褂戴礼帽，我是旧式长裙宽袖套衫，布景前，我坐在一张椅子上，他站在旁边。非常可惜，这唯一的一张结婚照，在“文革”“破四旧”时被毁掉了。

夏鼐的家世和童年

夏鼐出生在一个殷实的丝绸商人的家庭，曾祖父为浙南瑞安的一位读诗书的儒生。祖父少年时，立志经商，遂弃儒而贾，十八岁时即独自一人，外出谋生。据说，当年仅随身带一行囊，别无长物，从浙南瑞安老家来到温州，学艺于丝线业，后独立商户，于城内厝库司前，创设了一家“夏日盛”丝线店，经营崇尚信用，生活克勤克俭，操业不怠，于是家道遂蒸蒸日上。经数十年经营，业务日益兴盛，积产颇丰。当时，直接向杭州、临平采办生丝，至于制成品之推销，则广及温州周围六邑。当时温州富商有“二盛三顺”之称，即夏日盛、林益盛、潘聚顺、叶进顺、林万顺五家。祖父晚年时，皓头白发，精神极佳，八十余岁高龄仍能持杖赴外观戏。夏鼐当年尚年幼，但对与堂兄弟们绕膝索糖果的情景尚有记忆。祖父临终时，老人家合衣闭目，端坐堂上，众子孙跪拜膝下，然后安然而逝，享年八十三岁。到夏鼐父亲一辈有兄弟六人，夏鼐家是四房，公公很小时即到严日顺瓯绸坊学徒，后自行开设瓯绸坊。公公善治生业，在六房中，四房的经济情况是较为宽裕的。但数年后，因瓯绸难与舶来棉织品竞争，一九〇三年瓯绸坊被迫歇业。一九〇四年，原厝库司住房老宅惨遭火灾，全家暂迁塔下一陈姓人家租住。三年后，始重建房屋迁回居住。一九一〇年夏鼐即出生于此。其间，他父亲由于后院老房倒塌，砸伤右腿，以致不能再出外做生意。一九二二年，迁入仓桥街一百三十号新居，系购旧屋而拆造。这是一座砖木结构的欧式楼房，夏鼐的青少年时代以及婚后即生活在这里。至今旧居保存尚完整，虽然经历了近百年的风雨，已是斑痕累累、尽显老态，但基本保持了当年的风貌。温州市文物部门正计划在这里筹建夏鼐故居，作为温州市的一处历史文化遗产永久保存。

夏鼐生于一九一〇年二月七日。在子女中行三，共有兄妹四人：哥哥夏鼎（字勋铭，1887—1966）、姐姐夏鸾（1904—1958）和妹妹夏秀莲（1914—1996？）。夏鼐幼年时又白又胖，他母亲是不让抱他到门外去的，怕别人看见夸奖说他胖，那样对他不好。夏鼐小时候即性格内向，最大的嗜好便是读书。放学回家，就坐在母亲的房间里一边吃零食，一边看书，一点声音都没有。平时也不到门外玩，以致许多邻居都不认识他。公公是一个性情和蔼的人，很重视对子女的教育。最初，族中在六房的楼上设了一个家塾，夏鼐四岁（一九一四年）即随大姐在家塾念书，授业的汤姓塾师把他抱于膝上教读，读的自然是《三字经》之类的启蒙书。一九一七年，第一次世界大战爆发，当时住宅前为一广东人开的广发源号店铺，店里有英国人出版的《诚报》，为画报性质，加中文说明。夏鼐常常在广发源店中翻阅，虽然对于文字说明看不太懂，但非常喜欢其中的图片。

不久因温州已开始出现新式学校，公公睹新式学校教学成效颇佳，乃关闭家塾，将子女均送入学校学习。夏鼐遂于一九一九年考入瓦市殿巷模范小学插班秋季二年级。是年五四运动发生，年纪稍长的中学生结队上街游行，劝商民罢市，分发“抵制日货”传单，因年龄小，对“抵制”两字尚不知做何解释。一九二〇年考入府前街的十师附小念春季三年级。开始学作文，也开始读小说。当时仓桥宫有说书先生，讲《三国演义》。每天课后去听一段，返家读同样的一段，过了相当时间后，不去听讲亦逐渐能自己读下去。《三国演义》为广发源店中物，后来看的《水浒》残本及《红楼梦》则为家中物。读四年级时，由于学习成绩优异，所以被推选为级长。一九二二年，迁入新居，大姐出嫁，姐夫林少兰。夏鼐在十师附小时，任儿童自治会图书馆主任，使他有机会开始阅读到大量具有新潮思想的书籍。自幼喜读书好学的夏鼐，更加如饥似渴地汲取外部世界的新鲜养料。当年的温州手工业和商贸发达，是东南沿海活跃的贸易口岸，一些近代的事物已逐渐深入人们的日常生活，欧式风格的商铺楼，鳞次栉比，黄包车、电影院、照相馆遍布全城，素有“小上海”之称。文化教育也尤为发达、进步。这些都给少年时期的夏鼐，提供了面向世界、开阔眼界的得天独厚的外部条件。他从阅读商务印书馆出版的童话及《儿童世界》开始，后兴趣转于小说，更由旧小说而新小说。阅读文学研究会的新小说及《小说月报》，乃开始对新文学发生兴趣。有时他还赴府前日新书局看书，以其设有阅览室的缘故。

一九二四年提前半年报考省立温州第十中学（现温州中学）。当时投考者达八九百人，仅录取百名，发榜时居然取得第二名。是年齐卢之战爆发，孙传芳部队入浙，全家避战乱至慈湖东庄外婆家，第一次尝到逃难的滋味。复学后，周予同先生的国文课曾讲授陈独秀《新青年》发刊词。同学周燮由上海购得文学研究会书数种，便借来阅读。记得有叶绍钧的《稻草人》及落华生的《茱萸与茉莉》，还有王统照的小说。这段时期同年级的同学有黄郁炎、叶琨、周燮、周邦基、叶昌荫等。一九二五年夏，五卅惨案发生，夏鼐以级代表的资格，出发街头讲演。春天，父亲游沪，托他购买鲁迅《呐喊》一册，此书刊于北京，上海仅有一冷僻处代售。秋天，在同学吴家桢处见到范寿康著《哲学初步》一书，顿生兴趣，遂自购一本看起来。虽仅懂得大意，但此后对于思想史及哲学亦渐生兴趣。一九二六年冬，北伐军十七军曹万顺部队来温州，全家再次避难到东庄。学校疏散时，同学王栻将手头之书交夏鼐保管。其中有三民主义的小册子，还有大批的创造社小说，亦留给他在避难期间阅读。

一九二七年，夏鼐与王栻相约共赴上海，考取了上海光华大学附属中学高中部念书。上海光华大学当时刚刚成立一年多，但是已发展成为旧上海规模最大的私立大学之一，开发自主的先进教育体制，吸引着江浙一带大批有志青年投学于此。开始，他父母并不同意，一是舍不得他一人离家去外地求学，二是也希望他能在经商或律师方面学有所成，将来可以重振家业。但夏鼐主意已定，在他的坚持下，最后父母也只好同意他去，还不放心，叫他哥哥一直陪送到上海。在光华高中部期间，他也以优异成绩名列前茅，曾获得国文及英文作文比赛的银质奖章。后又先后有同乡陈惠、姜美、王祥第、王栻、陈德煊、吴景荣、管雄、杨圣等人相继来到光华。

在清华大学念书时，同乡有王栻、王祥第、张宗燧、吴景荣、朱义析、刘古谛、蔡孔耀、叶岑，与他们的友谊一直保持到晚年，经常有通信。其中，王祥第在五十年代曾受到不公正的待遇，夏鼐给予他一贯的关怀，包括八十年代初专门邀请他来京协助整理出版《真腊风土记校注》。老朋友多年不见，终日交谈甚欢。一九八五年，王祥第第二次来京办事，回温时，夏鼐亲自送他上火车，一星期后，夏鼐突发脑溢血不幸去世，此行竟成了两位终身好友的诀别。

夏鼐自幼年养成的读书习惯，几十年如一日，伴随他一生。

记得我们的大女儿还很小的时候，夏鼐暑期回家探亲，我有时会让他帮助看护一下小孩，结果，只见他把小孩放在地板上，任她爬来爬去，自己则踱来踱去顾自看书，当要碰到小孩时，就一抬脚从她身上迈过去，全身心地继续看他的书。解放后，他到北京去任职，即将温州家中的藏书捐给了温州市图书馆。留在南京中研院的书籍，则已于战乱中流失。还有部分书籍保存在上海的远房亲戚家阁楼上，亦于“文革”中损失殆尽。到北京后，他的大部分书籍都放在所内办公室的书架上，他逝世后，我们家属将这些书籍都捐给了考古所。

留守温州的日子

结婚后不久，夏鼐即从上海光华大学附中考取燕京大学社会系，一年后转入清华大学历史系，只身在北京上学的五年时间里，仅在每年的假期回乡探亲，大约一个月的假期一过即匆匆返京。这期间，我们先后有了大女儿素琴（生于一九二九年）和大儿子正暄(生于一九三三年)。夏鼐在一九三四年清华大学毕业后，又考取赴英公费留学，一九三五年夏至一九三九年九月在英国伦敦大学攻读考古学。留学期间国内爆发抗日战争，欧洲亦全面卷入二次世界大战，一段时间音信全无，与家中的联系几乎中断。随着战事的蔓延，于一九三九年至一九四〇年秋，夏鼐被滞留在埃及开罗考古现场，已无法返回英国继续留学生涯，于一九四一年初由埃及乘船经印度、缅甸等地转辗返回战乱中的祖国，随即直接赴四川南溪李庄，到迁移那里的中央博物院文物处任专门委员。返国三个月后，于七月赴彭山参加考古发掘。直到转过年的一九四二年一月才动身返里，途经四川重庆，贵州遵义，广西南丹、金城江、桂林，湖南衡阳，广东曲江，江西大庾、宁都、南丰、鹰潭，浙江金华，历经千辛万苦，于二月二十五日才抵达温州。返家后，亲人相见非常高兴，大家都说他“举止相貌还和从前一样”。但两个儿女却已不认识自己的父亲了，怯生生地躲在我身后，不敢向前相认。也难怪，当年他出国留学时，他们尚年幼，待他回来时，都已超过十岁了。到一九四三年又从温州返四川，在那里的中央研究院历史语言研究所工作。直到抗战胜利后，才再次回乡探亲。

这样，在前后将近二十年的时间里，基本上是由我独自带着年幼的子女，生活在与他父母和大哥一家组成的大家庭里，过着单身的留守生活。这期间，正是动乱的战争年代，日寇三次入侵温州地区，烧杀抢掠，城乡百姓四处逃亡，其中的生活艰难是可想而知的。一九四四年那次逃难到桐岭，已六十九岁的公公经不住路途奔波的劳累，突患中风，那时，身边带着三个孩子（老三正楷刚刚两岁），不但要照顾昏迷不醒的公公，又赶上一起逃难的二姑娘出现流产，真是把我忙得一塌糊涂。后来，只好把公公送回城里，但当时医生也请不到，大概拖延了一星期，公公便去世了。因为战争未结束，夏鼐未能返乡奔丧，即按温州的风俗，暂时将公公的棺木安放在后院一间小空房内，一直到一九五〇年婆婆去世后，才一起出殡送到永嘉山西岙坟山去安葬。

公公去世后，一九四六年我们两家兄弟分了灶，婆婆轮流在两家吃饭，每家五天。长期以来，这个大家庭的家务主要是由我承担的，尽管我任劳任怨，尽心尽力，公公婆婆也对我很满意，但与大家庭的其他成员则免不了有一些磕磕碰碰。也许就是由于长期的心情压抑，使自己患上了严重的昏厥病，经常犯病。当时，公公到处抓药给我医治，但均无疗效。此病一直绵延缠身，到北京后，也到医院诊治过，但未能根治。“文革”中受运动影响，更是频频发作。发作时，四肢抽搐，牙关紧咬，神志不清。每次都是夏鼐在身边，亲自动手掰开牙关，将清水灌进嘴里，设法把喉咙里的痰呕出来，人才慢慢清醒过来。每发作一次，身体要一星期左右才恢复过来。当时，夏鼐的工作特别忙，有时晚上还要开会。下班回来，一边看书、写东西，一边照顾我。家里没人做饭，他就带着正炎儿到外面饭馆解决一顿。“文革”初，我受惊吓又犯病卧床，他从单位受批判回来，怕加重我的病情，从不说自己的遭遇，还要尽量装出轻松的样子，安慰照料我。真不知道，那时，如果没有夏鼐的尽心照料，我还能活到今天吗？

几次历险经历

在那个战乱的年代，夏鼐常年奔波在外，从事艰苦的野外考察工作，免不了也会有遇险的经历。其中，一九四二年，留学归国第一次返家探亲逗留期间，正赶上日寇第二次侵扰温州，与全家到乡下避难。开始先跑到双屿山我娘家，几天后，形势更紧张了，一家人又逃往池底我堂妹家。那是一天深夜，夏鼐送走母亲及妻儿老小后，没有和他们一起走，便和我二弟锄非、五弟守源一起留守在家。清晨六时许，朦胧中听到外面传来消息，知道日军已经来了，他和锄非他们连忙躲到田地里。听说日军走了就回到家中，刚坐下忽闻日军又回来了，锄非、守源二人马上跑掉了，他却壮胆留下没走。过一会儿，两个日军士兵进来抢掠物品，只见他们在家中四处毁锁破门，恣意翻箱倒柜，一会儿工夫，院子里就堆了四把椅子，一篓鸡，一篮子牙膏、香皂、西药，一顶珠罗帐，一床棉被及一些枕头。最后，这两个日军手持菜刀相威胁，叫来四五个中国百姓一起替他们搬东西，看见夏鼐坐在屋里，便挥手让他也去搬东西。这时外面大雨如注，他只好用棉被将头遮盖着，匆匆将日军抢夺的物品送到仁王山下一家门前，再冒雨跑回来。当时，部分日军便驻扎在双屿山。一天下午又进来两个日本兵，一人手持一把菜刀，见到夏鼐便问:“中国兵?”他只是摇头说不懂。后见日军在屋内低头搜索东西，便与其中一个用日语搭讪，突然，只见那个士兵凶相毕露，一把抓住他的手，一边从腰间掏出军用匕首，不知要干什么，夏鼐连忙挣扎出来，脱身向外逃跑，日军在后面顺手拿起一根门闩向他投过去，幸已跑远并转弯逃入了门外的柑园里，两个日本兵还在后面大喊大叫，要追杀出来。他一看，形势不妙，便抬脚飞跑，穿过稻田一直跑到庄头村。当时，他上身只穿了一件白衬衫，很是显眼，正好碰见几个农民，便向人家借来一套黑衣服穿了回来。就这样，冒着极大的危险，在乡下与日军周旋了几次，直到日军撤走，全家团聚。

他在野外从事考古挖掘工作，也遇过到惊险的场景。但他很少和我说起，怕我担心。下面是解放前在甘肃参加考察时，遇到的一次，是他在日记中记述的。一九四四年六月十日在敦煌佛爷庙东区墓地发掘一〇〇一号墓。在墓门前已经掘到离地面七米深了，临近黄昏快收工时，把当天新露出的一段彩绘花砖，照相绘图后，夏鼐一边指挥工人挨次由上而下加以拆卸，一边在记录簿的草图上加以逐块编号，阎文儒由工人手中把砖接过来，在砖上依照他所喊的编数写下来。三个人立在墙下聚精会神地工作着，这时，他偶然抬头向上一望，砖墙后面还有土坯墙一层，这时土坯墙上段各土坯间夹缝中的沙石开始纷纷下坠，这是塌方的前兆，他连忙喊大家停止工作，撤出墓道。退出墓道后，他叫工人用木棍轻击这土坯墙，刚一动手，几米高的土坯墙，便成排向下崩塌，压在他们刚才站的地方，大家都伸舌叫道:“好险呀!”第二天他告诉向达，并笑着说“如果我们昨天被压死，恐怕你今天要独立来结束工作站，准备扶柩东归了”。

一九四六年一月，西北考察工作完毕后，在取道广元返回李庄途中，遇到土匪抢劫的经历更令人惊心动魄。当时有一段旅程是乘船沿嘉陵江而行，江船夜泊广元县属河湾场南半里处岸边过夜。半夜，突闻邻船犬吠，惊醒后向船首一望，已有五六个人拿着手电筒冲上船来，其中三人提着手枪，口里嚷道：“躺着不许动，有武器交出来。”匪徒打开箱子，把东西都掏出来，散乱满舱。夏鼐在野外御寒的皮筒子、厚呢绒大衣及现钞万余元，还有考察用的照相机、望远镜等，均在劫难逃。劫匪直到天亮时才逃走，临走，还不忘转身向船舱开了一枪。后来，他一人点着蜡烛将劫后之物匆匆收拾入箱，整理被褥时，发现匪徒上岸示威时放的一枪便击在他的褥子上，弹痕犹存，未伤及人亦云幸矣！

再有一次，应该是七十年代初，夏鼐去南美洲秘鲁访问时发生的。他应主人的邀请，一同去秘鲁某山区的印加时期古遗址考察，当时安排他坐在开路的一辆小车上。由于车辆失修，长途行驶中车内废气壅积，司机和坐在车里的夏鼐都中毒并出现昏迷症状。所幸，司机在紧急时刻刹住了车，将车停在了陡峭的山区公路边上，其中一个车轮已悬在半空，下面就是陡峭的山崖。后面同行的人赶上来发现后，不禁倒吸一口凉气，连忙将车子拖回路面，并将人送到附近医院去，因抢救及时很快清醒过来，稍事休息后又继续访问行程。这事，他回来后从未与我谈起过，怕我担心。直到他逝世后，与他同行的王仲殊同志告诉我才知道。

南京之行（一九四七年）

抗战胜利后，中央研究院迁回南京，夏鼐亦到南京工作。但我和三个子女仍住在温州，过着两地分居的生活。只是在一九四七年五月时，夏鼐带我和二儿子到南京住了一个多月，这是他第一次带我出门。当时有没有打算长期居住南京的计划，就不得而知了。反正从温州走时，事先并没有告诉婆婆，是走的当天才说的，否则她是不会同意我带着小孩子外出的。南京当时是国民党政权的首府，抗战胜利光复刚刚两年，物资供应还很匮乏。刚到南京，我们住在峨眉路的宿舍，这个宿舍坐落在山脚下，很冷清，后来搬到府右街，出去买菜就方便多了。在南京期间，我可以每天在家给他做可口的饭菜吃了。他由于经常在野外生活和单身，加上拼命念书，不注意饮食规律，这时已经出现胃病迹象，只是不很严重。所以，他心里是非常希望我能留下来陪伴在身边的，但他又是一个孝子，不愿将家里的老母亲放下不管，需要我留在家中照料她。在南京期间的假日里，夏鼐带我和楷儿到著名的中山陵和玄武湖游玩。有时，陪我到院中的同事家串门，记得有傅斯年所长，李济老，老同事郭子衡、劳贞一，同乡王栻、叶潜虎、管雄等。南京还有夏家大房的亢甫兄，及夏晨、夏瑞墀等侄女、侄儿，他们有时也陪我们出去玩。当时正好赶上阴历五月初五端午节，我还惦记自己出来，家里就没人包粽子了。后来听说是请三姨来帮忙做的。这样，我们在南京住了一个来月，至七月，夏鼐陪我们到上海，然后把我们送上轮船，他返回南京，我和楷儿返回温州。虽然时间不长，但终究是夏鼐第一次带家眷在外工作，给我们留下了美好的记忆。而南京一别，直到一九八一年从杭州返京时，才再次重访，并与当年的诸多老相识久别重逢。

迁居北京

一九四八年，国民党政府开始溃败，并撤往台湾，夏鼐决意留在大陆迎接解放，故于一九四八年十二月返回家乡闲居。一九四九年五月温州解放后，他到杭州浙江大学任教。一九五〇年五月，婆婆去世，夏鼐从杭州返回，办理了丧事。一九五〇年底，受当时文化部文物事业管理局局长郑振铎之邀和中央人民政府正式聘任，到北京中国科学院考古研究所任副所长。报到后没有几天，即带队赴平原省（现河南省）辉县，投入了新中国成立初期紧张的田野考古工作。

转眼到了一九五二年冬，他把我们接到北京，这时，两个大孩子已到外地念大学，只将二儿子（正楷，十岁）和三儿子（正炎，三岁）带到北京。由于温州距北京路途遥远，当年交通又十分不便，需要乘江舟溯瓯江而上，到丽水上岸，换汽车到金华，才能坐上火车去北京。所以，家中物什均难以携带，只勉强将一张樟木床和一些简单物品打包托运走，其他都做了草草处理。以致到了北京，家里一应的家居物品都要购置，几件家具均是向所里租用的。到北京不到一个月，小儿子就得了肺炎，又出麻疹，后又转成了肺结核。夏鼐除了到处求医问药，还学会了注射，亲自动手给小儿子打针。刚到北京时，北方的火炉不会用，总是生不好，有时饭都没法做，生病的炎儿在一边又哭又闹。那段生活，真是苦不堪言。来京那年，我已经四十五岁，加上从潮湿的南方来到干燥的北方，气候不适应，远离家乡亲友，语言又不通，所以，非常后悔来到北京，免不了吵着要回温州去。夏鼐的工作总是那么忙，我们的到来也让他有点焦头烂额。有一次，一起带正炎去医院看病，回来时夏鼐要马上到所里上班，叫了一辆三轮车送我们娘俩回大佛寺泰安巷宿舍，车夫不认路，我也不认路，结果在东四牌楼附近转来转去，找不到家，情急之下让车夫拉回考古所，找到夏鼐，他和车夫细说一番再上路后，仍回去上班。车夫拉着我们一直过了泰安巷，骑到宽街还是没有找到家。直到中午夏鼐下班，回到家一问正楷，听说还没有到家，马上说了一句："会死！晓不得拉到哪儿去了？"（温州方言）转身上街来找，终于在宽街马路边上，找到已在寒风中冻了半日的娘俩。夏鼐还笑话我话不懂，连家都找不到了。他经常是这样只顾工作，不顾家的，你说可气不？

当时我们住的泰安巷一号科学院第三宿舍，位于现在的美术馆后街，“文革”前叫大佛寺西街，它原是一座有东西两路的大宅子，西路一直保存较完整，五十年代还有垂花门、游廊，多次修整，先后为国家民委某人士和内蒙古驻京招待所使用。东路则彻底改造，南北向盖了两座楼房，北边的是一座作为单身宿舍的筒子楼，另一座是两层小楼，我们即住在这小楼二层的东边。当时楼下住的，一家是考古学家黄文弼先生，另一家是物理学家陆学善先生，楼上对门是留美归来的核物理学家杨承宗教授。后又先后有留美归来的半导体专家林兰英，物理学家王守义等入住。周围则是一些平房，住的都是科学院的职工家属。当时的科学院近代物理研究所就在不远的小取灯胡同，一九五八年改为半导体研究所，搬到中关村去了，但该宿舍直到现在属中国科学院。来北京后，夏鼐任中国科学院考古研究所副所长，后又当选科学院哲学社会科学部学部委员，享受国家一级研究员待遇。按规定当时的学部委员还有车马费（每月一百元），但夏鼐从来没有领过。虽然家里经济条件蛮好的，但是，我坚持不雇保姆，一切家务都是自己承担的。多年养成的劳动习惯，让我实在闲不下来。北京的天气不像家乡那么湿润，刮起风来，到处是灰尘。每天清晨，我很早就起来了，擦洗门窗、家具，拖地板，都忙活完了，再给他们准备早点。我家的卫生在院里是出了名的，所以，街道的卫生评比小红旗接二连三地挂在我家门框上。屋里的水泥地板，经我长年拖把的擦洗，是十分光亮的，几个小外孙来的时候，经常不小心要滑跟头，他们总是埋怨姥姥家的地板太滑了。到北京后需要学习的新事物，就是冬天生火炉，要掌握好拢火、填煤、封火，常常搞不好弄灭了要重生，烟熏火燎，煞是热闹。订购的煤块堆在楼下，要砸成小块运上楼才能用，一般这活儿由二儿子正楷帮我做。这段时间，他是我的好帮手，三儿子正炎也慢慢学会帮他哥哥做一些力所能及的事。有时老二会向爸爸告“黑状”，说正炎懒惰不劳动，正炎还要当面狡辩一番，他们的父亲总是笑呵呵地看着他们打嘴仗。正炎最小，也最有福气，赶上他爸爸几乎每天在家的日子，下班回来总要抱他玩一会儿，或变个小把戏，或在墙上演个手影，其乐融融。这好像也是对他多年家庭生活欠缺的一种补偿吧。由于语言的严重不通，我出去买菜时就靠指指画画，价格多少也听不懂，干脆把钱交给对方让对方去找。因为我一直有记账的习惯，用信纸翻过来订的记账本，每笔开支都记得一清二楚，每月要结一次账。别人看到一个大学者的家里，不雇保姆，夫人不坐享清福，整天还是劳作不已，都不禁称赞，我却一直觉得很坦然，这也是我的本分。夏鼐有时和我开玩笑，干脆称我为“卫生专家”，这也算是我唯一的职称了。

一九五四年左右，为了提高我的文化和普通话水平，他还让我进补习班学习。怕我在家寂寞，又到隆福寺市场买了一台二手电子管收音机，这样就经常可以听到我喜欢的绍兴班（越剧）了。直到一九五九年,才用稿费又购了一台高级的九灯收音机,这是当时家里唯一的高级消费品。有时间也陪我去看电影，有家乡亲友来京，陪他们到京城的名胜古迹玩玩。当然，也经常要参加街道的各种学习和活动。像除四害时值班，要在院内站着，拿着绑着红布的竹竿不停地在空中挥舞。那段时间，大外孙建中正在身边，就带着他一起值班。三年自然灾害时，粮食和副食供应困难。从来吃米饭的饭桌上，也出现了窝头，我还把当时伊拉克进口的蜜枣放在窝头上面,一起蒸出来很好吃。夏鼐胃不好，只能千方百计给他做易消化的食品，像稀粥、蛋羹等。有一次，昌平的工作队不知从哪里搞来兔肉，给他送来一些，着实改善了一下生活。过年时，国家照顾在政协礼堂凭证供应一些高档食品，也稍解食品短缺之急。

到京后，夏鼐胃部的疾患愈来愈严重，经常一不注意就要发作，吃东西就吐，胃部不舒服的时候，彻夜睡不好觉。五十年代犯病时，先后在白塔寺人民医院住院治疗和小汤山疗养院疗养。一九五五年他在人民医院住院时，正炎尚小，无法带着他，只好将他一人锁在家里，我一人转几趟车去医院看他。我虽然话也不通，路也不熟，但却一次都没有走丢过，连我自己都奇怪。

一九五八年，还在经受胃痛折磨的夏鼐，带病主持了定陵的挖掘工作，除了初期准备开掘期间，他亲临现场，奔波于城里和十三陵现场之间，在地宫打开后，为科学、及时地清理地下出土的宝贵文物，则吃住在现场，埋头在阴暗潮湿的地宫里，整整紧张工作了一个多月。当时，他的胃病还在时常发作，人很消瘦，但仍然坚持亲自动手，清理出土随葬品，绘制现场记录。这是新中国成立后的第一次由政府组织、主动发掘的大型帝王陵墓。事前，夏鼐以他一贯的严谨科学态度，认为目前对出土文物的妥善保存处理的技术尚不成熟，并不支持这一举动。此举的发起人明史专家吴晗先生，对发掘兴趣极高，期望通过出土文物获得更多的明史研究史料，以及作为副市长，希望给北京增加一处诱人的旅游名胜。他的想法获得郭老和一些中央领导人的呼应，最终取得国务院的批准。夏鼐被指派作为发掘领导小组的副组长。之后，一旦发掘开始进行，夏鼐尽心竭力投入其中。首先，为取得发掘经验及减小不必要的损失，他力主放弃原定长陵的发掘计划，改选一处较小的陵寝进行试掘。最后，选择了定陵作为试掘的地点。地宫门打开后，我曾有机会随他从城里赶到昌平定陵发掘现场。地宫进口还是临时用芦席搭的一个大棚，长长的木梯一直伸入深深的地下。地宫里阴冷潮湿，石壁上到处是汩汩水流。万历帝及其两个皇后的棺床上一片狼藉，强光灯下，人们在紧张有序地清理着各种随葬文物。这也让我第一次亲身体验到他工作环境的艰苦。人们在参观游览开发后的地宫时，在观赏和惊叹出土文物的精美绝伦时，不应忘记是当年那些辛勤从事发掘的考古人员，不畏艰难，精心整理，让这些宝物得以重见天日，大放光彩。也正是这次发掘的教训，证实了夏鼐当初的担忧不无道理。多年后，人们发现那些大量精美的出土丝织品，虽经各种现代方法进行处理保护，但效果均不理想，出土时鲜亮光泽的色彩已黯然失色，更可怕的是经化学药物处理过的丝织品，会变得十分脆弱，一碰即碎。以此为戒，国家明令禁止了大型帝王陵寝的开掘活动，包括原计划的长陵和后来的武则天陵的发掘。作为一名考古学者，他就是这样毕生以国家利益为重，以科学、谨慎发掘为宗旨，从不追求也不提倡搞轰动的挖宝活动，获得人们由衷的尊重和支持。定陵作为北京又一著名旅游胜地开放后，国内外知名，游人潮涌而至。但作为考古人员来讲，后面面临着大量出土文物的整理修复工作，工作量却很大，一直延续到八十年代，当然其中“文革”对该项工作的耽搁和破坏，是众所周知的，以致夏鼐到国外去访问时，外国同行们屡屡问起定陵的发掘报告为什么迟迟没有出来。发掘报告是发掘经过的科学总结，也是体现发掘工作水平的学术篇章，夏鼐其实也很焦急，一直在关注报告的编写进展，直到去世的前一年，还到定陵去检查指导。一九八五年上半年，即离他去世只有几个月的时候，他终于看到了那本凝聚着一代科研人员心血的厚厚的定陵发掘报告（草稿）的完成，他和所有的工作人员一样感到无比欣慰，一项轰动又艰巨的工作画上了圆满的句号。

一九五八年，定陵地宫的挖掘进入棺内文物清理阶段，他亲赴现场，并住在工地，带病在地宫内紧张进行出土文物的提取和现场绘图工作，直到清理工作结束。这时他的病情愈发严重，所内打报告，让他从一线撤下来，住进医院治疗。由于他的病情愈来愈重，药物治疗已无法治愈，所以，医生建议动手术，切除病灶。但是，由于我对手术的不理解和担心，始终没有同意实施手术，只同意保守治疗，就这样，失去了早几年治愈的医疗机会。夏鼐对此也只能表示无奈。这次住院，郑振铎先生曾来医院看望他，知道夏鼐已答应秋间赴埃及讲学，很高兴，说他也将率领一个文化代表团去埃及、叙利亚等国访问，约夏鼐届时同机前往。后夏鼐的埃及之行，因身体未恢复未能成行。十月中旬，郑振铎团长率领中国文化代表团如期去埃及等国访问。结果，代表团乘坐的飞机途经苏联境内时，不幸失事坠毁，包括团长郑振铎先生在内的机上乘客全部遇难。郑振铎先生是夏鼐的师长和知己朋友，同时是温州老乡，很早就相识了。当年赴北京考古所工作，正是受到了他的极力邀请。夏鼐在病床上通过矿石收音机听到这一耗信，非常震惊和悲恸，马上在病床上起草了一篇悼念文章，以寄托对老友的哀思。但只写了一段，因病况恶化遵医嘱而停止。一年以后，他写完这篇题为《纪念郑振铎先生逝世一周年》的文章，在《考古》杂志一九五九年第十二期发表。

乔迁新居

一九六二年夏，我们从泰安巷一号科学院第三宿舍搬到米市大街干面胡同哲学社会科学部的宿舍大楼。这是三年困难时期过后，国务院特批为一批高研人员盖的宿舍，环境和建筑质量在当时都是一流的。我感到最大的优点就是有暖气了，既干净又不用为取暖而生火了。只是做饭还是用蜂窝煤，直到一九七五年左右，用上了液化石油气，总算彻底摆脱了用煤炉的不便。

宿舍里，聚集了社会科学部（中国社科院的前身）的一批著名学者，如金岳霖、贺麟、钱钟书、吴世昌、贺昌群、罗尔纲、胡厚宣、李健吾、卞之琳、戈宝权、罗念生、王明、杨一之、郑奠等数十位名人，他们都曾长期在这里居住。他们有的是夏鼐求学时的师长，有的则是学术上的挚友，平常工作忙，没有时间串门，到过年时，都要各家走走，互相拜个年。经常是谈得酣畅淋漓，笑语不断。家里又来了拜年的客人，还要去叫他回来。

我们搬到新居不到一年，即一九六三年春天，一天深夜，他的胃病突然大发作，疼痛不已，幸而考古所熟悉医道的颜訚（体质人类学专家）住在同一座宿舍楼，及时陪同去北京医院，经医生诊断是十二指肠溃疡穿孔，病情非常危险，当即推进手术室，施行胃和十二指肠切除手术。经北京医院大夫的努力，手术非常成功，纠缠了十余年的顽疾，一旦根除，可以更好地从事事业了，喜悦的心情是难以抑制的，他非常高兴，也一再感激我这么多年来的精心照顾。虽然，当天把我急得坐立不安，在手术室外的走廊里转了一夜，直到他顺利从手术室里推出来，看到他平安无事，才放下心来。现在想想，由于当年自己的无知和固执，没有同意早点进行手术治疗，险些酿成恶果，十分后怕。又幸亏有了这次成功的手术治疗，否则，后来还能否经受住"文革"中的批斗、劳动改造、干校下放的磨练，就是很大的问题了。这段时期，他除了主持考古所日常工作外，还出访了日本、巴基斯坦。

一九六三年，夏鼐胃切除手术痊愈后，于当年夏天赴北戴河休养了大约半个月。这是他难得的一次休假，住在那里的国务院专家招待所，濒临大海，环境优美，空气清新，这是休养的好地方。当时，国家乒乓球队也正在那里休整，平时可以参观庄则栋等国手们的打球训练。海滨的沙滩上都是熙攘的人群，在尽情地嬉戏游水。其中不乏一些金发碧眼的外国专家及家属，她们穿着漂亮、时髦的游泳衣裤，还热情邀请我这个老太婆一起去下水游泳，被我忙不迭地谢绝了。乒乓球队的年轻国手们在训练之余，晚上邀请在这里休假的专家与他们座谈，记得其中有剧作家曹禺、天文学家张钰哲等，他们请夏鼐讲了一次关于定陵发掘的故事，地点就在招待所门口的露台上。那晚，夏日海滨的夜空，繁星点点，夏鼐在大家的簇拥下，神情怡然，娓娓而谈，不知不觉中，斗转星移，过去了一个多小时，大家都还沉浸在追寻往日地宫发掘经历的神秘氛围中，久久不愿散去，还在七嘴八舌地提出各自感兴趣的问题。此情此景也是难得一见，在我们脑海里留下深刻印象。我们在这里，还结识了协和医院的张鋆老先生夫妇，他们是浙江平阳人，老先生早年留学日本，是我国解剖医学的开山鼻祖。两位老人和善可亲，我们又是同乡，所以很快结成好友。回京后还保持往来，一直持续到“文革”后两位老人相继去世。

转年的暑期，没有再到海边休假，而是选择了去内蒙古呼和浩特市。一个原因是大女儿素琴一家在那里，我们从来未去过。二是内蒙古的大量文物古迹也吸引夏鼐要去考察一下，休息和工作两不耽误。同行的除了我和炎儿外，还有历史所的张政烺先生，考古所的乌恩同志回家探亲也正好一路。到达呼市后，我们没有让当地文物部门接待，就住在了女儿素琴家，受到女儿、女婿的热情款待，尽管当时副食供应非常匮乏，他们还是千方百计做各种可口的饭菜来招待我们。夏鼐第二天一早，即自己乘公共汽车去内蒙古博物馆参观，直到中饭时分仍未返回，素琴儿连忙去找，最后在博物馆库房内找到他时，他正埋头于馆藏文物中，边看边记，早忘记了吃饭的时间。呼市地处塞北高原，阴山脚下，气候很是凉爽。呼市四周分布着一些著名的古寺庙、古迹。我们参观了著名的昭君墓，参观了乌素图召的寺庙，有其中三座主庙：广寿寺、长寿寺、法禧寺，这些庙宇当时还保护得相当完善，有的好像刚刚维修过，焕然一新。据说，这些庙宇后来未能逃过两年后的那场劫难，被破坏殆尽。沿阴山山麓一带遗存有战国时代的赵长城的遗址，站在高处，向茫茫草原望去，古长城遗迹蜿蜒弯曲，清晰可见。夏鼐先生兴致勃勃，独自走到长城遗址的跟前去观察，并沿着城址走出很远。此时，只见巍巍阴山横亘在苍茫的天幕下，一个执着于探索古代文明奥秘的学者的身影深深印在内蒙古的大草原之上，望着望着，我的视线模糊了。不由让人联想到，长期以来，无论是在荒漠的西北荒郊，还是在天寒地冻的中原车马坑，他不都是如此专注而忘我地从事着考古勘探的工作吗?天色渐晚，好不容易才将他招呼回来。第二天，上午去参观万部华严经塔（白塔），该塔为八角七层，高约三十六公尺，夏鼐从一层一直登至顶层。下午又去博物馆参观。我对他说，你哪里是来休假，分明就是工作来了。这样，我们在呼市逗留了前后十天。这是他“文革”前的最后一次休假。将近二十年之后，直到一九八三年才有机会到青岛再次休假，那已是退居二线的时候了。

“文革”经历

一九六六年，那年夏鼐五十六岁，正值事业的高峰，又刚刚摆脱了缠绕多年的顽疾，正要甩开臂膀大干一番的时候，史无前例的“文化大革命”开始了。考古所作为文化事业单位，不可避免地成了运动的重灾区。所住的宿舍大院顿时也成了“牛鬼蛇神”的老窝，无一幸免，人人自危。杨绛女士在她著名的散文集《干校六记》的第一记中，真实地记述了当年发生在这座大院内的风风雨雨。我只是由于刚面临那些揪斗的恐怖场面时，即昏厥过去了，抬到床上抢救，才得以躲过剃阴阳头、挨斗的厄运。运动乍起的时候，夏鼐已被打成“走资派”和“反动学术权威”靠边站了，并遭到批斗，他怕我担心，回家后从不向我说实情，总是轻描淡写，还劝慰我放心，自己没有做什么对不起人的事。参加完批斗会，他依然像往常一样从所内徒步返回家里。所里有好心人将他的分头剃成平头，免得在街上遇到红卫兵被剃成阴阳头。后来，所里对家里的客厅也先行做了查封，避免遭遇社会上造反派胡乱查抄。客厅的查封一直持续到一九七〇年，打开时，里面的尘土已是积了厚厚一层。

从一九六六年直到一九七〇年初，“文革”运动持续进行中，夏鼐每日要到所中参加学习班，接受批判，与业务几乎是完全绝缘了。在批斗最严重的时候，他还劝慰我，让我不要为他担心，自己不会去自杀的，他相信暴风雨终会过去，期待着重新出来工作的一天。在挖防空洞劳动的间隙，他还主动向他人打听科研项目的进展情况，并提出工作建议。一九七〇年五月，夏鼐与学部的大多数人一样到河南息县经历了“五七”干校的生活。由于有长期野外考古生涯的磨练，干校的艰苦生活环境对他来说，就视同又一次荒漠的野外考察。但无休止的政治运动和无法从事业务的苦恼，那段时期的精神生活无疑是空前的压抑。但既来之则安之，他从北京随身携带了齐备的衣具，包括雨天使用的雨衣、雨裤。由于他当时已届花甲之年，在干校只能承担一些较轻的农活。但他还是感染了疟疾病，直到回京后，仍时有发作，经过一段时间的治疗才治愈。干校驻地附近偶然暴露一些古代文化的遗存，夏鼐有时会利用工余去赶集的机会，转到现场，捡拾地面一些零星陶片等物件，摩挲观察，借以寄托对老本行的难舍之情。

这段时间，正炎儿已高中毕业，分配在工厂工作。我在家依然料理家务，不同的是，经常要参加街道的学习，还有挖防空洞、打砖坯的劳动。劳动中，瘦弱的肩膀被箩筐把磨出血泡，粘上胶布继续干，干活我不落在别人的后边，体力劳动毕竟难不倒我，但终究年龄大了，一天下来也是腰酸背痛。当时大孙女夏晴在我身边，就读于史家胡同小学低年级，她的父母也都到机关的干校去了。一九七〇年十月，我的昏厥老毛病又犯了，正炎很焦急，去和住在对门的王世民同志商量，然后给在干校的他爸爸发了一封电报，告以我病重，督促他尽快赶回来。事情出乎意外地顺利，他获准请假回京照料我。后又根据当时一项外事活动的需要而留京，暂时不回干校。过一段时间，正式调回北京。这时，由于发生了林彪叛逃事件，干校也随之要解体，他所有的行李也就从干校拉回来了。在有关部门的安排下，从一九七一年开始，他的业务工作逐渐得到恢复，参加外事活动的机会日益增多，包括出席美国尼克松总统首次访华的欢迎宴会，筹备出土文物的出国展览，马王堆汉墓的抢救发掘等。家中查封的客厅打开了，"文革"初期查抄的一些物品也按政策发还。这个家逐渐从运动的狂潮中恢复了平静，夏鼐脸上重现了多年久违的笑容。

这段时间，正值"文革"中期，河北满城汉墓金缕玉衣、湖南长沙马王堆女尸等一大批举世瞩目的考古大发现，引起国际社会的极大关注，我国政府也大力恢复、开展文物考古方面的交流与宣传。夏鼐作为恢复工作的著名学者，参与了大量的出访和外事活动，例如，一九七二年率团访问阿尔巴尼亚；一九七三年访问南美的墨西哥、秘鲁，并重访阔别三十余年的英国，几乎是马不停蹄。那时，"文革"尚未结束，他一边工作，一边还要参加运动。有一次，正在所内参加防空工事的劳动，临时通知他去人民大会堂参加中央首长的外宾会见，时间很紧，没有时间回家换衣服，就拍拍身上的土，穿一身普通的卡其布中山装，脚上穿一双解放鞋，赶到人民大会堂。会见结束合影时，才发现上衣下边还缺一粒纽扣，急忙用手自然地放在前面挡住了。每当谈起当时的尴尬局面及自己的机智，他也是哈哈大笑。夏鼐平时衣着很随便，身上穿的中式衣装许多都是我亲手做的，只要整齐合适即可。但在外事活动场合也会注意着装，从不马虎。作为留过洋的学者，西装革履加领带也就在这时才能派上用场，所以，看他平时的着装，说他是留过洋的，别人都不相信。在访问英国时，对方出于友好，将一套刚出版的泰晤士报世界地图集送给代表团，夏鼐带回国内交给所内图书馆使用。不期正好赶上四机部的“玻璃蜗牛”风波和意大利安东尼奥尼的《中国》纪录片事件，有人在那本地图集中发现了“问题”，好像是地图上中国的台湾省与大陆着色不同问题。为此，所里马上贴出了无限上纲的大字报。我们为此事很是担心，他却很坦然，后来，事情很快就过去了。在国外访问时，他最关心的还是工作，利用各种机会和关系，参观当地的各类博物馆和图书馆，访问国外的大学和研究机构，广交朋友，并与他们进行广泛的学术交流。在考古遗址参观时，他总是出于职业习惯，要在小本上做详细的记录，也会将遗址的平面草图完整、细致地描绘下来。人们见到他的笔记手迹，不能不被他一贯的严谨、细致的工作态度所折服。回到旅馆，他都要把当天的活动记录下来，回国后再加以整理。在他回国的行李中，最多的就是各种外文书籍和大包小包的资料、图片，我知道，这都是他心中的最爱。那个年代，出国携带的外汇是很紧张的，夏鼐不管是带队，还是独自一人，都非常注意为国家节约外汇，每次回国后，都有开销的账目，节余的外汇全部上缴。每次家人对他归来会带回来礼品，实在是不可奢望的。由于考古工作的性质，即使是在国外访问，也常常是要到荒郊野外去的，所以，我也每每要为他担心，希望他不要到外面跑了。但是，他为了国家的工作，很少顾及个人的劳累，直到去世前，仍在坚持出国访问，四处奔波。

就在这时，一场灾难又不期降临到家中。一九七二年初春时节，小儿正炎突患隐球菌性脑膜炎，病情很重。此种病例很罕见，也很凶险，协和医院自一九二七年建院以来收治过十二例，未治愈一例。当时，把我急坏了，每天要赶到医院去送饭，陪护，由于精神的高度集中，完全忘却了自己身体的不适，以至于多年的昏厥老毛病在当年以及之后十余年竟未犯过。当时，夏鼐正在湖南长沙的马王堆汉墓发掘现场，临时赶回来，联系医院设法抢救。那时候的协和医院经历了“文革”运动的冲击，百废待兴，著名内科专家张孝骞大夫刚从牛棚中解放出来，开始恢复带队查房。在全体医护人员的全力救治下，正炎儿的病奇迹般好转了，最后，经将近一年的艰苦药物治疗，到一九七三年春天痊愈出院。一场突如其来的灾难就这样过去了，其间，全家都在为此而奔波焦急，大儿媳志清正好从干校回京，就来陪我，还要到医院与我轮换陪床。小晴孙女因为已无法照顾，只好由她妈妈接回去了。素琴儿和正暄儿亦先后请假来京陪床。在炎儿患病期间，也正是夏鼐恢复工作后繁忙的时期，但他只要是在京的时候，总是下班后绕道到医院，去探视炎儿，有时就留在医院陪床，让我回家休息一下。出国访问时，他用节省下的自用外汇，千方百计去购买药品，用于炎儿的治疗。最终总算没有白费苦心，事情有了圆满的结局。刚住院时，远在温州的二姑妈（夏秀莲，夏鼐的妹妹）来信说，她去老家某地的佛庙抽签算了一卦，说是“先凶后吉”，劝我不要着急。不管怎么说，事后看来，此卦还是蛮准的，真是老天爷保佑。

一九七四年，炎儿休养了一年后，准备恢复上班了。他生病之前，我正计划要再回乡一次，当时我母亲尚健在，已八十多岁高龄，我极想回去看看她老人家，后由于炎儿患病，搁置了下来。转眼两年时间又过去了，这回，炎儿的病好了，提出来由他陪我回去，圆我的回乡之梦。这样，我们就很快成行了。当时，正好我的二弟锄非和侄子方楚来京旅游后返乡，一路为伴。经上海，转乘民主号轮船抵温州。回到阔别二十多年的故乡，见到久别重逢的亲友，心情格外愉快。尤其是又见到了朝思暮想的年迈母亲，更是有千言万语的话难以诉说。

也就是在这一年，我们的大孙子夏阳出生，由于他父母长期在野外工作，便把一周岁的夏阳送到北京，让我来帮助带。这是相隔多年后家里又新添了人丁，给那时灰暗的家庭生活带来一些亮色。这距离大外孙建中的诞生（1955）已过去二十年了，其后依次是二外孙建钢（1958），小外孙建正（1962），大孙女夏晴（1962），晴孙从幼儿园到初小，基本都是在我们身边带大的。这时，虽然我们年龄已过花甲之年，再带小孙子确实有一些吃力，但是虽然累一些，心里还是蛮愉快的。夏鼐当时事务相对不是很忙，所以有时间格外上心，从来不会买衣服的他，居然去商店给小孙子买回一套小衣服。起初，每隔一段时间，要抱小阳孙到附近菜摊用地秤给他称称体重，无奈小家伙长得较慢，几次称下来竟变化不大，失望之余，也就不再给他称了。阳孙是在爷爷奶奶身边持续生活较长的一个，一直到他上小学时，才回到陕西武功他父母身边。第二个孙子夏雷是一九七七年出生的，则只好送到西安姥姥家去带了。

二儿子正楷是一九六八年北大地质地理系研究生肄业，被分配到陕西地质局勘探队工作的。他在野外采集到一些人类早期活动的器物，有打击石片和破碎陶片等，带回北京希望爸爸帮助鉴定一下。夏鼐马上默默答应下来，利用空闲时间在家干了起来。这些器物，显然不是什么重要发现，但是，终究又有机会接触老本行了，所以，他很是兴趣盎然，逐一对每件物品做了认真鉴定，这也是我们家人难得有机会看到他在家里做田野考古的案头工作。

绚丽的晚霞（“文革”后）

一九七八年正炎儿结婚成家，一九七九年小宇孙出生。正楷由陕西重新考回北大地质地理系读研究生，毕业后留北大任教，一家四口也由陕西迁来北京（但户口问题好长时间得不到解决）。这时，素琴儿亦调来北京在中央轻工业部工作，小外孙建正和孙女小晴先后考入清华和北航。全家十几口人基本上都团聚在北京了。

随着国门的开放，夏鼐除了率团参加一些政府间的访问，又增加了一些民间学术交流的机会，个人可以有一些劳务收入。这时，他提出带我到国外看看。我假装生气地说：现在想起我了，太晚了，我都老得快走不动了。”他忙摇着头说：“不晚，不晚，再过几年不能动了倒是晚了。”当时，在社科院任外事局局长的王光美同志也极力促成，鼓励带我出去看看。一九八一年三月，美国堪萨斯大学邀请他去讲学，利用这个机会，我和他去了美国，这是我第一次坐飞机，第一次走出国门。（从三月二十七日动身，到四月二十九日回京。）抵美后，曾在哈佛大学的招待所住下，却意外发生了失窃事件，随身携带的行李箱不翼而飞。糟糕的是，箱中除了换洗的衣物，还有夏鼐第二天讲学用的幻灯片和英文讲稿，害得他连夜赶写讲稿，以备讲演会上用。记得讲演会在哈佛大学的一个会议室举行，听众踊跃，反应很是热烈，著名美籍华裔学者林家翘教授夫妇也来出席。我虽然听不太懂，也饶有兴趣地坐在那里听。在其他地方举行的报告会，听众同样反应热烈。日后，美方在招待所附近的角落里找回了洗劫过的衣箱，盗贼关心的是值钱的物品，幻灯片所幸未受损失。事情发生后，让负责接待的哈佛大学张光直教授，很是着急了一番，他在一篇回忆文章里，曾详细提及此事，大惑不解之余，怀疑是在当时的政治环境下，有人故意破坏。现在看，应是一件普通的失窃事件。但是，初次出国即遇到这样的事情，确实使我对此行留下如此印象：美国原来也是窃贼满地的国度。

自美国之行后，便一发不可收拾，几年内，连续陪同夏鼐出国和国内出差（一九八一年十一月法国，十二月杭州考古年会，一九八二年十月温州中学校庆，一九八三年三月日本，九月青岛，十二月香港、广州）。有这样的外出机会，一方面让我大开了眼界，去了许多地方；另一方面也体会到，夏鼐毕竟年事已高，到国外的出访活动，确实十分辛苦，身边有人陪伴，多少减轻一些旅途的寂寞和疲劳。每到一地，他都会千方百计陪我参观当地的名胜古迹，有时他应约去一些专业的博物馆参观或参加会议，便约当地的华人朋友陪我去逛街购物。有时又专门陪我到一些外国朋友家坐坐，看看外国人的生活情景。在法国，还到我表弟家去拜访，他五十年代移民法国谋生，后在巴黎经营了一家中餐馆，基本上立住了脚，他和女儿一家住在一起，生意发达，人丁兴隆。在我们去后的第二年，他因在路上脑疾病发作，神志不清，不幸被一列火车撞上身亡，客死他乡。

总之，这是我精神最愉快的几年，在晚年有这样的机会周游各国，看看外边的世界，是做梦也没有想到过的。回来后，我把出去拍的各地照片都整理成册，夏鼐还帮我在每张照片下边注上说明。每当翻阅相册的时候，都会回忆起我们两人在国外旅游时的美好时光。和别人谈起这段历程，心里总是非常自豪，感到自己也是出过洋见过世面了。

他离我们而去

一九八四年九月建钢外孙结婚，他们在家里办的喜事，那天我和夏鼐一起高高兴兴去吃喜酒。转过年，一九八五年二月，外孙建中也结婚了，他们的喜事也是在家里办的，只不过请了一个大师傅来做的菜。吃完酒席出来，夏鼐高兴地对我说："建中和建钢两个外孙已结婚了，还有建正暂时还没有女朋友，孙女夏晴已经有男朋友了，下次我们该一起去吃她的喜酒了。"略沉思了一下，又说道："阳阳、雷雷、宇宇他们三个孙儿的婚礼，恐怕你我二人都见不着了。"言语之中，让人似乎预感到什么不祥之兆。这样的话题虽然不多，但时有流露。他除了还像过去一样，拼命干着工作，私下里总是像安排着什么。其中有一件心事，总是牵挂在他心里。那就是"文革"后，落实政策退还"文革"时期扣留的工资及稿费共三万元，开始他坚持要作为党费上交，但是由于没有此规定而被退回。后来，受国外有关报道的启发，他又提出将这笔款项作为考古学奖励基金，以奖励做出成绩的国内考古工作者。此事，经他正式向院部提出报告，在他的坚持下，得以批准，设立了"考古学研究成果奖"。若干年后，在考古所领导的鼎力支持下，该基金正式开始启动，每四年颁发一次，奖励那些最新评出的优秀考古学研究成果。

到一九八五年时，夏鼐的身体状况看上去还可以，不像七十多岁的老人。他退居二线后，每天还要去考古所上班，整天忙忙碌碌，所以，我们家人劝他要注意休息，他基本是口头答应，但一工作起来就忘了。给人的印象是他身体还很硬朗，总觉得他还能为国家再做几年工作。事后回忆，他自一九八四年以来确实消瘦了许多，到一九八五年三月最后一次独自访英归来，人显得特别疲劳，到家后要沉睡大半天才起来，这是以前从来没有的现象。他在逝世前一星期，又到洛阳发掘现场去考察，回程时，同软卧车厢的他人将风扇开了一宿，使他受风着凉，到家即不舒服，右侧肢体出现不灵便。但他依然没有休息，到隆福医院简单诊治一下，就又去所内上班了。到六月十七日那天，和平常一样，他上午照旧去所里，那天有日本考古学者来访，并安排了学术讲演。夏鼐与同事们一起出席了会议。中午下班，我给他做了面条，他高高兴兴和两个孙儿一起吃了面条。然后，躺下休息了一个来小时，起来后，便坐在书桌旁审阅文稿，这是一篇有关世界考古学史年表的译稿，是准备作为重要参考资料，放到正在编辑中的《中国大百科全书》的考古学卷中。他一直很重视这篇材料的采用，原文的专业性很强，有一定的翻译难度，所以，这段时间他一直在亲自和译者一起，反复审核修改，已经完成了一大半工作量。到下午三点钟左右，他突然起身提出要去胡同口走走，我感觉他是太累了，哪儿有不舒服，就嘱咐他不要走得太远，他答应一会儿就回来，我不放心，就站在阳台上等他回来。果然，一会儿工夫他就回来了，我还对他开玩笑：你到胡同口放个屁就回来了呀？他对我默默地笑了笑，转身又去看稿子。因为这天傍晚，他还有一个外事活动，快到下午五点时，我去问他什么时候来车接，这时，我突然看见他坐在沙发上，头歪向一边，手垂在下方，稿子已经掉在地上，我连忙问他怎么了，他却还不太知觉，这时他说话已不清楚，嘴也歪斜了。当时，家里只有我一人，我连忙打电话给考古所司机小汪，让他赶紧开车来。等小汪开车来，马上送他到北京医院急诊室，又转入病房抢救。但病势发展很快，人很快昏迷不醒。后经医护人员两天两夜的全力抢救，仍未能挽回他的生命，于六月十九日下午四时，停止了呼吸，永远地离开了我们。

事情就是这样突然，上午还在开会，下午还在工作，傍晚就突发重症，不治离我们而去。他生命的戛然而止，无论对家庭还是对国家都是无法挽回的损失。我坐在家里像做梦一样，不知他到哪里去了。恍惚中，仿佛门外还能传来他急促的脚步声，仿佛还能看到他在书桌前埋头工作的身影，仿佛客厅中仍然回荡着他与朋友畅谈的爽朗笑声。如今，笑声伴随他的脚步愈走愈远。以前，他出国一个星期、两个星期总是能回来的，现在，再也不能回到家里，一个人走了。我想：他走得太匆忙了，为事业忙碌了一辈子，他虽然退休了，也没有来得及在家过几年幸福、安逸的晚年，依然在勤奋工作，最终倒在岗位之上。如果能早点劝他减少一些工作，多注意休息，应该还会活好多年的呀！他去世后，党和国家给了他极高评价和荣誉，考古所的领导也给了我们周到的关怀和照顾，让我的晚年过得幸福惬意，他在九天之上也该放心了。

一九八二年，我曾接受《中国妇女》杂志的采访和约稿，最终以我的名义登载了一篇短文《我们的心是相通的》，这是平生第一次发表署名文章，文中讲述了我们两人尽管学历相差悬殊，但相濡以沫、心心相通的人生旅程。此文的撰写过程得到了夏鼐的鼓励和帮助，他亲自动手改稿、定稿，并为文章的刊出感到由衷地高兴，他认为文章写出了他多年来想说而没有机会说的那一份情感。在杂志社送来的样本上，在那篇文章结尾的空白处，他按照惯常的治学习惯，用清晰的蝇头小字，记下了如下批注："鼐按：黄英烈在《悼三叔李济博士》一文中说：'有人说，一个伟大的学术家，他的背后必有一位贤能的太太是辅助。'（《故宫文物月刊》第一卷第九期 21 页，一九八三年台北出版）我并不是伟大的学术家，但是我在考古学上这一点点的成就，确实一部分要归功于我这'贤德而能干'的老伴儿。"这个旁注，具体是什么时候写的，我不知道，写完也没和我说过。现在我只要看到这段文字，总是有一股暖流涌上我的心头。这里，就用该文的题目来结束本文：我们的心是相通的，是永远相通的。

〔后记〕

我们的母亲——李秀君女士（1908—1993），浙江温州人，与父亲夏鼐先生（1909—1985）相依为伴，共同走过五十七年的生活历程。早年，父亲长期在外学习、工作，她独自生活在旧式的大家庭中，服侍公婆，抚育儿女，直到解放后，于一九五二年十月才与父亲在北京团聚，相伴左右，体贴照顾，操持家务，任劳任怨。一九八五年六月十九日，父亲因突发脑溢血而不幸辞世，因事发突然，让母亲追悔莫及，常常自责不已，终日怀念不止。母亲在痛念之余，伏案灯下，握笔行书，记述了从与父亲相识到结婚，从分离到团聚的漫长人生经历。母亲的文化水平不高（相当小学四年程度），但平时喜看报写信，管理家政账目，虽文笔有限，但点点滴滴，情情切切，充满了对父亲的怀念之情，记录下了许多过去岁月的流光碎影。抚稿追思，斯人已逝，依稀往事让后人难以忘怀，值此父母亲诞辰一百周年来临之际，我们子女将母亲遗物中的文稿，结合父亲的旧时有关日记资料和我们的回忆，加以必要的补充和完善，以求将这一家史式宝贵资料留存下来，作为我们对先辈的永久纪念。

本文原载《夏鼐先生纪念文集：纪念夏鼐先生诞辰一百周年》）。

我们的父母亲

夏素琴　夏正暄　夏正楷　夏正炎

我们的父母在我们的心目中，一直是不可分离的。他们曾共同维系这个家庭幸福地生活了几十年。现在，我们姐弟几个也逐渐加入了老年人的行列，第四代儿孙在健康成长。此时此刻，我们也更加怀念两位故去的亲人。

光阴荏苒，日月如梭，我们的父亲离开我们已经二十二年了，在父亲去世八年后，母亲也以八十五岁高龄病故。父亲当年走得很突然，猝不及防，没有给我们留下任何遗言，留给我们的只是永远的痛。我们是多么希望父母亲能活到现在，活到一百岁，能让他们看到祖国改革发展的雄健步伐，经济建设的大好形势，看到考古发现一批又一批的辉煌成果。今天，人们的生活和各项工作有了翻天覆地的变化，尽管父母亲没有赶上这个时代，但祖国的富强正是他们的理想和终生为之奋斗的目标，他们在天之灵有知，一定会感到无比欣慰。父亲的“古旧”思想，依然是我们民族的宝贵遗产，仍然会在新时代里激励后来人奋勇向前。值此纪念父母亲诞辰一百周年之际，我们将此文献给敬爱的父亲和母亲，以子女的眼光，从一个侧面追忆父母亲的点滴往事。愿他们的音容和风貌永存人间，永远活在我们心中。

父亲对我们的关爱

由于父亲早年一直在外留学和工作，加上日寇发动的侵华战争，他很长时间没有在家，也未能回来探亲。早年，幼小的我们便没有机会和父亲生活在一起。父亲出远门的时候，最大的两个姐弟才四五岁，对父亲几乎还没有任何印象。他们心里总是很奇怪，我们的父亲究竟到哪儿去了，怎么不回来看我们呢?一直盼到一九四一年，相隔六年，父亲终于要从遥远的四川返里探亲了，听到这个消息，我们小姐弟高兴极了，天天在盼着他的到来。那时，我们都已是十岁左右的小学生了。一天，我们放学回家，一进门，猛然见家中坐着一位陌生人，穿着棉布长袍，清瘦的面庞，乌黑的头发，身边放着一只皮箱。母亲告诉我们这就是你们盼望已久的父亲终于到家了，我们既惊又喜，既怕又亲，怯生生地躲在母亲身后，不敢向前相认。父亲连忙跑过来，弯腰把我们抱在怀里，用毛扎扎的胡子使劲地亲了我们。然后，用慈爱的目光注视着我们，假装用生气的口吻说:“怎么?连你们的爸爸都不认识了?”瞧着我们依然充满诧异的眼神，他不禁哈哈笑了起来。几年来，我们一天一天地长大，总是想听到父亲的消息，但只能是从父亲由国外或四川寄来的家信中，知道一些他的信息，感受一下久违的父爱。由于战乱，每封信都要在路上走很长时间。在寄回的家信中，父亲总要附上一张给我们姐弟的画片，并在空白处写上几句话，嘱咐我们在家听大人话，好好念书。一次在寄来的画片上，画着一个小女孩，使劲翻着眼珠，像是思索什么，父亲在旁边写道："铮儿（大姐小名）：你是不是像这个小孩一样，写不出字时便翻白眼，咬着笔，一声都不响呀?"还有一次，画上是一个小孩用颜色笔把自己脸上涂得一塌糊涂，父亲问我们："有没有像这个孩子那么淘气，结果又被妈妈骂一顿吧?"亲切、有趣的话语使我们幼小的心灵真切地感受到远方父亲的慈爱和关切，真是千山万水难以隔断我们的骨肉情啊！

父亲平时生活中少言寡语，总是在埋头读书或忙他的事情。但他下班回来或空闲时，也经常喜欢与我们玩耍。他会用舌头在腮帮子上顶出个小球，让我们用小手在他脸颊上左一下右一下地去按，最后，张开嘴让我们看，小球没有了，说已经咽到嗓子里去了。到晚上，他会用手在墙壁上演手影把戏，有小狗头，有小兔子，活灵活现，好玩极了。他平时对待我们总是慈爱有加，不会动不动地训斥我们，对我们的教育完全是一种严肃而又宽松的方式。我们学习时，他不会站在边上督促，都是由我们自觉自愿地去做。他去学校开家长会时，一般会拿一本书坐在下面看，老师在上面讲什么，并不十分注意听。回来后，一般也不会讲什么，母亲问起来，也只是淡淡地说一下情况，只要没有在学校犯错误，学习成绩是不是第一，他似乎不太关心。有一次，正炎在学校的课堂上与老师发生顶撞，情节较严重，老师把父亲请到学校谈了话，下课后，正炎回到家，忐忑不安地等着挨父亲的训斥，但是，父亲始终沉默不语，没有对他进行责骂。还有一次，正炎在帮助打扫房间时，不小心将书架上的金鱼玻璃缸碰裂了，缸里的水流了出来，流到下面，把书架上的书都浸湿了，当时他吓坏了，连忙拿布把书架表面收拾干净了，没敢告诉别人。但很快还是让父亲发现了，他一边把弄湿的书从书架抽出来，擦干后再拿去晾干，一边把正炎叫过去，说把鱼缸弄破了，为什么不跟家里人说，现在把书都要泡坏了。看到孩子知道自己做错了，他就不再说什么。这就是我们父亲的宽厚性格，从来不会打骂我们，父亲对其他的姐弟也是如此，他们在与父亲一起生活的几十年中，从来没有受过训斥，提高他说话的声音便已是表示生气或不满意。

我们的童年基本是在这样宽松、慈爱的环境下成长的。难忘的是，每当新学期开学时，看到我们领回新发的课本，父亲脸上会露出和我们同样的笑容，他会走过来帮助我们包书皮，并研好墨，端端正正地在封皮上用毛笔写上书名、班级和我们的名字，那是非常秀丽的颜体字，我们的同学是没有这样漂亮的封皮的。每当我们拿着课本念书时，都会感到由衷地自豪。

一九六六年的五一节,“文革”还没有正式开始,正炎要参加游园会的一个舞蹈节目,节前紧张排练,学习上需要一只圆规,来不及去买。父亲知道后,就下班顺路到东安市场给买回来了,还是一只质量很好的电镀圆规。他不会溺爱孩子,但总是默默地关爱着我们。

成年后,父亲也是很平等地对待我们,和我们一起看电视,看电影,在一起交谈,询问一些社会上和单位里发生的事情,默默地关心着我们的学习和工作。我们也是尽量在各方面做得令他满意,以父亲的处世做人的准则来要求自己。长久以来我们与父亲的关系是十分融洽的,他在我们心中是一位可亲、可敬的长辈。

温馨的大家庭

虽然,我们父母的婚姻是旧封建礼制下的产物,是依照“父母之命,媒妁之言”结合的,没有经过浪漫的自由恋爱,以致直到结婚前,两人连面都没有见过。但是,在婚后五十多年的岁月里,两人相亲相爱,风雨同舟,相伴走过了一生的道路。尽管两人文化差距较大,但父亲始终以仁爱、宽厚的感情,呵护着与母亲的这段姻缘和这个家庭。

从婚后到新中国成立的二十年间,由于父亲长期在外地学习、工作,其中包括五年的国外留学,母亲则独自在老家孝敬公婆，抚养儿女。他们过着长期分居的两地生活。直到解放后，父亲调到北京工作，才把母亲从老家动员出来。有了母亲在身边的照顾，父亲的生活安定多了。当年迁居北京时，素琴姐和正暄大哥都已外出念大学，并先后参加了工作，没有和父母一起到北京。他们只把正楷和正炎带在身边。正楷这时十来岁了，到北京后，父亲利用傍晚或星期日的空闲时间带他到北海、景山公园去玩，见识与家乡小城所不同的首都风光。正炎还小，在来北京的旅途中即感染了肺炎，后来又转成了肺结核，为了在家给他做青霉素治疗，父亲学会了打针，就在家里自己注射，尽管动作很是笨拙，还是把药打进去了，慢慢地正炎的病得以痊愈，到幼儿园入托时已没有问题了。病好了，父亲下班后经常带正炎到门口的街面上去玩，当时，街道上马车、驴车都很多，父亲会把小家伙抱到驴背上坐一会儿，害怕了再抱下来。有一次，还带着他一直走到离家不远的安定门城楼下，看一看古老、巍峨的城楼和高大的城墙。虽然，父亲解放前即在北京上学，但就读的清华大学在郊区，如此近距离接触北京城还是从这个时候开始的。

五十年代的生活应该说还是蛮艰苦的，母亲刚来北京，生活不是很习惯，语言不通，尤其是做饭取暖的煤炉用不好，不像老家的灶台用惯了，要做饭时炉子可能会熄灭，生炉子经常是弄得满屋子的烟，身边还要抱着生病的正炎，所以，几次提出要回家乡去。父亲总是好言相劝，除了上班，回到家便帮母亲做一些家务。正楷很快就上中学了，还是在四中住校，平时不在家，于是家里少了一个帮手，那时，买米、买面等活计都是父亲亲自去做，但从来都毫无怨言。有一年，母亲回家探亲去了，留他和正炎在家，不会做饭的他，只好带着正炎东一顿西一餐地凑合着。晚上开会回来晚，就借来一些图书，像《一千零一夜》《志愿军一日》《格林童话》等，让正炎自己在家看书。有时要开一晚上的会，就干脆买两张电影连票，把正炎放在电影院等他下班回家。后来会议提前结束了，他就赶到电影院也买张票进去，和正炎一起看完再回家。

平常生活中，母亲对父亲照顾得无微不至，父亲来北京后，胃病开始愈来愈重，母亲就千方百计地给他改善饮食，做一些松软的食物给他吃。父亲到小汤山疗养，她不顾语言不通，道路遥远，一人赶去探视。多年来，除了她自己得病躺在床上起不来，从来不请保姆，家务事都是她自己做。每天天不亮，她就起来了，擦遍每个房间的地板和门窗、家具，真是做到一尘不染、光亮如镜，并且始终坚持，常年如一日，街道的卫生评比红旗总是挂在我家的门上。父亲有时风趣地称母亲为“卫生专家”。

母亲身材瘦小，很精干，但并不很健壮，加上长期操持家务，落下许多腿脚毛病。最严重的是，在老家就患上了昏厥的毛病（后诊断为癔症），这种病，医学上至今没有有效的药物治疗办法。母亲平生又极不愿意去医院看病，只有两次是在她没有知觉时，父亲强行送到医院去的，但刚好一点她就闹着出院了。平时家里都注意不能让她生气，否则很容易犯病。母亲犯病时，人要昏厥过去，牙关紧咬，这时，需要旁边有人设法将她喉咙里的清痰呕出来，然后她会慢慢清醒过来。长期以来，母亲犯病时，都是父亲亲自动手，将母亲救治过来。以至于父亲不在身边时，她都能强忍着，不犯病，一旦父亲回家，刚进门，她可能就已经昏过去了。

五十年代初，为使母亲一人在家不太寂寞，父亲还给母亲购置了一台收音机，可以收听她喜欢的越剧唱腔，每次在新出的《广播节目报》上，父亲要为母亲划出越剧（家乡俗称绍兴班）节目播出的时间，以便母亲能及时收听到。平时工会发的电影票，父亲总会给母亲也找一张，带她一起去观看。一九六一年和一九六三年，父亲两次到外地去休养时，也让母亲一起去。到了晚年，八十年代时，父亲有机会出国讲学，可以有一些个人收入，这时父亲便提出带母亲一起出国访问，开开眼界。这样，他们先后去了美国、法国、日本等国家，还有香港、广州、杭州、温州等地。父亲在台上讲演，母亲有时也饶有兴趣地坐在台下听；参观博物馆时，父亲不忘给母亲仔细讲解。那情景，让不知内情的人看了，还以为母亲也是学考古专业的呢！父亲总是这样平等地对待母亲，母亲也早已习以为常了。父亲突发脑溢血去世后，母亲深受打击，整天以泪洗面，好长时间无法从悲情中解脱出来，还总是自责没有照顾好父亲。

由于父母亲是温州同乡，所以，在我们家中一直保持着浓郁的家乡风情，在家中父母和我们都讲家乡话，连孙子辈们受到长期熏陶，也起码都听得懂温州话。家乡亲戚朋友到北京来，都喜欢来我家落脚。父母亲总是热情地招待客人，陪他们到北京旅游点去游玩。最热闹的是每年的春节。春节前一两个月，温州的舅舅、姑妈们就把家乡过年的年货，像酱油肉、酱油鸭、鳗鱼鲞、米糕、白薯干等，打包寄来。母亲就会一一把这些年货再加工，做成丰盛的一桌过年饭。盛菜的高脚碗，是从家乡带出来的，一共有十个，红颜色的底色，在每碗菜上面，母亲还要用胡萝卜片剪一朵小花放上，十分喜庆。汤勺上印着十二生肖的图案，基本上每个成员都有自己对应的属相，给新年的年夜饭又增添了有趣的话题。中间放一个炭火锅，一般是放粉条白菜和小肉丸子。热菜中有母亲做的红烧鱼，还有温州风味的敲鱼，过年才能吃到的八宝饭、炒年糕等。十个碗里还放着花生、果脯、橘子瓣一应干货。这是一年中最重要的节日，也是最丰盛的家宴，是全家团聚的好日子。每逢过节，在外地工作的素琴大姐一家会请假来北京团聚，外地的食品供应比不上北京，几个外孙能借这个机会到北京，到姥爷姥姥家过年，自然是欢天喜地。加上在北京的大哥正暄一家，五十年代还没有成家的正楷、正炎，一家人欢聚在一起，煞是热闹。有时还会把在京工作的几个亲戚请来，一起过年。到了大年三十，父亲在单位仍然会很忙，往往年夜饭要开始了，他才匆匆从单位赶回来。母亲会开玩笑地对他说:“你比梅兰芳都要忙呀!”见到一家人挤着围坐在一起，父亲脸上总会露出喜悦的笑容，忙着招呼大家一起吃。母亲这时依然会忙里忙外，始终坐不下来，父亲深知母亲的脾气，这时也只能表示无奈，只是劝她少做一点儿，也过来和大家一起吃吧。

多少年来，父母亲始终遵循我国的传统家庭观念，维系着我们这个家庭的团结与和睦。在五十年代的那些日子里，父亲是忙碌的，也是愉悦的。享受着安定的家庭生活带来的天伦之乐，也弥补着我们在幼年与父亲长年分离带来的缺憾和那份缺失的亲情。他很喜爱儿孙，五十年代中期，当大外孙建中诞生在北京时，父亲正值壮年，工作正忙，所以基本没有时间照看小外孙，主要是母亲帮助带了一阵子。到六十年代初，大孙女夏晴出生，情况也是如此。但每个星期天他都要正暄夫妇把小晴带到家里来，看着她健康长大了，十分高兴。父母亲把小晴的娃娃照放大着色，寄给家乡的亲戚好友。在小晴上幼儿园时，她父母都到三线出差去了，父亲每星期一要陪母亲把她送到幼儿园，星期六再去接回来。到了“文革”后期，家里的长孙小阳阳出世了，他的父母常年在野外工作生活，就将他放在了爷爷奶奶身边抚养。这时，父亲刚从牛棚“解放”出来不久，“文革”运动还在“如火如荼”地进行。小孙子的到来，给他的灰暗生活带来了光亮，当时他的空闲时间也较多，所以，在小夏阳身上更多地倾注了对晚辈的关爱。例如，给他去买小衣服，带他上街去转，到菜摊的地磅上称体重，生病了还亲自带他去医院。为了让他父母放心，定期都要给他们写信，介绍孩子的生活近况，有时还要附上照片。最有趣的是，有一次寄去的照片上并排坐着两个小孩，都是小阳阳，但一个是梳分头的男孩打扮，旁边却分明是一个梳着翘天辫子的女孩打扮，相片后面题的是:“阳阳与女朋友”，这是用两个镜头合成印制的，虽然不是他亲自制作的,父亲还是饶有兴趣地寄给了阳阳的父母看,可见老人当时从儿孙身上求得快乐的那种心境。

在父亲身体力行的影响下，我们的家庭成员互助互爱，非常团结。父亲不幸去世后，我们几个姐弟共同担负起赡养母亲的责任。母亲在一九九三年，以八十五岁高龄离我们而去。她的晚年是安详、幸福的。

父亲的高尚品德和对我们的教诲

父亲像大多数中国优秀知识分子一样，在学问和事业上精益求精，刻苦追求。但在生活上一贯简朴自然，不求骄奢。

首先，父亲是一个精力旺盛，总是在不知疲倦地工作和学习的人。珍惜时间，并抓紧时间读书是他的一个最大特点，除了睡觉，他总是手不释卷。坐下看书，走路看书，坐火车或飞机外出,随身必会带本书做他的旅伴。直到逝世前的病发时刻,他依然是手捧书籍在读。从少年养成的阅读习惯，陪伴他终生。父亲记忆力极好，读书效率很高，他所读过的书的内容都能记住，需要时会去找来用。另外，父亲的英文水平也很高，平时大量阅读各国的专业出版物，保持着与国外同行的通信往来，使他熟悉和了解国外考古学术的最新发展和动态，同时，也极大地促进了外国同行对中国考古事业发展的了解。父亲在五十年代中期，即及时将碳 -14 断代技术引进国内，将一门与古老文明打交道的考古学与现代科技技术结合在一起，给考古学研究的发展提供一双有力的翅膀。另外，还有他对科技史研究和文物保护等方面所做的贡献，都是与他知识广博、视野开阔分不开的。考古所的图书室就在他办公室后面不远的地方，那是他经常光顾的场所。人们会经常看到他在办公室与图书室之间的小路上，急步匆匆的身影。当他需要查资料时，会从他的办公室走出来，亲自到图书室去查找。一般查找资料这样的工作，他是不用秘书或助手的，总是自己亲自动手。所内图书室的建设也是他所关心的，每年他会为图书室选定购书单，尽量利用有限的外汇将国外最新、最需要的专业书刊采购回来，力求让国内科技人员掌握、了解最新的行内科技动态。每次出国回来，他会将与国外互换或赠送的图书资料，放在图书室，供所内外人员使用。外宾到考古所来参观，都会参观图书室，他们为这里丰富齐全的图书收藏，表示由衷的赞叹。

父亲平生收藏和使用的中外文图书，大部分都存放在考古

所的办公室。父亲去世后，我们家属将他的藏书全部捐给了考古所，在考古所图书室设立了“夏鼐文库”，希望这些图书发挥它们的作用。

三年困难时期，父亲的胃病经常发作，但他一边和家人一起克服食品供应短缺带来的困难，一边仍然不知疲倦地忘我工作。冬天的夜晚，房间里没有暖气，室温很低，我们很早就钻被窝睡觉了，父亲总是独自坐在灯下，写东西，或用他那台从国外带回的打字机打字，哗哗叭叭的击打声，伴随着我们进入梦乡，他却要工作到很晚才休息。父亲乐观、勤奋的生活态度，从小就深深地感染和影响着我们。

在穿戴上，他是不十分讲究的。平时他就穿普通的涤卡中山装，冬天穿的是母亲亲手给他做的棉袄和罩衫。他喜欢戴当年遍布中国大街小巷的蓝色人民帽，冬天永远是一双条绒布面的老式棉鞋，提的也是最普通的人造革敞口提包。走到大街上，别人很难看出，这是一位著名的科学家。只有在出国访问或参加外事活动时，父亲才会打扮一番，穿戴上平时压箱底的西装领带，顿时人就变得神采奕奕。一回国或外事活动结束，马上又会换回普通衣服，非常自然。

作为学部委员，作为国家科研机构一把手，父亲的待遇在当年是很优厚的，即使这样，父亲在日常生活中，是十分节俭的，不会大手大脚、铺张浪费，不论是于公于私，从来如此。他平时寄信的时候，常常是把对方来信的信封翻过来再用。他在开

会做记录或读书做摘要时，经常就记在手边的小纸头上，密密麻麻的字迹写得满满的。他办公桌上的那只茶杯，手柄不知什么时候断掉了，盖子也早不在了，这样一只茶杯，换一个人都会换掉不用了，但父亲却不知从哪里找来个玻璃杯盖扣上，继续使用，一直到去世。平时，在家里，他也是教育我们不要乱花钱。有一次，上初中的正炎向父亲提出要点钱，准备去邮局订阅一份《航空知识》杂志，父亲首先问他是要将来学航空专业吗。他认为，这样的杂志到图书馆借来看看就可以了，不必去订阅。同样，有一次正炎在书店看到一种新出的《马可·波罗游记》，因为知道这是一本世界名著，父亲的书柜里有一种解放前出版的发黄的旧版本，就没有犹豫买了一本新版的回来。当他回家后，向父亲说起时，父亲很不高兴，说这和旧版书有什么不同呀，为什么要买新的呢。一生嗜书如命的父亲，不知看了多少书，也不知买了多少书。但他对购书是很有选择的，不是很必要的书，他是不会轻易去买的。他勤俭节省的生活作风，深深地教育着我们。

父亲在吃的方面，也是很随便的。解放前，他在甘肃野外考察时，一路上就是啃冰冷的土豆；在农村的集市小摊上，可以吃得很香；在考古挖掘工地，和工作人员一起吃大锅饭，从来不介意。有一次到某地考古现场去考察，到达地点后，当地干部出于热情，在酒楼准备了酒席，要招待父亲一行。没想到遭到了父亲的拒绝，他对这种做法提出了委婉的批评，说我是

来这里工作的，不是来旅游休假的，不要搞铺张浪费。说完，马上与陪同人员赶赴考古工地，后来就在那里吃普通伙食。事后，当地报纸还就此事有一报道，此事一时传为美谈。

他在家里吃饭时，不会挑剔什么或点什么东西吃，从来是母亲做什么他便吃什么，总是吃得很香。当年蔬菜、副食供应很缺乏，母亲常常为每日三餐而发愁。所以最常做的主食就是汤面，有营养，又容易消化。有时家里来了客人，母亲也是用汤面来招待。不过，母亲按家乡的烹饪方法做的汤面，确实味道不错。父亲有时也要在客人面前夸奖一下母亲的厨艺。

在家居方面，父亲也从来不追求时髦、排场。家里多年来没有添置过新家具，用的几乎全部是刚到北京时，从单位租借的旧家具。沙发则是从东华门旧家具店买回来的旧货。这些家具一用就是三四十年，不知修过多少次，一直使用到父亲逝世，都没有更换过。很早，沙发的布面就烂了，送到修理店换上人造革面，又继续用。沙发扶手断了，让大哥正暄利用星期天给修上。书桌也是如此，原来的漆布桌面破了，换成人造革的，像新的一样。抽屉下面的滑轨，日久天长被磨偏了，往往关上抽不出来，抽出来又回不去。我们多次建议买新的，父亲没有同意，说："拾掇一下，还可以用的嘛！"

在住房待遇上，父亲更不会主动去向组织上提要求，尤其是到了一九八一年左右，家里的住房正是最困难的时候，除了老三正炎结婚后一家三口住在身边，老二正楷一家又从陕西调

回北京工作，单位一时没有安排住房，一家四口就住在父亲的客厅里，父亲在家办公时，就只好挤在卧室的一角，很是局促。这时，父亲已担任社科院副院长，按规定可以调整一下住房面积，但是父亲硬是没有同意。后来，组织上见父亲不同意调换住房，家里又是这种情况，为改善父亲的工作环境，在干面胡同宿舍西楼里解决了一套二居室，让正楷一家暂时搬进去住。对这样的解决方案，父亲表示很满意了。后来，正楷利用自己带回的木料，顺便为父亲一起打了三个玻璃书柜。书柜打好了，正在刷漆，父亲工作之余也会踱过来端详一番，嘴上不说什么，从眼神能看出来，他为可以拥有簇新的书柜放书，心里很是喜悦。当书房里摆上新书柜，里面放的是父亲珍爱的各种中外书籍和专业书刊时，我们也为父亲感到高兴和欣慰，原以为可以在这安静的书房内为考古事业做更多的工作，谁料仅仅半年之后，无情的病魔便强夺去父亲宝贵的生命。

在出行上，父亲在五十年代即配有小汽车，但当年父亲尚年富力强，一般只是在有外事活动或外出开会才用车，他上下班通常是步行的，不论是五十年代住在宽街大佛寺宿舍，还是六十年代搬到干面胡同宿舍，距离考古所都有两公里左右的路程，步行约需半个小时。父亲走路步频很快，一边走一边还要想事，不会东张西望。母亲和他一起上街，总是埋怨他走路太快，并且不照顾她，经常自己走出老远，才发现把母亲落在后面了。这时，他会歉意地笑笑，并停下来等着。下班的路上，

他有时会不惜绕到东安市场或隆福寺买一点熟食带回家。他的脚力是我们晚辈自叹不如的。后来到八十年代，父亲的年事已高，体力不及从前，但仍然每天坚持到单位上班，从这他时才开始让小车来接送上下班，但这段坐车的路程，他也不会轻易浪费掉，往往刚坐到车座上，关好车门，他就开始拿起书或文件来看了，一直看到站。一次，在胡同西口，父亲的车下班路过这里，司机小汪看到母亲正好买菜回家路过，就停车让她上车坐在副驾驶座上，一起回到家。结果，下车时，父亲才发现母亲也坐在车里，奇怪地问你什么时候上来的?原来他一直在专心看他的书，竟然没有发现刚才停车把母亲接上车。凡是家里有点什么事要用车，父亲是不会同意用公家车的，每次他和母亲来看我们，通常就是乘坐公共汽车来的。一九七八年小弟结婚，女方家离我们家不太远，我们原想就用父亲的车顺便去接一下。父亲知道后自然是不同意，父亲说："接新娘，就去租一辆出租车嘛，为什么要用公车呢?"最后，还是去预约了一辆出租车把事办了。父亲就是在这些生活细节上教育着我们，公私要分明。

在职业道德上，父亲带头在行内提倡和遵守一个行规，考古工作人员个人不收藏古物，这是行内人士都熟知的。据说，这也是在中国考古事业初创的年代，由老一代考古工作者传承下来的传统。其实，父亲从少年时开始，即有收集的嗜好，先是收集老家门前商行待客香烟里的洋画片，有《三国演义》《水

浒传》《百美图》等，课余时会拿出来浏览。后在祖父的帮助下，父亲开始收集古钱币，集有宋以来古钱币百余枚，并装订成一册，在英留学的后期，又开始集邮。洋画片在搬家去北京时，由母亲送给邻居的小孩了。古钱币册则捐赠给温州市文管会，至今仍保存在温州市博物馆。父亲集邮的爱好一直保持到晚年，多彩多姿的世界各国邮票，都是他平时与国内外友人信件来往的见证。实际上，他平时工作很忙，根本没有工夫仔细欣赏和整理邮票。每次收到来信，只要是邮册上没有的，他都会熟练地先用手把邮票完整揭下来，集中放在一起，有时间再用水泡出来。为了集全一套邮票，父亲经常是到集邮公司买新出的成套邮票，然后给朋友或子女寄信时用一张，再给对方附去一张，回信时贴上寄回，同时会要求对方将用过的邮票剪下来寄回。此外，他出国访问或到外地名胜古迹参观，都有收集当地风景明信片和地图的习惯，包括该国所使用的小硬币。但他一直没有涉足古玩收藏，家里连仿古装饰品都不摆放。有时到外地视察工作，临走时，地方上要送给他一件当地制作的仿古工艺品作为纪念，他是一概不收的。后来作为旅游纪念品的文物仿制品已司空见惯，作为摆设，才同意在家里客厅摆了几件。所以，在人们想象中，考古学家的家里，一定会摆满琳琅满目、古色古香的文物，而在我们家里却见不到任何出土文物的踪影，也就丝毫不奇怪了。

凡事都要出于公心，不谋私利，这是父亲一生坚守的道德

守则。在我们子女的学业方向上，也是如此。周围的朋友总是有人要问我们几个姐弟，怎么没有一个是学考古专业的，好接你们父亲的班啊?恰恰在这一点上，父亲对我们几个子女，无论在解放初还是“文革”前，都没有要求我们其中一个去学考古专业，或者利用他的关系去从事相关的职业，这也是父亲一贯的做事风格。他希望我们都能选择适合自己的专业，并通过自己的努力去获得真才实学，去取得工作成绩，而不要指望借助他的学术地位和名望，获取什么便利。这样对周围的人才是最公正的。正暄在填写报考大学的志愿前，特地写信给父亲，想征求一下意见，问要不要报考古专业，他回信时表示，个人的志向应由自己来决定，他是不会强求的。结果，正暄后来就报考了机械设计专业，后从事航空工业的机械设备设计。素琴则报考的是复旦大学食品加工专业，毕业后去支援内蒙古制糖工业建设，在边疆工作二十六年。正楷“文革”中毕业于北大地质地理系，研究生未念完，后分配到陕西地质队，从事野外地质勘查多年。恢复高考时，他考回北大继续念研究生，毕业后留校任教至今。正炎由于“文革”和疾病的影响，高中毕业后，一直在工厂当工人，八十年代初，考入电视大学学习电子专业，毕业后从事电子行业的技术工作。父亲对他们不论是学工学理，不论学历高低，只要是学有所成、学有所为，都会令他很欣慰。他对我们儿女的关心和教育是无微不至的，他对我们子女的爱，是发自内心的爱，是无私的爱。

父亲从事考古事业五十年，为之付出了自己的全部心血。临去世前一年，他把“文革”后补发的三万元工资全部交给考古所，建立了国内第一个考古学研究奖励基金。这是在他的一再坚持下，才得以实现的一个多年未了的心愿。这事了结后，他如释重负，心里非常高兴。作为并不是那么富有、生活一贯简朴的他，晚年做出这样的举动，正是他热爱考古事业的一种由衷的表现。考古工作相对其他工作，工作环境比较艰苦，生活也比较清贫，不可避免地影响考古这门行业的发展。他首先谆谆告诫年轻考古工作者要在考古事业上做出成绩，首先就要准备吃苦。另一方面，为了从物质上更好地奖励后来人的工作，他就无私地尽自己一点微薄的力量，建立了这个基金，体现着他对祖国考古事业长远发展的殷殷期望。这笔基金数目不是很大，但当年正是刚刚兴起争当“万元户”的年代，对个人来说，也是一笔可观的数目，他没有考虑留给子女，是希望这笔钱能发挥它应有的作用，他相信子女会靠自己的努力去很好地生活。对于这一点，我们非常理解老人的心愿，也支持他这样去做。他虽然没有留下更多的财产，却留下宝贵的精神财富，使我们受之不尽。现在用父亲捐款建立的考古学成就奖励基金，在考古界人士的关心和支持下，已在国内颁发了四次，日益发挥着它的作用。父亲殷切期待的目光仍在注视着中国考古事业的向前发展。

父亲正直、无私的学者形象将永远留存在人们的心中。衷

心祝愿父亲他们这一辈开创的中国考古事业能继续发扬光大，创造辉煌的明天。

本文原载《夏鼐先生纪念文集：纪念夏鼐先生诞辰一百周年》。

编后

王世民

夏鼐先生去世后，曾出版《中国考古学研究——夏鼐先生考古五十年纪念文集》《中国考古学研究论集——纪念夏鼐先生考古五十周年》《考古学研究（一）——纪念向达先生诞辰九十周年、夏鼐先生诞辰八十周年》《考古：纪念夏鼐先生诞辰一百周年》《夏鼐先生纪念文集：纪念夏鼐先生诞辰一百周年》《考古学家夏鼐·影像辑》等多种书刊以示纪念，其中以夏鼐先生诞辰一百周年之际出版的几本体量较大，这些书刊为认识与研究夏鼐先生的生平与成就及其考古思想都起到了很大的作用。但这几本纪念书刊收录的文章多以研究性文章为主，所以温州文史研究馆策划推出这套"温州学人印象丛书"时，希望我编选一本突出夏鼐先生生平及其交往的纪念文集。

根据这一宗旨，我们在《夏鼐先生纪念文集》的基础上编选了这本新的纪念集。《夏鼐先生纪念文集》里的文章，原有近六十篇，只选了三十篇。新增了二十二篇文章，一部分是夏鼐先生去世后，他的温州老朋友写的怀念文章，如王祥第、汪远涵、陈正祥、潘国存、周笃生、叶常青等，一部分是他在北京的同事和学生写的怀念文章，如刘大年、张长寿、刘凤翥、孙秉根等，还有一部分是各地后辈写的，如郭大顺、王建中、赵振华等，这些文章富有情感，讲述了很多细节，让人进一步感受到夏鼐先生的人格魅力。这些新增的文章散落在各类报刊，在收集过程中得到温州方韶毅先生的帮助，在此表示感谢。全书现有五十来篇文章，基本按所回忆内容的时间排序，外国友人和家属纪念文章随后。开始由方韶毅拟目和通读，最后又经王世民重读、定稿。

六十多年前，我第一次获知崇敬的夏鼐先生大名，第一次亲耳聆听夏先生的教诲。那是一九五二年考取北京大学历史系并选定考古专业之后，在《历史教学》杂志的新中国成立三周年专号上，阅读到先生的文章《三年来我国考古学方面的成就》。随后，因高校院系调整，北大推迟至十一月末报到，夏先生的考古学通论则直到一九五三年一月五日才开课。记得那天下午，全系几个年级的一百多名同学齐集文史楼一〇八阶级教室听课，先生头戴皱褶布帽、身穿灰布短袄，讲课方言重、声音低，加以板书字迹轻淡，多数同学听不懂，遂由一位青年教师负责做笔记和整理，经先生审视后印发讲义。后来讲到考古技术部分，改为上午讲课下午实习。先生曾在未名湖边手把手教我们平面测量，坐在草地上解答疑难问题。一九五六年我由北大毕业到考古研究所后，有六七年时间在学术秘书室工作。先生在三间平房的东端，我们则在西端，后来也有机会经常接触。回想起来，在先生身边学习、工作长达三十余年。音容笑貌，宛如昨日。

夏鼐先生于一九八五年六月十九日突然与世长辞以后，二十多年来我全力投入编辑《夏鼐文集》，整理《夏鼐日记》及其他资料，深感他在世时自己虽然直接接触多年，但对于他的生平所知有限，也很肤浅。通过编选这本纪念集，我更深刻地感受到了先生的人格魅力。为使读者更好地认识先生对新中国考古学发展的卓越贡献，特将拙作《为中国考古学发展引航掌舵——考古学家夏鼐的学术人生》置于卷前。

二〇二一年四月

温州市文史研究馆

温州学人印象丛书

图书在版编目（CIP）数据

考古泰斗夏鼐 / 王世民编 . -- 上海 : 文汇出版社，2021.12

（温州学人印象丛书）

ISBN 978-7-5496-3667-9

Ⅰ . ①考… Ⅱ . ①王… Ⅲ . ①夏鼐（1910-1985）—纪念文集 Ⅳ . ① K825.81-53

中国版本图书馆 CIP 数据核字（2021）第 229178 号

考古泰斗夏鼐

出　　品　温州市文史研究馆
编　　著　王世民
责任编辑　苏　菲
装帧设计　何天健
排版制作　胡文胜

出 版 人　周伯军

出版发行　文匯出版社
　　　　　上海市威海路 755 号（邮政编码 200041）
经　　销　全国新华书店
印刷装订　温州市北大方印务有限公司
版　　次　2021 年 12 月第 1 版
印　　次　2021 年 12 月第 1 次印刷
开　　本　889 × 1194　1/32
字　　数　240 千字
印　　张　13.25

ISBN 978-7-5496-3667-9
定　　价　68.00 元